另一个你
在利他中找到第二个自己
The Second You From Altruism

张汉阳◎著

中国经济出版社
CHINA ECONOMIC PUBLISHING HOUSE

·北京·

图书在版编目（CIP）数据

另一个你：在利他中找到第二个自己 / 张汉阳著.
—北京：中国经济出版社，2019.1
ISBN 978-7-5136-5229-2

Ⅰ.①另… Ⅱ.①张… Ⅲ.①利他行为 Ⅳ.①C912.68

中国版本图书馆 CIP 数据核字（2018）第 118733 号

策划编辑　崔姜薇
责任编辑　张　博
特约编辑　高俊文
责任印制　马小宾
封面设计　任燕飞工作室

出版发行	中国经济出版社
印　刷　者	北京艾普海德印刷有限公司
经　销　者	各地新华书店
开　　　本	710mm×1000mm　1/16
印　　　张	18
字　　　数	238 千字
版　　　次	2019 年 1 月第 1 版
印　　　次	2019 年 1 月第 1 次
定　　　价	49.00 元
广告经营许可证	京西工商广字第 8179 号

中国经济出版社　网址 www.economyph.com　社址 北京市西城区百万庄北街 3 号　邮编 100037
本版图书如存在印装质量问题，请与本社发行中心联系调换（联系电话：010-68330607）

版权所有　盗版必究（举报电话：010-68355416　010-68319282）
国家版权局反盗版举报中心（举报电话：12390）　服务热线：010-88386794

谨以此书

献给每个想找到生命的出口的人

愿你在这本书中，进入另一个境界，找到另一个自己

推荐序一 | The Second You From ALTRUISM

一扇发现利他的窗

如何发现并不断拓展与升华自身的社会价值？如何使自己的生命更有意义？《另一个你》从多个角度，运用典范案例，深入浅出地阐发了利他与公益精神的巨大社会功能。希望所有思考生命意义的人们，能够关注张汉阳先生的这部著作，在阅读过程中重新发现另一个自己！

2019 年 1 月 17 日

（王振耀　国际公益学院院长、中国公益研究院院长）

此序是王院长在离出版截止时间还剩三天的时候看到书稿，挤时间写出来的。而此时正值王院长年底最忙的时候，早已年过花甲的他中午都没有休息时间。作者此前与王院长素昧平生。据王院长的助理说，院长很愿意支持善念善行。在这里，作者要特别向王院长致以最崇高的敬意！

推荐序二　The Second You From ALTRUISM

一条名叫利他的鱼

汉阳是三条鱼。

江鱼，海鱼，天鱼。

汉阳的过去是条江鱼。他来自千湖之省、汉水之阳。来北京之前他在武汉求学，在湖北日报工作，体悟人间疾苦，看滚滚长江东逝去。

到北京后，他开始与"海"结缘。先是在人民日报海外版工作，融合海内与海外、华人与世界；后又参与创办北大海洋研究院，融合人文与科技、陆地与海洋，要把未名湖变成未名海。那时的他，是条海鱼。

汉阳的当下和未来，是用心做未来会。敬天之心，于利他之心；行天之道，于利他之道。做利他的事，投身于利他的事业，他发现了利他之妙，找到了本真、自在、快乐和幸福。如今，这条鱼已游走在天地之间。

彩鱼，云鱼，线鱼。

彩鱼是"利他"的理想。汉阳在书中说，超越利己，笃行利他，就会发现另一个自己。这样的人生是阴阳平衡的，也是丰富多彩的。

云鱼是"利他"的现实。汉阳能把未来会做成功吗？他书中的人物是成功的，也是自在的、生动活泼的。他自己说要以血肉之躯做未来会，会成功吗？这需要更多的人也得利他才行，也得利"他"才行。希望大家支持他。

  线鱼是"利他"的本质。汉阳的儿子用画笔勾勒了一条最简单的线条鱼。这条线鱼直击汉阳的心灵。利他，就是这么简单，就是一颗爱心和童心，就在触动与感动之间。返璞归真，功成何必在我。听说编辑曾犹豫要不要在封面上保留这条稚拙的线鱼，我和汉阳异口同声，"要！"

2018 年 12 月 9 日

（翟崑　北京大学国际关系学院教授）

作者自序　The Second You From ALTRUISM

一个信仰利他的我

在我们周围及这个社会，往往可以发现这样两类人：

一类人是困惑、迷惘、焦虑、空虚、畏惧、混沌，他们内心失衡、找不到自己、找不到真正感兴趣的事情、找不到人生的方向、感到生命没有意义。这样的人生是单调的，没有多少阳光。他们跟很多人一样，差不多都在相同的人生轨道和人生可能。

一类人是专注、坚守、行动、挑战、勇敢、本真，他们活出真实的自己、本来的自己、正能量的自己、自在的自己、快乐的自己。这样的人生是丰富的，有着更多的可能。同时，在他们努力的过程中，也会有更多的可能，来成就他们的更多可能。

这两类人生本无太大可比性。细想一下，实际是两种人生状态和人生境界的区别，也就是消极与积极、小我与大我、向内与向外、内心失衡与内心平衡的区别，归根结底是利己与利他、第一个自己与第二个自己的区别。

本书主要关注的就是"利他"和"第二个自己"。这一点可能很多人不会太在意，毕竟这个社会更多的是功利主义、利己主义。但让我们欣慰的是，就像本书和未来会展现的，依然有很多的人在做着利他的事情——他们让我们相信，这个世界始终有爱存在，始终有温暖存在，始终有信仰存在。正如法国著名思想家罗曼·罗兰所说："世界上只有一种真正的英雄主义，那就是认清生活的真相后还依然热爱生活。"

我也非常感谢每一个出现在我生命中的人，包括现在看到这本书的你，以及以各种形式关注和支持未来会的朋友们。相信我们依然对这个社会充满信心，相信我们的未来会更好，相信真正的美好其实还是离不开人的美好。

案例背后隐藏的秘密

未来会的世界是一个有心人、有利他心的世界，这里的人是有血有肉、生动活泼的。因为有心，因为利他，所以自在，所以天高，也就能很容易地进入另一个境界，找到另一个自己。

这本书的内容主要来自未来会700多个正在改变世界的人的故事，以及我自己的经历和感悟。书中的每个案例、每一句话，都必须是打动过我的，或者出自我自己。因为我始终在未来会坚持一个原则，不是可以让我们变得更好的东西不值得分享，没有经历行动实践的东西不值得分享，没有感动过我自己的东西不值得分享。坦率地说，我只是那些活生生的利他主义者的忠实记录者，也曾无数次地被他们所感动、所震撼。从某种意义上说，这本书就是对人的敬意，对利他的信仰。

书中的每个案例，单个看也许就像散落在山间的石头，其貌不扬、平淡无奇，但如果把它们串起来，也许就能成为一道靓丽的风景。因为在未来会，这些案例都如此清晰地指向一些人生和生命的大道理：

——利他这条路看似独门蹊径，实则阳关大道。因为少有人走，所以很美、很特别、也很奇妙。做到了利他，你的内心就会平衡，境界就会变高，能量就会变大，机会就会变多，所以也就更有可能、更容易取得另一种意义、另一个层面的成功。

——利他就是利己，可能也是最大的利己、最好的利己、最问心无愧的利己。利他，能量越来越大，路越来越宽，因为有很多惊喜、机缘和资源来成就你；利己，能量越来越小，路越来越窄，因为有太多竞争、欲望和痛苦在限制你。

——人生的很多问题，其实是内心失衡造成的。如果尝试从利他的角度想问题、做事情，就会发现一个完全不同的世界、完全不同的轨道和完全不同的自己，就能进入一个奇妙的境界：利己与利他的平衡、内在与外在的平衡、身体的我与灵魂的我的平衡、小我与大我的平衡、第一个自己与第二个自己的平衡，从而进入一个人所能达到的最中和、最自在、最幸福的状态。

——利他其实很简单，没那么严肃。有利他心的人，往往是有爱心、童心和好奇心的人；有利他心的人，呈现出来的就是一种本真、自在、快乐和幸福的状态。呼吸了利他的空气，融入了利他的气质，就能像这本书的封面中的鱼儿一样自由自在、神清气爽、遨游天地。

——成功，很多时候都不是偶然的。鲜花和掌声总是与汗水和泪水相生相伴。只有经历巨大煎熬，才会有巨大成功；只有经历量的积累，才会有质的改变；只有经历生命的过程，才能更加深刻体会生命的意义。

——专注，几乎是所有成功的前提。一旦做到了专注，做到了全神贯注的专注、满怀激情的专注、近乎极致的专注，一点一滴的积累总会在某个时刻发生巨大变化。而这后面的一切，就是自然而然的了。

案例选取坚持的原则

萃取精华原则。未来会是一个关注"人"和"利他"，记录正在改变世界的人，分享前进力量的平台。未来会网站（www.fuwill.com）有700多个在梦想、创新、公益、慈善、分享等方面改变世界和改变自己的案例。本书从这700多个案例、500多个案例人中精选了170多个人的案例（部分案例人名单见附录）。在一本书中了解汲取数百个利他人生的精华，发现人生的更多可能，找到自己一直在苦苦追寻的那个自己，相信还是有意义的。

体现利他原则。本书绝大多数案例是关于利他的案例。可能有一些案例本身跟利他无关，但它们是一些建议、一个思想或另外一种人生可能，是值得借鉴的，是可以让我们变得更好的，所以是另一个意义上的利他。

新颖有趣原则。书中案例无关国界、无关主义、无关宗教、无关标签、无关阶层，都是一些真实、新颖、有趣、可实现、能触动人心的案例，尽可能接地气，但又不落俗套。

注重亲近原则。本书的绝大部分案例人都是跟我们正在或曾经处在同一个时空、有共同生活年代的人。他们跟我们一样，就在这个世界的某个角落。他们的来源范围很广，有名人大家，也有平民百姓，有百岁老人，也有几岁小孩。其中很多案例人都没有过多的身份介绍，有的只是简单介绍，有的干脆就没有（网上都很容易能查到）。希望大家更关注他们说的话、做的事，而不是一些外在的身份和地位。

避免说教原则。不唯名，不唯上，只唯行，只唯实，注重知行合一、行胜于言，从我自己以及数百个案例人的视角出发，敞开心扉，以心交心，用案例说话，用行动证明，用实践分享，用精神感召。希望大家不要简单把这本书看成"心灵鸡汤"。至少，这本书不是某一个人的空谈，也没有抱着任何一个所谓的"神"不放，而是浓缩了数百个人生的精华，其中也有一些更深层次、另一个层次的东西。如果停留在"鸡汤"层面，我们就无法真正理解其中更深层次的内容，感受其中更深层次的力量。

篇章架构和内在逻辑

本书围绕"另一个你——在利他中找到第二个自己"的主题,从长寿的秘密、专注的境界、内心的声音、爱的温度、信仰的力量五个维度展开。这些内容大致按照这样的一个逻辑:观察自己,是由外向内,层层剖析,逐步触及灵魂;分析行为的影响,又是由内向外,从自己到他人,从利己到利他。

第一章"长寿的秘密",是从长寿入手,探讨未来会很多案例人的心态问题。他们身上的共同点就是永葆好奇心、始终平常心、常怀利他心,同时也能从另外的一些角度来看问题,比如找到内心小孩,放大自己的视野,从利己到利他,一切都是最好的安排,等等。从这些视角出发,他们实际上是在做最本真的自己。

第二章"专注的境界",是关于很多案例人在追随自己的好奇心、做自己真正感兴趣的事情、把最拿手的事情做到极致、专注到心无旁骛的案例。这些案例告诉我们一个简单道理:任何一件哪怕是很小的事,只要做到极致,谁都有可能会成功。同时我们也发现,一旦真正专注,就会进入一种奇妙的状态,体会到一种内心的愉悦和幸福,就能进入另一个境界的自己,找到另一个自己。

第三章"内心的声音",是让我们静下心来,与自己的内心对话,倾听内心的声音。这个声音告诉我们,要追随我们的内心,找到我们自己。正如宫崎骏所说:"我始终相信,在这个世界上,一定有另一个自己,在做着我不敢做的事,在过着我想过的生活。"也如乔布斯所说,你要有勇气去听从你的直觉和心灵的指示——它们在某种程度知道你想要成为什么样子。

第四章"爱的温度",不管是平凡的小人物,还是有光环的大人物,都用事实说明了一个道理:行动起来,就能看到自己的力量。我们发现,每个人都有自己的力量去改变一些东西，从而让这个社会、这个世界变得更好；同时，我们自己也能从另外一些方面变得更好，进入一个新的境界，达到一个新的高度，这个时候就可能有很多资源和机缘来帮助你、成就你。这是被未来会很多案例所证明了的。

第五章"信仰的力量"，主要是你相信什么，相信会改变什么，包括相信每个人都有自己的力量，相信每个人都必须经历苦难，相信自己坚持做的事情，相信自己的人性和价值观，相信有佛心会让你变得更好，相信自己的使命，相信发愿的力量，相信信仰的力量，相信利他的力量，相信相信的力量。忠贞不渝地坚守信仰，你就能找到信仰的力量，就有冲破一切困难的决心。只有找到了自己的信仰，你才能真正找到另一个自己；只有相信自己所做的是伟大的工作，你才能怡然自得。

内容方面的一些特点

全书最大特点是围绕案例展开，用叙家常的方式展开。

聚焦于人、人的平衡：围绕单个个体的"人"展开，关注的焦点始终是作为一个鲜活生命存在的"人"、利己与利他平衡的"人"，是"人"的心灵与精神、情怀与胸怀、思想与实践；既有伟大的人、大人物，也有普通的人、小人物；既关注人的内心，内在的觉悟与升华，也关注人的外延，对他人、社会和世界的影响。

自成一体、有机统一：五个篇章有机统一，但又相互独立。说是有机统一，是因为长寿的秘密、专注的境界、内心的声音、爱的温度、信仰的力量是人生困惑的一些重要方面，是层层推进，逐步指向核心的；说是相互独立，是因为书中的每一个章节都自成一体，相对独立，单独看任何一个章节，都不太影响整体阅读。

如叙家常、如讲故事：主要是未来会的案例和作者的一些感想，更多的是希望以一个平等的姿态、朋友的身份、交心的方式跟大家交流，力求精练，尽量不说废话、套话、口是心非、言行不一的话。书中每一节的标题都是一个开门见山的观点呈现，不拐弯抹角，不故弄玄虚。但标题的直白，并不意味着内容的空洞，也许只有真正深入进去，才能发现里面的别有洞天。希望大家能从中有所感悟，有所收获，当然更重要的是有所实践，有所行动。临渊羡鱼，不如退而结网。

注重场景、身临其境：内容案例化、案例场景化是本书的一个突出特点。书中案例尽量做到理由和事实一同展现，不做无源之水、无根之木，不耍空中楼阁、海市蜃楼。很多案例尽可能地介绍了当时的环境和条件，真实再现了案例人或作者在那个当下的思考、觉悟及决定的过程。如果大家能设身处地看待这些内容，可能更有助于我们理解书中的内容，更容易找到另一个自己。正如19世纪著名英国作家约翰·拉斯金所说："你要发现你自己究竟感觉到了什么，最佳途径莫过于努力尝试在你身上，重新创造出一位大师已经感觉到了的东西。"

散如沙子、串如珍珠：本书更多的是一些随想，所以也就不去讨论具体的学术问题，不过于追求表面上的严谨性、系统性和完整性，比如有的标题可能看起来比较随意，有的内容可能反复在说。请大家不要太在意这些形式上的瑕疵，多关注实质的内容及背后的思想。实际上，书中很多案例都只是一个自然地呈现，没有做过多的引导或总结，我们希望读者自己去发现更多、感受更多。很多案例可能看起来比较散乱，但串起来又非常清晰，可能就有点像撒网——撒开时，从原点自然扩散；收网时，又能自然合拢。

仁者见仁、智者见智：本书的一些内容更多的是看问题的一些视角，角度不一样，也许结果会完全不一样，这也就是本书取名为《另一个你》的缘故了。书中总结的一些东西只是作者的个人所见，所以难免会有绝对、片面、不到位的地方，请大家批评指正。也希望大家不要因为一些不完美，就轻易放弃更多可能是美好的东西。

如人饮水、冷暖自知：书中的每一句话都是我所认同的，经过认真过滤的，或者直接出自我的内心。如果读者能把其中的一个人、一个点、一句话记住，并笃信之、勉行之、广播之，我就心满意足了。希望更多有经历、有良知、有情怀、有社会责任的人在这本书中找到共同的心声。

这里也要特别强调本书的三个重要前提：第一，这本书所有立论的大前提，是我们不想为非作歹、浑浑噩噩，至少在想着成为一个更好、更有意义、更有情怀的自己；第二，这本书及未来会所说的"改变世界"，指的是正向、正能量的改变，不是负向、负能量的改变，也就是让这个社会朝着更美好的方向一点点地改变；第三，我们虽然谈的是"改变世界"这个看似宏大的议题，但实际上是希望从一个人自己的改变开始的，从我们自己找到自己的前进力量开始的。在未来会看来，改变世界和改变自己是可以相互转化、相互促进的。很多时候，我们只要把自己从纯粹的利己，稍微融入哪怕一点点的利他，就会看到自己的改变，也能看到周围的世界在改变。

这里找到第二个自己

什么是第二个自己？在我看来，第一个自己是身体的我、利己的我，是小我，是理性的自己；第二个自己是灵魂的我、利他的我，是大我，是感性的自己。第一个自己往往是自己的外在和表象，第二个自己才是自己的内在和本来。每个人都有第一个自己和第二个自己，都渴望拥抱第二个自己，也总能在某个时候、某个机缘找到第二个自己。

实际上，未来会的很多案例，以及这个社会很多人正在做的，正是因为利他而发现的另一个人生、第二个自己。比如星云大师，诚品书店创始人吴清友，从NBA球星转型为公益人的姚明，"百人援助"公益行动发起人韩红，腾讯公益慈善基金会发起人陈一丹，"美丽中国"理事长刘彭泽，台湾公益小魔女沈芯菱，学者楼宇烈、施一公、钱颖一、沈祖尧，作家麦家、曹文轩、周国平、林清玄，慈善家李嘉诚、马云、牛根生、稻盛和夫等。他们都是在经历了漫长求索和无数煎熬之后，才找到了自己可以用一生去倾注、用生命去交换的事情，找到了自己的信仰，从而实现从利己到利他、从小我到大我的转变。

我自己也是因为创办未来会才找到另一个自己的。因为房地产价格飞涨，以及其他一些主客观方面的原因，我经历过数年的迷惘、困惑、纠结、彷徨，曾经陷入一种前有深渊、后有沼泽的境地，找不到人生的意义和出口。正是因为创办未来会，我才进入一个奇妙的境界，找到了另一个自己。对我来说，未来会已经成为我生命的一部分，它让我勇敢地生活下去，做更好的自己。也正是从利他出发，我听到了内心的声音，做到了内心平衡，找到了第二个自己。我坚信，利他就是利己，是成就另一种意义上成功的更好的可能方式。我也笃信索达吉堪布的一句话，只要你相信因果，践行利他，有些事情会不期而至，超乎你的想象。

希望这本书是投入水中的一颗卵石，激起不断改变的涟漪；是迷雾重重、茫茫大海中的一座灯塔，为那些跟我一样曾经迷失的人指引方向，让他们找到他们自己前进的力量。希望大家多到未来会的美丽王国走走，这里有人世间最美丽的花——灵动盛开在无数角落的人性之花，光荣绽放在我们心中的利地之花；这里有世界上最自在的鱼——自由遨游在天地之间的精灵之鱼，惬意游动在我们心底的心灵之鱼。

需要说明的是，写这本书尽管一开始不知道路在哪里、通往何方，但我还是决定上路了。结果发现用心去走，让心足够纯，路总还是有的，而且一路风景很美、很特别、赏心悦目。我相信，只要始终保持一颗美好的心，就能遇见更好的自己，找到第二个自己；就会发现更多可能，同时也有更多的可能，来成就我们的更多可能。这是未来会700多个案例的启示，也是我自己创办未来会、写这本书的最大体会。

最后必须说明的是，这本书一定有很多不够好、不尽人意的地方。但请你相信，我是用一颗真诚的心在做这件事情，所以还请你宽容，相信总会好起来的，未来会更好。正如这本书中说的那样，每个人都有改变世界的力量，每个人都能为这个世界做一些有意义的事情。只要你有一颗伟大的心，一往无前地做下去，改变一定会发生，机缘一定会到来，我们要做的就是开始，现在就开始。

张汉阳

未来会创始人

二〇一七年十一月于未名湖畔

目录

推荐序一　一扇发现利他的窗

推荐序二　一条名叫利他的鱼

作者自序　一个信仰利他的我

第一章　长寿的秘密

1.1 为什么他们都长寿？// 3

叶曼：唯有有智慧地度此一生，方才不辜负来人间走了一遭 // 4

饶宗颐：好奇心、孩童心、自在心，一颗比一颗高 // 5

楼宇烈：师天地心广大，顺自然致中和 // 7

星云大师：人人皆有佛性，都可成佛 // 8

杨绛：人生最曼妙的风景，是内心的淡定与从容 // 9

叶嘉莹：站在那里就是一首诗 // 11

李佩：我一点儿也不孤独，脑子里好些事 // 12

摩西奶奶：找到自己真正喜爱的事情，淡定从容地过好每一天 // 13

1.2 找到内心小孩 // 15

好奇心：永远有问不完的问题 // 16

兴趣力：感兴趣的事情反复做 10 遍 // 17

怜悯心：他居然看电视被感动哭了 // 18

恒毅力：他真的爬上了野长城 // 19

挑战心：我们打 5 个球吧 // 20

创造力：很多事情我从来都没想过 // 21

1.3 **放大你的视野** // 24

把时间归零 // 25

把空间归零 // 26

把生命归零 // 27

把内心归零 // 29

1.4 **从利己到利他** // 31

为什么非要选择同样的路？ // 31

未来会 700 个案例的启发 // 33

美国人利他，中国人利己？ // 37

1.5 **一切都是最好的安排** // 40

平衡法则 // 40

自然法则 // 43

感恩法则 // 44

第二章 专注的境界

2.1 **学黄葛树的专注** // 50

专注就是保持定力 // 51

专注就是全神贯注 // 51

专注就是追随兴趣 // 53

专注就是坚持激情 // 53

专注就是始终坚持 // 54

2.2 追随你的好奇心 // 56

更多可能的引子 // 56

通往一切的道路 // 57

2.3 找到自己真正喜爱的事情 // 62

找到感兴趣的事情 // 63

找到真正喜爱的事情 // 64

2.4 把最拿手的事情做到极致 // 69

在追求极致中发现自己 // 70

在追求极致中感动天地 // 71

在追求极致中享受幸福 // 72

2.5 专注对你最重要的事情 // 78

事业：追随变化还是追随不变？// 79

素质："能力之桨"还是"品质之舵"？// 81

信息：来者不拒还是选择接收？// 83

人生：浑浑噩噩还是开始觉醒？// 85

冲突：事业至上还是平衡兼顾？// 86

2.6 做到心无旁骛，你才能够胜出 // 87

一种习惯 // 88

一种享受 // 89

一种境界 // 89

2.7 你们都还在自己的那本传记的前 50 页 // 97

人生是一场马拉松 // 97

人生没有无用的经历 // 98

做你自己 // 100

第三章 内心的声音

3.1 静下心来，才能看到生命的意义 // 108

放慢脚步，才能欣赏人生风景 // 108

静下心来，就能找到"宁静瞬间" // 109

静下心来，就能看清自己 // 110

静下心来，就能感受到自己的力量 // 111

静下心来，就能看到生命的意义 // 112

3.2 人生很多问题，跑步都会给你答案 // 114

村上春树：超越昨天的自己 // 115

巴菲特：64 岁开始跑步 // 116

扎克伯格：每天跑完一英里 // 116

奥沙利文：这一生，从跑步开始 // 117

张朝阳：跑步是一种修行 // 117

毛大庆：跑步会让你活得更简单 // 118

陈盆滨：今天就是起跑线 // 119

3.3 追随你的内心 // 120

发现自然的自然 // 120

顺从生命的自然 // 121

跟随内心的声音 // 123

与自己内心对话 // 125

3.4 找到你自己 // 126

找回迷失的自己 // 127

安顿自己的身心 // 128

发现独特的自我 // 129

活出真实的自我 // 130

找到生命的意义 // 131

3.5 找到第二个自己 // 133

现在的你只是第一个你 // 134

第二个你才是真正的你 // 135

拓展自己,发现更多人生可能 // 136

从小我到大我,从身体的我到更高的我 // 138

3.6 内心平衡了,什么就顺了 // 139

内心平静,才能感受真正幸福 // 140

内心平衡,才能进入自在状态 // 141

利己与利他结合,内心才会真正平衡 // 142

人生最曼妙的风景,是内心的淡定与从容 // 144

第四章 爱的温度

4.1 行动起来,就能看到自己的力量 // 150

身边流淌的爱 // 150

有温度的创新 // 151

一辈子的爱心 // 153

走进 TA 的世界 // 154

4.2 播种梦想，总能改变些什么 // 155

他带着自己的月亮周游世界，照亮黑暗贫瘠的角落 // 156
香港女孩邓家怡：只要开始行动，就总能改变些什么 // 157
他用一支画笔，将卑微变成圣洁 // 158
"河马"3D放映队：绕中国版图轮廓走一圈，给孩子带去快乐 // 159
"美丽中国"：点亮中国的一盏灯 // 160

4.3 改变世界，不必等我长大 // 162

他6岁开始做公益，梦想是让非洲每个人喝上干净水 // 162
一个7岁小女孩拯救2万名非洲孩子 // 164
他9岁宣布种树100万棵，13岁在联合国发表演讲 // 165
他12岁成立"国际儿童教育基金" // 166

4.4 光环之外，他们都是有温度的人 // 167

习仲勋：对人要做"雪中送炭"的事情 // 167
宋平：老同志都可以贡献扶贫助学事业 // 168
凌孜：人生意义在于利他 // 169
陈坤："行走的力量"是在做心灵公益 // 169
姚明：我非常享受慈善带给我的乐趣 // 170
韩红：我愿倾我所有，能做多少是多少 // 170
马云：公益不仅是捐钱，公益是一份心 // 171
牛根生：我希望先做10年、20年，再来说 // 171
李嘉诚：我对教育和医疗的支持，将超越生命的极限 // 172
吴清友：诚品是赔钱的所在，也是鼓舞心灵的所在 // 173
比尔·盖茨：从全球首富到全球首善 // 173
稻盛和夫：彻底抛弃私心，才能成就大事 // 174

4.5 爱到大爱，才能走得更高更远 // 174

唯有爱，才能让你快乐 // 175

小爱成其小，大爱成其大 // 177

小爱止小溪，大爱汇大海 // 178

成功 = 天分 × 努力 × 视野 × 格局 // 180

第五章 信仰的力量

5.1 每个人都有自己的力量 // 185

人生有更多可能 // 186

相信自己的力量 // 188

相信改变的力量 // 190

5.2 每个人都要经历"九九八十一难" // 192

每个人都是西天取经的行者 // 192

苦难，是必须经历的阵痛 // 194

磨难，是磨炼自己的灵魂 // 195

淬炼，才会有顿悟一刻 // 196

大多数一夜成功的故事，都经历了长时间的积累 // 198

5.3 人生的精彩在执着的选择与坚守 // 200

坚持一些很小的事情，把它变成习惯 // 201

追寻一些美好的东西，把它带进生活 // 201

形成一些独特的东西，把它变成标签 // 202

丢掉一些浮华的东西，把它看作云烟 // 203

播种一些生命的大爱，把它铸成永恒 // 205

坚守一些不变的东西，把它融入血液 // 206

5.4 坚持你的人性和价值观 // 207

守住失去的美好 // 207

按照本性去生活 // 209

我们所追求的,应该是比名利更为持久的东西 // 211

科技必须与人性结合,与价值观融合 // 212

5.5 要有一个佛心 // 213

相信因果,舍即是得 // 214

相信自己,找到自己 // 215

随缘自适,烦恼即去 // 216

心定即禅,心安即福 // 216

慈悲心越重,智慧就越高 // 217

5.6 记住你的使命 // 218

扎克伯格:有了使命感,你只需要做的就是开始 // 219

崔维成:与草木同生,不与草木同腐朽 // 220

罗红:拼尽全力完成使命,才能找到安放灵魂的地方 // 221

大学新使命:培养有全球使命的未来创新人才 // 222

未来会:让每个人找到改变世界的力量 // 223

5.7 发上等愿,择高处立 // 225

发上等愿,择高处立 // 226

为天地立心,为生民立命,为往圣继绝学,为万世开太平 // 226

有了大愿,每天都有希望 // 227

追求大愿,人生更有意义 // 228

道力之限,要靠愿力突破 // 230

5.8 真正驱动力来自信仰 // 231

只有开始行动，才能知道自己的力量有多大 // 232

只有找到了自己的信仰，你才能真正找到另一个自己 // 233

只有你内心有改变的信仰，你才能找到真正的驱动力 // 235

只有内心深处有信仰的人，才能真正看清事物的真相 // 236

只有相信自己所做的是伟大的工作，你才能怡然自得 // 237

5.9 在利他中，发现另一个人生 // 238

更多的可能，是从利他中发现的 // 238

前进的力量，是从利他中获得的 // 240

更大的成功，是从利他中实现的 // 240

真正的快乐，是从利他中产生的 // 242

另一个自己，是从利他中找到的 // 243

最后的交心，请索达吉堪布来说 // 245

附录　本书涉及的案例人统计及主要结论 // 247

后记　// 257

The Second You
From Altruism

第一章

长寿的秘密

圣人之道，中庸而已；中庸之道，顺其自然而已。

——国学大师楼宇烈（1934年—　）

成功之道，在于利他之心。只有彻底抛弃私心的人，才能成就大事。

——日本经营之圣稻盛和夫（1932年—　）

人人皆有佛性，都可成佛。存好心，说好话，做好事，这样做下去，自然而然就有了佛性。

——星云大师（1927年—　）

唯有有智慧地度此一生，方才不辜负来人间走了一遭。有真正智慧的人，深知人性，了知人生，所以方能宁静淡泊以处事，忠厚仁义以待人。

——国学大师叶曼（1914—2017年，103岁）

我们曾如此渴望命运的波澜，到最后才发现，人生最曼妙的风景，竟是内心的淡定与从容。

——钱钟书夫人、著名作家杨绛（1911—2016年，105岁）

第一章　长寿的秘密

这本书的一开始就谈长寿的秘密，不是讨论一般意义上的养生之道，而是探讨长寿背后的心态问题。我们发现，把平和、积极的心态融入日常、变成行动，几乎是所有长寿者共同的秘密。具体说，这个心态就是永葆好奇心、始终平常心、常怀利他心，同时也能从一些独特的角度看问题，比如找到内心小孩、放大自己的视野、从利己到利他、一切都是最好的安排，等等。未来会众多案例表明，一个人生命的长度和生命的质量，往往跟这个人的世界观、人生观、价值观和生命观有很大的关系。

1.1　为什么他们都长寿？

未来会网站（www.fuwill.com）案例人的年龄跨度很大，上至百岁老人，下至六岁孩童。一个有趣的现象就是：其中很多人都很长寿，而且是非常的长寿。这并非我们在案例选取之初刻意为之，而是后来才发现的。

在未来会出现的长寿老人，有佛学大师星云大师、一诚长老、传印长老、白光长老，国学大师叶曼、饶宗颐、楼宇烈，资深学者李佩、资中筠、樊锦诗、钱理群，政界元老宋平，文学家杨绛、叶嘉莹、金庸，科学家袁隆平，艺术家摩西奶奶、巫漪丽，建筑大师贝聿铭，围棋大师吴清源，商界巨擘李嘉诚、赵锡成、巴菲特、稻盛和夫等。这些人的年龄都在 80 岁以上，平均年龄近 95 岁，超过 100 岁的就有 8 人，最高的是钱钟书夫人、105 岁的杨绛先生。

为什么这些人都长寿？为什么大师普遍长寿？他们的人生观、价值观、生命观与长寿、成功有什么关系？这吸引我们去一探背后的秘密。

通过分析我们发现，尽管人生经历和专业领域各不相同，但这些人似乎有着共同的长寿之道：一方面是因为他们在自己的专业领域不断精进，爱学习，常用脑，勤思考；另一方面就是他们都能永葆好奇心，始终平常心，常怀利他心。特别是后者，似乎是这些人长寿的更重要原因。这一点在未来会很多案例人身上都能找到——他们将来是不是也同样长寿呢？

我们先来认识其中的 8 个人，其他人在后面的章节也都会陆续提到。

叶曼（1914-2017）：唯有有智慧地度此一生，方才不辜负来人间走了一遭

叶曼是极少数将儒释道融会贯通的国学大师之一。1935 年她受胡适亲点，就读于北京大学。早年她辗转世界各地，接触过基督教、伊斯兰教等不同宗教，后又潜心研学儒释道数十年，曾师从南怀瑾、陈健民等上师。

叶老曾说，唯有有智慧地度此一生，方才不辜负来人间走了一遭。有真正智慧的人，深知人性，了知人生，所以方能宁静淡泊以处事，忠厚仁义以待人。有真智慧的人，他的一生，消极的是"己所不欲，勿施于人"，积极的是"己欲立而立人，己欲达而达人"。

叶老认为，命由天定，运可改变，风水即不违背自然，这些都是外部的

力量，人可以决定的是去修习善心，研读圣书。

先生绝不可一日无书。晚年的她，读书早已成为习惯，成为生命中不可缺少的一部分。除了每天必定的三餐沐栉、会见亲友、参加会议外，其余时间她多半是手不释卷的。

她说，读书是世界上最便宜的事。一本书流传下来，是一个人一生的研究、一辈子的观察、一身的辛劳，而我们只用几小时或几天的时间便受用了它，拥有了它，多便宜、多值得！在她看来，一个人若想风度翩翩，言语隽永，唯有读书。一个人三日不读书，便会面目可憎，语言无味了。

回到日常细节，她又自有分寸。她说，"当一个人精神颓废、意志消沉时，我劝他先将自己打扮起来，我不能想象一个连睡衣都不肯换下、鞋子不肯穿上的人，对身外事、身外物，还有多少兴趣和感情。我可以毫不同情地告诉他们，活着是为自己，活着也是靠自己，生趣弥漫天地间，抓来就属于你。"

在叶老看来，想活一百岁并不难，生命掌握在每个人自己手里。"人什么都不能做得太满了。吃也是一样。我这一生什么都不过满，什么都留有余地，宁肯缺一些，随时都准备着退后一步。"她说，自己随时随地准备死，但是每一分每一秒都不浪费，尽量利用它，时时可死，步步求生。

饶宗颐（1917-2018）：好奇心、孩童心、自在心，一颗比一颗高

饶宗颐是敦煌学研究的一代宗师，还是公认的国学大师和艺术大师，曾与季羡林并称"南饶北季"。季羡林说，他心目中的大师就是饶宗颐；金庸说，有了饶宗颐，香港就不是文化沙漠；许嘉璐则直言，他是当代百科全书式的大师，五十年之内不会再出第二个他！

饶公常说，做学问和做人要耐得住寂寞，要有平常心态，要"守株待兔"，不能急功近利。"积极追兔子的人未必能够找到兔子，而我就靠在树底下，当有兔子过来的时候，我就猛然扑上去，我这一辈子也不过就抓住几只兔子而已。"

饶公主张用"忍"的功夫，"忍"要靠耐力，能够忍受一切困难，才能作持久战。没有"安忍"，便不能精进；没有"澄心"，便不能凝神向学。

有人说，他有三颗心，第一颗叫好奇心，第二颗叫孩童心，第三颗叫自在心，一颗比一颗高。持着这三心，他在智慧求索中执着，而不为执着所累。

饶公经常说，"我来不及看书，来不及烦恼"。他风趣地把自己比作知识海洋里的"两栖游物"，"我一天的生活，上午可以在感性的世界里，到了下午说不定又游到理性的彼岸上，寻找着另外一个世界，另外一个天地。越是没有人去过的地方，没有人涉足的地方，我越是想探秘。"

关于人生哲学，饶公曾提出"安顿说"。他认为，一个人在世上，如何正确安顿好自己，这是十分要紧的。保持自在的心，是一种境界。"万古不磨意，中流自在心"是他的诗句。他说，"不磨"就是不朽，"中流"犹言在水中央、大潮之中，"自在"则是指独立的精神。先立德、立品，再做学问、做艺术。立足学术主流，追求博大而深远的大智慧。现在的人太困于物欲，其实是自己造出来的。

饶公有一套自己的"饶功"，是一种瑜伽、打坐方法。他说，每个人都有自己的天地。"当我闭眼的时候，我就让自己的思想任意翱翔，可以想到几万年之后、几千里之外，此时我同天地融为一体，我已敲开了庄子的门。"

经常有人问他如何养生，得到的典型回答是："我每天坐在葫芦里。"他引用明代诗人余善的诗句"一壶天地小于瓜"，说清静达观、身心愉悦，自然就长寿。

楼宇烈（1934- ）：师天地心广大，顺自然致中和

楼宇烈是哲学大师和佛学大师，北京大学宗教研究院名誉院长。先生1960年从北大哲学系毕业后便留在这里，一生致力于哲学、佛学研究。

先生认为，中国文化的根本精神就是它的人文精神——以人为本的人文精神，即人的自我觉悟、自我约束、自我超越，从人自身出发，来处理与天地万物的关系。

在先生看来，中国人的传统信仰可以归纳为三点：报本、感恩、敬畏。报什么本？生命之本，做人之本；感什么恩？天地养育之恩，父母养育之恩；敬畏什么？敬畏天地良心。其实，一切信仰、一切宗教信仰归根到底都是这三点，从这三点出发，最后又落到这三点。

以道统艺，由艺臻道，是先生的人文理想。他认为，昆曲、古琴、茶艺都是理解传统文化的途径。在北大，与传统文化相关的多个社团，如国学社、茶学社、耕读社、古琴社等，几乎都是在先生的支持下建立起来的。他认为，培养兴趣爱好，对改变人的心境非常有帮助。

先生指出，中国传统文化常常把佛教看作是一个自心的文化。一切问题的根源来源于内心的"贪""嗔""痴"，"三毒"攻心才让你对外界的东西追逐不已，由此带来了许多的执着和痛苦，所以佛教里面有一句话叫作"勤修戒定慧，熄灭贪嗔痴"。这是从根本上去解决我们对相的执着，对自我的执着，然后去超越它，去看到众生的平等、万物的平等、万物的无常、万物的无我。

先生认为，养生必先养心，心是根本的；一切归于自然，是最好的修行。先生常常念《汉书·艺文志·方技略》里面讲神仙的那段话："神仙者，所以保性命之真。"神仙，就是保住他最原真的状态、原初的真性，但是人生下来就会丢失，那就要把它重新找回来。

先生曾自创了一副对联，上联是"师天地心广大"，下联是"顺自然至中和"。意思是"以天地为师，心胸要广大，顺其自然，达到中和"。

在先生看来，整个中国文化从某种意义上来讲就是追求中和。只有中和才能生生不息，才能"天地位焉，万物育焉"；只有顺其自然，才能达到中和。圣人之道，中庸而已；中庸之道，顺其自然而已。

星云大师（1927- ）：人人皆有佛性，都可成佛

星云大师12岁时在南京栖霞寺出家，1949年组织僧侣救护队到台湾地区，1967年创建佛光山。50多年来，星云大师先后在全球创建了200余所道场，30多所佛学院，24个美术馆、图书馆、出版社、书局，50余所中华学校，还先后创办了美国西来大学、台湾地区南华大学、佛光大学等5所大学。大师1991年发起成立中华佛光协会，1992年又成立国际佛光会。如今国际佛光会已在五大洲170余个国家和地区成立协会，会员人数达300万之众，是全球华人最大的社团之一。

大师是人间佛教的行者。什么是人间佛教？他说其实就是"佛说的、人要的、净化的、善美的"。他说，佛门虽称"空门"，但在佛教里，"空"并非没有，"空"既是空，也是有。真正的佛门也并非要远离红尘，而是既出世，也入世，出世为心，入世是行。大师还认为，人人皆有佛性，都可成佛。存好心，说好话，做好事，这样做下去，自然而然就有了佛性。

在大师看来，世间一切成败得失都离不开"因果法则"。他深信只要肯耐心培养当下的善缘，改善过去的恶因，未来必定会有无限的希望。他说，佛教的精义在明因识果，佛教的目的在教化人心，所以信仰佛教很好，明白因果的道理更好；明白因果的道理很好，奉行因果的法则更好。他说，"你可以不信佛祖，但不可以不信因果，世界上最公平的就是因果。"

大师看这个世界，是一半一半的——男人一半，女人一半；白天一半，晚上一半；好的一半，坏的一半。大师说，在这个一半一半的世界里，我们尽量把自己这一半做得更大更好就好了。因此，自己的命运要靠自己创造，不能把自己的幸福寄托在别人身上。他直言，"佛走过的道路，我都不一定要走，我要走自己的道路。"

因为眼底钙化，大师晚年视力几乎为零，所以他写字都是"一笔字"。"这如同这一生做任何事，要秉持勇往向前、毫不犹豫的态度"。他常对人说，"不要看我的字，要看我的心"。

这正如大师所说，成不成佛不重要，自我安顿身心最重要。比如参禅，在你没有参禅前，看山是山，看水是水；到了你参禅后，看山不是山，看水不是水；到你悟道后呢，又变回看山是山，看水是水了。佛祖不一定要我们信他，但我们不能不信自己，不能不找到自己，而参禅就是找到自己，明白自己，发觉自己。

杨绛（1911-2016）：人生最曼妙的风景，是内心的淡定与从容

杨绛是钱钟书先生的夫人，著名作家、戏剧家、翻译家。她93岁出版散文随笔《我们仨》风靡海内外，再版达100多万册；96岁出版哲理散文

集《走到人生边上》；102岁出版250万字的《杨绛文集》。

杨老在《我们仨》中这样写道："我们这个家，很朴素；我们三个人，很单纯。我们与世无争，与人无争，只求相聚在一起，相守在一起，各自做力所能及的事。碰到困难，钟书总和我一同承担，困难就不复困难，还有个女儿相伴相助，不论什么苦涩艰辛的事，都能变得甜润。我们稍有一点快乐，也会变得非常快乐。"

1997年，杨老的爱女钱瑗去世。一年后钱钟书临终时，杨老说："你放心，有我呢！"内心之沉稳和强大，让人肃然起敬。杨老说，我们三人就此失散了，就这么轻易失散了。"钟书逃走了，我也想逃走，但是逃到哪里去？我压根儿不能逃，得留在人世间，打扫现场，尽我应尽的责任。"

2001年，杨老以全家的名义将高达800多万元的稿费和版税全部捐赠给母校清华大学，设立"好读书"奖学金。

"简朴的生活，高贵的灵魂，是人生的至高境界。"这是杨老非常喜欢的名言。在朋友眼里，杨老生活异常俭朴、为人低调。她的寓所，几乎没有进行过装修，水泥地面，非常过时的柜子、桌子，老旧的样式，始终安之若素。室内没有昂贵的摆设，没有书房，只有一间起居室兼工作室，也当作客厅，但每间屋子里有书柜，有书桌，所以随处都是书房。她总是说，这样已经很好了，这是她自己的一种生存方式。

杨老认为，保持知足常乐的心态是淬炼心智、净化心灵的最佳途径，一切快乐的享受都属于精神，这种快乐将忍受变为享受，是精神对于物质的胜利，这便是人生哲学。她在《一百岁感言》中写道："我们曾如此渴望命运的波澜，到最后才发现，人生最曼妙的风景，竟是内心的淡定与从容；我们曾如此期盼外界的认可，到最后才知道，世界是自己的，与他人毫无关系。"

叶嘉莹（1924-　）：站在那里就是一首诗

叶嘉莹，中央文史研究馆馆员、南开大学中华古典文化研究所所长、加拿大皇家学会院士，曾任台湾大学教授，美国哈佛大学、密西根大学及哥伦比亚大学客座教授，加拿大不列颠哥伦比亚大学终身教授，是当今海内外传授中国古典文学时间最长、成就最高、影响最大的学者之一，曾获凤凰卫视"影响世界华人大奖"终身成就奖。

先生说她在最痛苦绝望的时候，总是从中国古典诗词中领悟到人生真谛。"我总是默默承受，但从不跌倒，承受的时候也要走自己的路"。她如今已90多岁高龄，但如果你看她每个时期的照片，你会感慨这真的是一个优雅了一生、美丽了一生、从容了一生的女人。她这一生经历了太多磨难、太多痛苦，她一生都在专注做一件自己非常喜欢、相信的事情。

"以无生之觉悟，为有生之事业；以悲观之体认，过乐观之生活"。这是先生一生的基石和准则。她说，一个人如果能找到理想，能够终生为理想而努力、而献身，这才是人生最美好的、最有意义的一件事情，而不是眼前的那些名利得失。那些都是会过去的，是不能长久的。如果你真的找到你理想之中的事业，真正投身进去，你就会从中得到快乐。

先生在谈到人生或诗词的美感特质时，提到最多的是"弱德"二字。"弱德之美"是她用90多年生命历程，悟出的古诗词美学理论。她也常用这个自创词来形容自己对人生的态度。她说，"弱"就是始终保持一个弱者的姿态，但有自己的持守，有一种品德的持守。从古以来，凡是写得最好的词，所表现的都是弱德之美，都有一段难以言说的感情和悲哀。

先生说，自己之所以90多岁还在讲，是因为她觉得应该让更多人特别是青少年认识古诗词的美好。"我亲自体会到古典诗歌里的美好、高洁的世界，而现在的年轻人，他们进不去，找不到一扇门。我希望把这一扇门打开，让大家走进去。这就是我一辈子不辞劳苦所要做的事情。"

先生八十寿诞时，曾有人问："八十以后如何？"她沉吟了一会，用庄子的话作答："独与天地精神往来。"

李佩（1917-2017）：我一点儿也不孤独，脑子里好些事

李佩是"两弹一星"元勋郭永怀的遗孀，被誉为"中科院最美的玫瑰""中关村的明灯""比院士还院士的人"。

没人数得清，中科院的老科学家中，有多少是她的学生。甚至给她寄东西，收件人只用写"中关村的李佩先生"，她就能收到了。

郭永怀当年从美国回国，是钱学森邀请的。不为人知的是，李佩也在其中发挥了特殊的、至关重要的作用，她可以说是"两弹一星"的幕后功臣。

1968年10月，郭永怀因飞机意外失事去世。此后的几十年，先生几乎从不提起"老郭的死"。没人说得清，她承受了怎样的痛苦。后来她唯一的女儿郭芹病逝，时近八旬的她也没在外人面前流过眼泪。几天后，她又像平常一样，给中科院研究生院的博士生上英语课去了。

先生曾说，无论遇到什么困难，人还得走下去，而且应该以积极的态度走下去，去克服它，而不是让它来克服自己。

先生的晚年差不多从80岁才开始。1998年，她创办了比央视"百家讲坛"还早、规格还高的"中关村大讲坛"，一直到2011年，每周一次，总共办了600多场。

她请的主讲人也都是"名角儿"。黄祖洽、杨乐、资中筠、厉以宁、程

郁缀、沈天佑、高登义、甘子钊、饶毅等名家，都曾上过这个大讲坛。

请来这些大人物，全部都是义务讲课。有一次，她邀请甘子钊院士。她说，"老甘啊，我可没有讲课费给你，最多给你一束鲜花"。甘院士说："你们的活动经费有限，鲜花也免了吧。"后来，花是先生自己买的。

在她家那个狭小的客厅，有个腿都有些歪的布沙发，很多大人物都曾在这上面坐过。钱学森、钱三强、周培源、白春礼、朱清时、施一公等很多名家都曾是那个沙发的客人。

虽然一个人生活了多年，先生觉得自己一点儿也不孤独，脑子里好些事。她说，"我的理想就是希望自己注意健康，过好每一天的生活，尽可能为大家多做一点事。我没有崇高的理想，太高的理想我做不到，我只能帮助周围的朋友们，让他们生活得更好一些。"

摩西奶奶（1860-1961）：找到自己真正喜爱的事情，淡定从容地过好每一天

摩西奶奶在美国可能是一个妇孺皆知的老太太。一个从来没有进过美术学校的农村女子，70多岁的时候才拿起画笔，最终留下了1000多幅油画作品，其中20多幅还是在她过完100岁生日后创作的。她上过《时代》《生活》等杂志的封面，作品曾被美国大都会博物馆和白宫收藏。她去世后，美国邮政局还专门为她发行过邮票。

以下是她100岁时致孩子们的感言：

有人问我，你为什么在年老时选择了绘画，是认为自己在画画方面有成功的可能吗？我说不是。我的生活圈从未离开过农场，曾是从未见过大世面

的贫穷农夫的女儿、农场工人的妻子。在绘画之前，我以刺绣为主业，后因关节炎不得不放弃刺绣，拿起画笔开始绘画。假如我不绘画的话，兴许我会养鸡。绘画并不是最重要的，重要的是保持充实。不是我选择了绘画，而是绘画选择了我。假如至今我依旧默默无闻，我想我仍然会过着绘画的平静日子。绘画之初，我从未幻想过成功。当成功的机遇撞上了我，我依然在平静地绘画。

人的一生，能找到自己喜欢的事情是幸运的。有自己真兴趣的人，才会生活得有趣，才可能成为一个有意思的人。当你不计功利全身心去做一件事情时，投入时的愉悦感、成就感，便是最大的收获与褒奖，正如写作是写作的目的，绘画是绘画的赞赏。今年我100岁了。往回看，我的一生好像是一天，但这一天里我是开心的、满足的。我不知道怎样的生活更美好，我能做的只是尽力接纳生活赋予我的，让每一个当下完好无损。

7岁的曾孙女曾问我，可以像您一样开始绘画吗？现在开始还来得及吗？我握着她的小手认真地说，任何人都可以作画，任何年龄的人都可以作画。如人人都可以说话一样，人人也都可以选择绘画这种认知和表达世界的方式。不喜欢绘画的人，可以选择写作、歌唱或是舞蹈等。重要的，是找到适合自己的道路，找到你心甘情愿为之付出时间与精力、愿意终生喜爱并坚持的事业。

我的孩子们，我希望你们回顾一生时，会因自己真切地活过而感到坦然，淡定从容地过好余生，直至面对死亡。

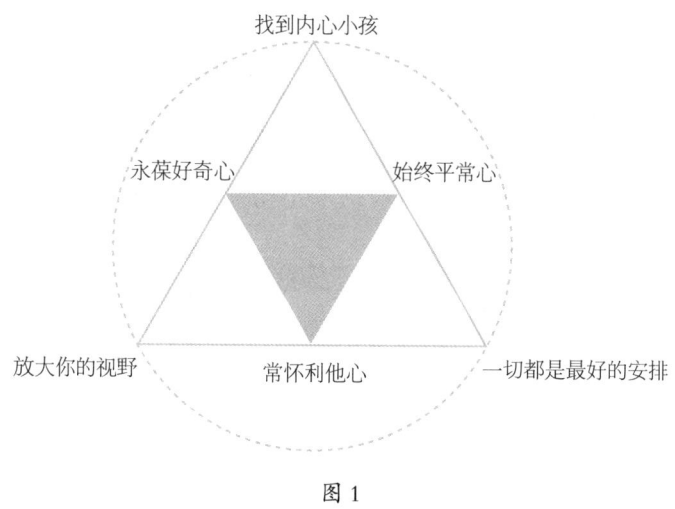

图 1

上面 8 个案例是本节一开始提到的 20 多位长寿长者的一部分，是未来会 700 多个案例的一部分。在他们身上，我们似乎能隐约发现长寿者的共同秘密：他们永远有一颗好奇心，一生求索，一生专注，始终进步，勇攀高峰；他们始终有一颗平常心，乐观豁达，淡泊名利，不以物喜，不以己悲；他们常怀一颗利他心，在每个小我心中都有一个大我，又在大我的基础上，把小我推到一个更高的高度。

有好奇心、平常心和利他心是一个人长寿的重要秘密，也是形成一个人世界观、人生观、价值观和生命观的重要基础。如果试着从另外一些积极的角度来看待自己、他人以及这个世界，我们就不会有太多生命的迷茫和生死的困惑。

1.2 找到内心小孩

什么是内心小孩？在这里是指孩子般的本真、天真、童趣、直觉、怜悯心、好奇心和想象力，也就是从孩子的视角和思维方式来看世界、做事情。我们每个人都有一个内心小孩，只不过随着岁月的流逝和生活的洗礼，这个内心小孩被逐渐消磨掉了。找到内心小孩，就是找回自己的童心、本心、初心和那颗美好的心。

很多时候，内心小孩就像是一个隐约的存在：有时候似乎离我们很近，有时候又很远；每个人好像都有，但很多人在很多时候又确实没有；有时候我们很想找到它，但等它向我们招手的时候，我们又常常无动于衷，或者总是三心二意。

我也曾丢掉了这个内心小孩，直到我的孩子豆豆的出现。在伴随他成长的过程中，我们一起玩耍、观察、体验，用孩子的眼光去感受世界，用童真的心态去发现美好，我才发现孩子的世界是一个完全没有被干扰和限制的世界，才折服于孩子的本真心、本善心、好奇心和想象力，才发现自己是多么渴望拥抱这个内心小孩。

在这里，我试着用豆豆的例子来展现一个孩子的真实视角，希望能有助于我们更直观地感受这个内心小孩，更好地找到内心小孩。需要说明的是，写这部分内容时豆豆才四岁半，以他为例仅仅是因为熟悉，他只是亿万个孩子中很普通的一个。

好奇心：永远有问不完的问题

爱问问题是孩子的天性，这正是孩子好奇心的表现。

不知道从什么时候开始，豆豆痴迷上了与海盗相关的一切，包括海盗标志、海盗玩具、海盗装备、海盗动画片等。每次我们对着图书和地球仪给他讲地球、海洋及海盗相关的知识，他总是听得津津有味，然后就是不停地问问题：海盗是好人吗？为什么会有海盗？为什么在海洋上才有海盗？为什么船上有那么多宝贝？加勒比在哪？为什么加勒比海盗这么多？现在还有海盗吗……

孩子的天性就是这样，永远有问不完的问题，永远想知道他自己不知道的答案。如果把这些问题全部弄清楚，可能要先得把地球史、世界史、海洋史、人类文明史了解个大概才行。一个三四岁的孩子有勇气问这些问题，我自己也包括我们很多人，可能都没有勇气去认真面对这些问题。很多时候，我们总是在想法尽快转移话题，敷衍了事。

豆豆对于他自己真正感兴趣的很多事情，都是经常做、反复做，这一点引起了我的注意。比如他自己喜欢的动画片，如《海底总动员》《尼克的飞天梦》《飞吧，霹雳》《三毛流浪记》《丁丁历险记》《动物也疯狂》等，都是反复看了十遍以上，每次都看得非常入神；比如我跟他讲"狼来了""刻舟求剑""皇帝的新装"的故事，他竟然都是让我连续表演五六遍还不放过；比如我给他讲飞船发射的场景，五、四、三、二、一，点火，发射……他就经常模拟这个场景，有段时间痴迷到成了口头禅。其实他最喜欢的还是画画，有时候在家里画水彩画可以画一两个小时，反复画他自己喜欢的太空星系、海盗船、汽车、小鱼等，还学着用抽纸蘸水一层一层垒成沙丘。每次看到他认真投入的样子，我们就很高兴，希望他能把这种习惯一直保持下去。

兴趣力：感兴趣的事情反复做 10 遍

孩子如果找到了他自己真正感兴趣的事情，他是能够专注下来的，而且还享受其中。反观我们自己，有时候很容易被各种碎片化信息所淹没，被一些虚荣浮华的东西所迷惑，却不知道自己真正想要什么，应该专注什么。

怜悯心：他居然看电视被感动哭了

我以为孩子看动画片仅仅是天性，他们在这个阶段是不会懂得人性道理的，但是豆豆三次看电视被感动哭的场景，彻底颠覆了我的这个看法。

第一次是他在三岁的时候看《托马斯和他的朋友们》。托马斯说他看到怪物脚印，遭到其他小火车的嘲笑，是陪西陪着他一起生死经历了一场泥石流，最后才发现"怪物"是恐龙化石脚印。后来，陪西要到另一个小岛工作。他们在港口离别时，豆豆忍不住哭了。他是不忍心看到最好的朋友说再见，觉得好朋友就要永远在一起。

第二次是他在四岁的时候看《飞吧，霹雳》。这是飞行员霹雳和方舟基地成员一道，寻找在沙漠中失踪的战斗机大可的故事。当最终发现大可的遗骸时，霹雳仰天悲恸，不停地大声呼喊"大可！大可！"。这个时候豆豆也跟着哭了，他又一次被战友之间这种用生命凝结的情谊感动了。

第三次是他在四岁半的时候看电视剧版的《西游记》。这是豆豆第一次看这部电视剧。因为要陪他看，我也是第一次完整地把《西游记》看完。其中一个剧情是三打白骨精，孙悟空被唐僧赶走，后来师徒二人再次重逢时，唐僧说"悟空，师父错怪你了"。这时我再次看到豆豆眼中噙着花花的泪水。他再一次被感动了。

一个三四岁的孩子多次被电视镜头感动哭，这是我从来都没有想到过的，但它就是真实地发生在我面前。纯真、大爱、真善美，这些人类本性中最美好的东西，在孩子身上体现得如此淋漓尽致，但在我们很多人身上可能早已难觅踪迹。

恒毅力：他真的爬上了野长城

在他幼儿园小班结束的那个暑假，我们一家三口去北京密云水库周边玩。当路过云蒙山长城遗址公园时，我和孩子他妈突发奇想，带豆豆爬爬这段长城如何？我们当时真实想法，是想看看他到底有多大的耐力。

其实，我们心里是打鼓的：这是一段垂直高度超过 200 米（近 70 层楼）的野长城，不像八达岭长城那样路好走、有缆车、有防护设施，这里只有在密林间铺设的宽度不到一米的石阶小路，平时也主要是一些登山爱好者在光顾。坦白说，我自己真要爬上去，也是要有很大勇气的，更别说当时只是四岁半的孩子——他的膝盖甚至还没有路上一些地方的石阶高。这是他人生第一次爬这么陡的山。

由于豆豆对军事很感兴趣，我们就告诉他山上就是古代防御外敌进攻用的长城和烽火台，而且在上面还能看到像巨龙一样的长城和整个密云水库，他一下子就来精神了，说爬就爬。

然而这段山间小路实在不好走，加上他以前从未走过这种路，很快就不想爬了。好在一路上有遍地的蚂蚁、可爱的蜗牛、肥肥的毛毛虫、悦耳的知了、好几种颜色的壁虎、各种各样的灌木及五彩缤纷的树叶，豆豆第一次在山林里一下子发现了这么多奇妙的东西，他非常高兴。我们边走边玩，一路上爬树、打板栗、摘野果子，他总能找到乐趣，也就忘了身体的疲惫。到半山腰后，他实在是爬不动了，怎么也不愿往前走了。正好这时，听到后面好像有一队人跟上来了，我们就跟他说，后面有人追上来了，我们要不要争第一？"好，我们争第一！"说完他撒腿就跑。

图 2　图中左下角隐约可见的房子是我们的出发点

等我们爬到烽火台（将军楼）边上时，豆豆一下子被震撼住了。在山下时，由于地势低及丛林遮挡，只能看见两个烽火台和一小段长城。而在这里，豆豆第一次看到了蜿蜒在崇山峻岭之间的万里长城，第一次近距离直观感受到了长城的雄伟壮观，第一次看到了数十公里外的密云水库之大，第一次靠自己的双手双脚爬上了他人生的第一座高峰，他成功挑战了自己。这完全出乎我们的意料，可能也超出了他自己的想象。

需要指出的是，我自己并不是登山爱好者，这次决定爬长城完全是想带孩子尝试一下。是为了满足孩子的好奇心，给了我们出发的勇气。细想一下，可能在很多时候，人生的长城和心中的烽火台就在前方，我们是否有出发的勇气，半路上继续坚持的信心，以及登顶后内心的释然？

挑战心：我们打 5 个球吧

一次陪他玩气球游戏，我见识了他对游戏的投入程度和挑战力。

规则很简单：两个人一起配合拍打 3 个气球（空气），气球不能掉在地上。这个游戏可以很好地锻炼孩子的手眼反应能力和身体协调能力。

由于气球飘忽不定,加上是在室内空间有限,两个人要想让3个气球不落地实际上并不容易。没过多久豆豆就掌握了诀窍,比如两只手要左右开弓,先救快落地的气球,把球尽量往一块打,整个身子要动起来,要注意前后左右,等等。很快我们就打得满头大汗,好几次我说要不停下来休息会吧(其实是想早点结束去做其他的事情)。但豆豆总是还想玩,越打越起劲,根本停不下来,完全沉浸在游戏的快乐中。打了十几分钟,他说我们加大难度吧,于是我们开始同时打4个球。可以想象,这个时候完全乱成一锅粥了,很难保证气球不落地。但这还不够,豆豆后来的一句话,差点让我直接瘫在地上——他说:"我们打5个球吧!"

在这个游戏中,我们都是第一次玩(玩法和规则都是临时拍脑袋瞎想的),但他对游戏的激情、兴趣和痴迷程度,以及不抛弃、不放弃、敢于挑战的精神,特别是他总能心无杂念地投入其中、享受其中,实际上是让我自己汗颜的。什么时候,我们也能酣畅淋漓地玩一场游戏?

创造力:很多事情我从来都没想过

从出生到现在,豆豆做了很多件我从来没做过,甚至从来没想过、从来不敢想的事情,不得不佩服孩子们的天性。比如:

1. 把家里的沙发长条靠枕当滑板,在地板上练习滑雪动作。

2. 看电视正在游泳比赛,他就肚子趴在沙发扶手上,手脚腾空,模拟游泳动作。

3. 在加湿器蒸气出口拿着一个铁网,说是在做烧烤。

4. 把屋里的灯关掉,用手电筒照在墙上,模拟"太阳落山"。

5. 左手拿一本书，右手举起一个冰激凌，说自己是"自由女神"。

6. 平爬在清华荷塘边的水泥地上，以柳枝柳叶为笔，在水面上练习画画、写毛笔字。很快，周围感到好奇的小朋友也加入了进来，共同完成他们的《荷塘月色图》。

图 3

7. 我给他讲我小时候捅马蜂窝被蜇的经历，他就把一个气球扔到房顶，又找来一根棍子马上表演"捅马蜂窝"，看有没有蜜蜂来蜇他。

8. 有一次在车上他突然问我们，浅黑色跟天蓝色混合是什么颜色？弄得我们一头雾水。他说就是透过车窗贴膜看到的颜色。

9. 他曾经在家里花了一两个小时，用数百个小兵人、武器装备和防御工事，摆出两军对垒的阵势，最后还要让我选"明显弱势"的一方跟他决斗。

10. 我给他讲太空知识，他说最讨厌的事情就是去太空。问他为什么，他说是怕离开爸爸妈妈，一个人在太空孤独。

11. 有一天他突然问我，如果把足球从很高的高楼上抛下，会不会发生爆炸？我问他为什么会问这个问题，他说想到了我给他讲过的陨石撞地球、小鸟撞飞机的故事。

12. 豆豆生气扔出去的篮球被一个黑人老外捡到。老外开玩笑说："You Give Me a Ball？"（你给我一个球吗）。这是豆豆第一次听到老外讲英文。半年后他还记得这个人，说"u de niabo"那个人。

很多时候，我们以为是孩子的父母、孩子的老师，总是教导他们应该做这、应该做那。殊不知，很多时候孩子的脑子是没有限制的，完全凭天性做事情。有些事情看似荒诞无稽，细想一下又实在是合情合理，有时候还有豁然开朗、忍俊不禁的惊喜。我们可能会问自己：我怎么从来没有想到这一点？为什么孩子总能做出一些我们从来都没想过，或者不敢想象的事情？从这个意义上说，有时候我们更应该向孩子学习，学习他们的好奇心、想象力、创造力和心无旁骛地投入其中。

诺贝尔文学奖获得者、《苏菲的世界》的作者斯坦·贾德说，孩子们生来就是哲学家，因为哲学家最基本的素质就是好奇心，所有的孩子们生来都有好奇心。大人们所要做的，就是帮助孩子保持这个好奇心。

台湾地区漫画大师朱德庸说，这个世界不是绝对的，只有小孩是绝对的。他们一无所有，只有想象力和生活态度，却可以用最直接的方式思考问题，用最想象的方式看世界。希望每个人都能努力保有童年的纯粹，在人生每一个拐角寻找原本的自己，找到当初最纯粹的快乐。

一代艺术大师丰子恺说，自己的心为四事所占据，天上的神明与星辰，人间的艺术与儿童。他发现，孩子们在他们的世界，无论生活给予什么，总能寻到不一样的开心。在他看来，这个世界不是有钱人的世界，也不是无钱人的世界，它是有心人的世界。用一颗简单的心面对复杂的世界，生活越简单越美好。

分享小贴士：

很多时候，人生的长城和心中的烽火台就在前方，我们是否有出发的勇气，半路上继续坚持的信心，以及登顶后内心的释然？

一个三四岁的孩子多次被电视镜头感动哭，这是我从来都没有想到的，但它就是真实地发生在我面前。纯真、大爱、真善美，这些人类本性中最美好的东西在孩子身上体现地如此淋漓尽致，但在我们很多人身上可能早已难觅踪迹。

很多时候，我们以为是孩子的父母、孩子的老师，总是教导他们应该做这、应该做那。殊不知，很多时候孩子脑子是没有限制的，完全凭天性做事情。有些事情看似荒诞无稽，细想一下又实在是合情合理，有时候还有豁然开朗的惊喜。从这个意义上说，有时候我们更应该向孩子学习，学习他们的好奇心、想象力、创造力和心无旁骛地投入其中。

注：本书所有"分享小贴士"内容全部为作者自己的感悟，下同。

1.3　放大你的视野

前两节我们分别从耄耋长者和四岁孩子的视角来分析，这是看问题的一个角度。如果我们变换一个角度，试着把自己无限拔高，无限缩小，以至归零，在这个层次再回头看自己，看自己与世界的关系，也许我们对荣辱起伏、利弊得失、生死存逝就不会再那么纠结了，就能与自己的生命、与这个世界更好地相处。

把时间归零

把时间归零,在这里是把人的一生放到更大的时间尺度中去考量,把每一天都当成生命中的最后一天。这个时候,我们往往能更容易看清自己,知道自己真正想要的是什么。

在宇宙历史长河中,人类历史只是非常短的一瞬间。《极简人类史》的作者大卫·克里斯蒂安曾说,假如将整个宇宙130亿年的演化史简化为13年的话,那么人类的出现大约是在3天前,最早的农业文明发生在5分钟前,工业革命的发生不过6秒钟以前,而世界人口达到60亿、第二次世界大战、阿波罗登月都只不过是最后一秒发生的事情。中科院院士、清华大学施一公教授也曾形象地说,如果把宇宙史缩短一个月,太阳史10天,恐龙统治地球长达8小时,人类看着像人、长着像人只有一分钟,人类文明只有一秒钟。

从这个意义上说,一个人一辈子在人类历史长河中、在宇宙历史进程中,不过是一个极其短暂的"一瞬间"。为了让这个"一瞬间"更有意义,我们唯有发现更多可能,创造更多可能,只争朝夕、全力以赴去做一些有意义的事情,哪有那么多的时间去困惑、虚度、纠结和迷惘?在这个有限的生命里,我们是不是可以多问问自己:我们可以做哪些事情,应该做哪些事情?什么是流逝的东西,什么是永恒的东西?应该坚守哪些东西,又该放弃哪些东西?我们对这个社会的意义是什么?有没有一些东西是因为有了我们的存在,这个世界就会变得更美好的东西?

乔布斯就曾经一直在思考这些问题。他在斯坦福大学的那场著名演讲中提到,他在17岁的时候读到了一句话:"如果你把每一天都当作生命中最后一天去生活的话,那么有一天你会发现你是正确的。"这句话给他留下了深刻印象。从那时开始,他每天早晨都会对着镜子问自己:"如果今天是我生命中的最后一天，你会不会完成你今天想做的事情呢？"

乔布斯说，"记住你即将死去"是他一生中遇到的最重要箴言，因为这为他指明了生命中几乎所有重要的选择。因为几乎所有的事情，包括所有的荣誉、所有的骄傲、所有对难堪和失败的恐惧，这些在死亡面前都会消失，最后留下的是真正重要的东西。他说，"你有时候会思考你将会失去某些东西，'记住你即将死去'是我知道的避免这些想法的最好办法。"

把空间归零

把空间归零，就是把自己置于一个无限大的空间，这个时候再看自己，就会发现自己其实很渺小，还是这个世界的一部分，并不是这个世界的全部或者中心。把自己拔高，把视野放大，我们才能看清自己，看到一些事情的本质，找到与这个世界的相处之道，知道自己安身立命的出发点和归宿。

人们往往把自己想得很大，把世界想得很小。比如曾经很长一段时间，人类把地球看作是整个宇宙的中心；历史上很长时间，人们以为陆地就是地球的中心；而现在，可能有一些人总是以为自己就是世界的中心，自己的事情就是世界的全部，所以他们很多时候都习惯以自身为出发点——无论是有意还是无意、自觉或者不自觉。实际上，总是把自己想得很大的人，是不容易看到世界之大的；把自己想得很小的人，才能发现世界之大，发现自己的心胸之大。

让我们试着拔高视角，先看看我们身处的这个地球。比如从太空拍摄的地球的影像里，我们总能看到地球是那么的漂亮、宁静和淡定（微信启动界面就有这种图片）。说它漂亮，地球上的万千颜色，在太空看却只有三四种颜色,蓝白主色点缀少许绿黄色,晶莹剔透中透出极致简约之美;说它宁静,没有嘈杂,没有喧嚣,能让你感觉到时光的停滞、时空的凝固;说它淡定,哪怕这一刻正在经历战争和灾难,有再多的喜怒哀乐、悲欢离合,这颗星球始终在它自己的轨道上静静地运行,日复一日,年复一年。

从这个视角看,我们每个人都只是地球或宇宙的一粒子,只是这个世界很小的一部分,我们必须敬畏天地,敬畏这个世界。因为主宰万物运行的,总是一些永恒存在的力量(比如万物相吸、万物平衡),而不是某个人或者所谓的神;万物之间是相互依存、相互联系的,我们不能脱离这个世界的其他事物而存在;无论我们身在何处,以及是否有我们存在,地球都在转动,太阳都会升起,春夏秋冬都会到来,万物都自有自的节奏,我们唯有努力让自己的存在变得更充实、更有意义。

杨振宁曾评价爱因斯坦非常厉害。他说爱因斯坦跟所有人都不同的地方就在于,他既能近看,又能远看,这就好像是电影中既有近镜头,又有远镜头,能从近处、又能从远处自由地切换,那就很厉害了。这里是杨振宁对复杂科学问题的一个形象说法,如果借鉴到我们看世界的思维方式,也是很有意义的。

把生命归零

把生命归零,不是说生命没有意义,不值得珍惜,而是要看淡生死,让有限的生命活得更有意义、更有价值。这才是对生命的最好珍惜。

关于生死交替,我时常有感于我们身边的花草树木。比如在北京,一到冬天很多树叶就落光了,是一片万物凋敝的景象;然而一进入二三月份,桃花、梅花、迎春花、连翘花、玉兰花竞相开放,树枝上点缀着少许花朵，成了这个季节最美的写意；到了四五月份，樱花、杏花、牡丹、海棠、月季姹紫嫣红，花叶搭配成了最美的所在，绿叶簇拥红白粉花，成为随处可见的风景；进入秋天后，叶子就成了最美的所在，以银杏叶为代表的从绿到黄，以红叶为代表的从绿到红，几种主色之间的层次过渡非常丰富，尽可想象，又给了这个季节另外一种味道。如此春夏秋冬、枯荣交替、生命轮回、生生不息。这原本就是自然的常态，不以任何人的意志为转移。

如何把生命归零？如何让生命更有意义？这需要一种境界，一种精神。

2007年，杨绛先生出版散文集《走到人生边上》。这可以看作是她对于生死以及人的本性、灵魂等哲学命题的一次终极思考。她在文中这样写道："2005年1月6日，我由医院出院，回三里河寓所。我是从医院前门出来的。如果由后门出来，我就是'回家'了。从此我好像着了魔，给这个题目缠住了，想不通又甩不开。老人的前途是病和死。我还得熬过一场病苦，熬过一场死亡的苦，再熬过一场炼狱里烧炼的苦。但是我没有洗练干净之前，带着一身尘浊世界的垢污，不好'回家'"。

叶嘉莹先生一生多磨难。她早年丧母，不久远嫁他乡，后来丈夫在台湾地区入狱，她带着吃奶的孩子一起蹲班房，然后拖着一家老小到北美，辗转半生，历尽人生悲哀苦难。就在幸福大门即将打开之时，一场飞来横祸又夺走了她的女儿和女婿。先生说她在最痛苦绝望的时候，总是从中国古典诗词中领悟到人生的真谛，总是默默承受，但从不跌倒，承受的时候也要走自己的路。她说，每个人在一生中都有可能遇见悲伤和挫伤，如果你最大限度地尽了人力与命运争斗，即便你倒下去，也给人类做了一个榜样。

我自己也有一个小的体会：一个人进入三十岁以后，必须要有心理准备随时面对一个残酷现实，我们的亲人可能会一个一个离我们而去，我们自己也终将直面生死。曾经有一段时间，我自己也很害怕甚至恐惧死亡。然而必须承认的是，生老病死是每个人都违背不了的自然规律，是每个人都必须经历的一个自然过程——如同花开花落、生命轮回。我们不能总是生活在恐惧和幻觉中，总是被悲伤和痛苦缠绕。既然如此，我们唯有坚强地活着，勇敢地活着，活出更好的自己，活出更有意义的人生，这才是对亲人的最好告慰，对生命的最大尊重。

把内心归零

把内心归零，就是放下自己，感受周围的世界，倾听内心的声音。内心归零以后，我们就能内心平静，就可能感受到以前从未感受过的东西。

加拿大人 Neil Pasricha（尼尔·帕斯理查）是"1000个美妙时刻"网站创办人，被誉为是全世界最幸福的人。他在2008年创立全球第一个记录美好生活瞬间的博客——1000 Awesome Things（1000个美妙时刻）。该博客在极短时间内席卷欧美，并使他三次荣获有"互联网奥斯卡"之称的"威比奖"最佳博客奖。然而在这之前，帕斯理查曾经历了两次婚姻破灭，以及他最好的朋友跳楼自杀，绝望至极的他决定改变自己，重新认识生活，发现生活之美。他告诉自己，要把注意力转移到积极的事情上面，于是他创办了这个网站。他想以此来提醒自己，生活中有许多随处可见、简单又美好的事情，只是很少有人谈及这些快乐。

举一个我一次在未名湖边的例子：那是一个夏日很早的清晨，我一个人在湖边散步考虑问题。这个时候，湖边除了偶尔有人在晨跑外没有更多的人。当我静下来的时候，我忽然发现自己正置身于一个无比美妙的场景之中：湖水波光盈盈，湖面微风掠过，激起层层涟漪；博雅塔和垂杨柳的倒影交相辉映，在水面闪烁的波光中更显婀娜多姿。更为奇妙的是，整个未名湖好像沉浸在一场悦耳动听的交响乐中：有好几种虫子正在比赛练嗓子，这边唱罢，那边登场，时而低吟，时而高歌，不时还能听到树林间的小鸟正在追逐嬉戏，还有两只小鸟在深情地唱着情歌……

当然，这可能是未名湖每个清晨无时无刻都在上演的场景。只不过我平时总是匆匆而过，或者习以为常，没停下来用心感受罢了。就在那个清晨，我把身体都交给自然，用心感受这个环境的美妙，忽然发现原本我也是自然的一部分，忽然发现自己一下子轻松了许多。可能我的脚步依旧轻快，其实内心早已心潮澎湃。以前再熟悉不过的未名湖，竟然是如此美妙，竟然在这个清晨显得格外不同。很显然，如果我在那个当下没有放下自我，把内心归零，我就感受不到这种美，体会不到这种惬意。

分享小贴士：

我们每个人都只是地球或整个宇宙的一粒子，只是这个世界很小的一部分，我们必须敬畏天地，敬畏这个世界。主宰万物运行的，总是一些永恒存在的力量，而不是某个人或者所谓的"神"。

一个人的一生在历史长河中是完全可以忽略不计的"一瞬间"。我们唯有只争朝夕，全力以赴，去做真正有意义的事情，哪有那么多的时间去困惑、虚度、纠结和迷惘？在这个有限的生命里，我们可以经常问问自己：我们可以做哪些事情，应该做哪些事情？什么是流逝的东西，什么是永恒的东西？要坚守哪些东西，又该放弃哪些东西？我们能为这个世界做些什么，有没有一些东西是因为我们的存在，这个世界就会变得更美好的东西？

> 就在那个清晨,我把身体都交给自然,用心感受这个环境的美妙,忽然发现原本我也是自然的一部分,忽然发现自己一下子轻松了许多。以前再熟悉不过的未名湖,竟然是如此的美妙,竟然在这个清晨显得格外不同。很显然,如果我在那个当下没有放下自我,把内心归零,我就感受不到这种美,体会不到这种惬意。

1.4 从利己到利他

放大视野就是要把时间归零、空间归零、生命归零,实际上是要把自我归零,把内心归零,把自己原有的一些想法归零。当然,归零后还要找到新的出口。这一节我们来探讨利己之外的另外一种思维方式和行为模式——利他。

从利己到利他,是心态和视角的转变,也是价值观和思维方式的转变,是两种人生、两种境界;两种格局、两种结局。有的人可能一辈子都行走在利己的单一轨道上,如果尝试一下利他,兴许能发现跟以前不一样的风景。

为什么非要选择同样的路?

在北京的人可能有这样一个体会:如果是在早晚高峰自己开车走环路,十有八九会堵车。这是因为环路没有红灯,平时很畅通,大家都喜欢走。但在早晚高峰时段,一下子拥进了大量的车,所以很快就堵住了。最后的结果,往往就是"欲速则不达",以为的"直线"变成了"曲线"。

我们再看人生轨迹的例子。现在很多人的人生轨迹可能就是考大学→

考研究生→考公务员或出国留学→找一份稳定或收入高的工作……在这个过程中，很多人追求的是知识和技能，想的都是如何让自己变得更优秀、过得更好（当然这个门槛现在早已被抬得越来越高了）。然而，很少有人去关注比这些东西更重要的东西，比如同理心、怜悯心、利他心、使命感、社会责任、情怀胸怀等。殊不知，决定一个人最终能走多远、走多高的，可能更多的是后面的这些因素。

上面两个例子以及更多类似事情在这个社会随处可见。它们的共同的特征是：你想要的也是大家都想要的，你走的路是大家同样走的路，你做出的选择也是很多人同样的选择。于是这条路越来越堵，限制你的东西越来越多，走这条路要付出的代价越来越大。即便最终你到了想去的地方，得到了你想要的东西，你可能早已被弄得疲惫不堪、心力交瘁，最后可能也丢掉了其他更重要的东西，忘了自己真正想要的是什么。这实际上就是利己主义的恶性循环。

与此同时，另一个版本的故事也在这个社会上演：一个人多年如一日地做着一件看似很平凡的事情，他（或她，下同）对此并没有太多奢求，可能只是自己的一个爱好或者只求内心平衡。后来因为一些机缘（比如被好心人发布到网上或者被媒体报道），很快这个人就成了名人，接着就是各种机会纷至沓来，各种奖励接踵而至，他很容易就得到了本来没有奢望的一些东西（可能很多人一辈子挤破脑袋也不一定能得到）。这正是利他主义的蝴蝶效应。同时也说明了一个简单的道理：从长远来看，有利他心、有使命感的人，往往比没有利他心、没有使命感的人更容易得到一些东西。同时也印证了索达吉堪布说的一句话，只要你相信因果、践行利他，保持一份纯洁高尚，有些事情会不期而至，超乎你的想象。

未来会 700 个案例的启发

未来会 700 多个案例人没有明显的群体特征,但有一点是相同的,就是他们都有利他心。这些人有国内的,也有国外的;有老年人和中年人,也有青少年和儿童;有文学家、艺术家、科学家、企业家,也有佛学大师、大学校长、娱乐明星和平民百姓等。他们都怀有一颗利他心,在梦想、创新、公益、慈善、分享等方面做着让这个社会更美好的事情,改变世界的同时也成就了他们自己。

在这些案例中,总有一些是你从来没听到过的,总有一些是你从来没有看到过的,总有一些是你从来没有想过的,总有一些是你从来没有做过的,总有一些是你从来没有经历过的,总有一些是你从来没有感动过的……他们也许就在这个世界的某个角落,也许就在你我的身边。只需要简简单单变换一个角度——从利己到利他,我们也能看到、听到、想到、做到、经历到、感受到这些东西;也能发现人生的更多可能,遇见更多机缘,成就更多可能;也能感受到利他的力量,找到自己前进的力量。

启发一:利他,能量越来越大

为什么他们都有利他心?为什么他们都乐此不疲地做着利他的事情?通过研究未来会 700 多个案例,我们发现了一个有趣的个人能量变化规律:

利他,能量越来越大,因为有很多惊喜、机缘和资源来成就你。

利己,能量越来越小,因为有太多竞争、欲望和痛苦在限制你。

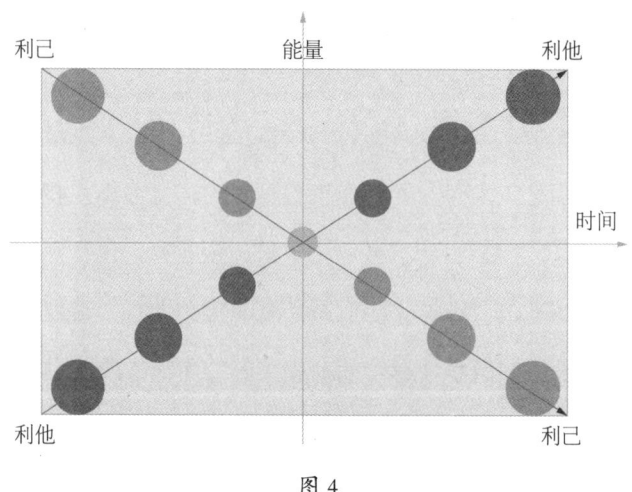

图 4

在上图中,深色圆圈(上扬的线)代表利他,浅色圆圈(下降的线)代表利己;圆圈越大代表能量的绝对值越大,但有正负之分。随着时间增长,有利他心的人,因为是朝着正能量的方向发展,所以他的能量会越来越大;利己的人,因为是朝着负能量的方向发展,所以他的能量实际上是越来越小的。

这个能量图是神奇的,因为它用一个极其简单的方式解释了社会上一些非常复杂的现象:为什么历史事实总是证明"得道多助,失道寡助";为什么哲学家总是诉说着一个相同的最高智慧——权力、财产、知识无法让人快乐,唯有爱才可以;为什么自私的人总是很难有真正快乐,而无私的人总是幸福快乐的;为什么我们总是能发现"有心栽花花不开,无心插柳柳成荫"的案例;为什么总是会有一些精致的利己主义者突然陨落,而一些绝对的利他主义者则很容易一夜成名……用上面的能量图来解释就是,利己的人所做的很多事情是负能量,利他的人则充满正能量,而社会可能总是趋向于补偿那些有正能量的人。

启发二：利他是最好的利己

未来会700多个案例还清晰地指向了一点：利他就是利己，可能还是最大的利己、最好的利己。做到了利他，你的内心就会平衡，境界就会变高，视野就会变宽，能量就会变强，圈子就会变大，机会就会变多，所以也就更容易取得成功，所以在某种意义上说，利他是比利己更好的利己。同时，这些案例还说明，从利他出发，就会发现一个完全不同的世界、完全不同的轨道和完全不同的自己，从此进入人生的一个新的高度。我们还会在后续相关章节具体介绍这一点。

启发三：利他可以成为全人类的价值观

为什么不同国家、不同文化、不同背景的人都会有利他心呢？从未来会700多个案例中我们发现，利他是超越国界、超越宗教、超越主义、超越阶层的，存在于人类本性之中，存在于这个世界的无数角落，存在于我们每个人的内心最深处，应该可以成为全人类共同的价值观。

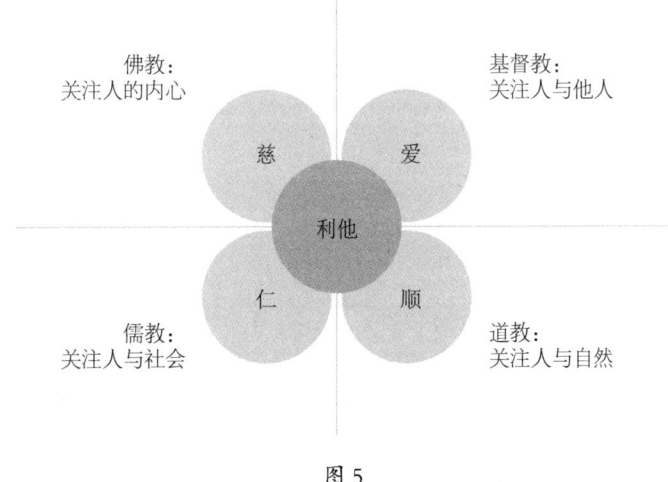

图 5

在上图中，虽然儒教及各种宗教关注的角度不同，比如佛教更关注人的内心，基督教更关注人与他人，儒教更关注人与社会，道教更关注人与自然，但各自核心的关键词如"慈""爱""仁""顺"都有利他的成分。考虑到世界上大部分人或多或少受到佛教、儒教、道教、基督教等的影响，从这个意义上我们可以说，利他可以成为全人类共同的价值观，也应该成为全人类共同的价值观。

关于这一点，我曾有机会向一些学者请教，得到了他们的认同。这些学者包括北京大学道家文化研究中心主任、台湾大学陈鼓应教授，中华孔子学会副会长、武汉大学国学院院长郭齐勇教授，佛教与科学推广者、香港理工大学前校长潘宗光教授，基督教研究学者、香港中文大学温伟耀教授，北京龙泉寺贤睦法师等。如此看来，上面这张图的这朵"利他之花"是可以光荣绽放在更多人的心中的。

叶剑英次女凌孜（又名"凌子"）也曾提到一个事实，侧面证明了这一点。2009年她在新加坡参加了一个规格很高的国际会议。她惊奇地发现，世界九大教派首领都参加了这个会，而且一些教派平常属于敌对教派，但在这次会上却非常友好，还共同商量了许多合作事项，会议气氛相当和谐融洽。这也从一个侧面说明，利他是世界不同宗教之间的一个公约数，可以成为全人类共同的价值观。

分享小贴士：

通过未来会700多个案例，我们发现一个有趣的个人能量变化规律：

> 利他，能量越来越大，因为有很多惊喜、机缘和资源来成就你。
>
> 利己，能量越来越小，因为有太多竞争、欲望和痛苦在限制你。
>
> 未来会的 700 多个案例还清晰地指向了一点：做到了利他，你的内心就会平衡，境界就会变高，视野就会变宽，能量就会变强，机会就会变多，圈子就会变大，所以也就更容易成功，所以从一定意义上说，利他是比利己更好的利己。同时，这些案例还说明，从利他出发，就会发现一个完全不同的世界、完全不同的轨道和完全不同的自己，从此进入人生的一个新的高度。

美国人利他，中国人利己？

我曾无意间看到过这样的一句话：美国人总想着改变世界，中国人总想着独善其身。这句话可能过于武断，不过这句话倒是隐含着这样一层意思：可能有一些美国人更喜欢做一些利他的事情，可能有一些中国人更倾向做一些利己的事情。（注：这里的"中国人""美国人"主要指的是普通民众）

在这里，我们不做深入分析，仅列举几个简单事实：

1. 人民论坛问卷调查中心 2014 年的调查显示：当前我国存在"十大社会病症"，超过八成的受调查者认为，当前社会处于亚健康状态，"信仰缺失""看客心态""社会焦虑症"位列当今社会病症的前三项。

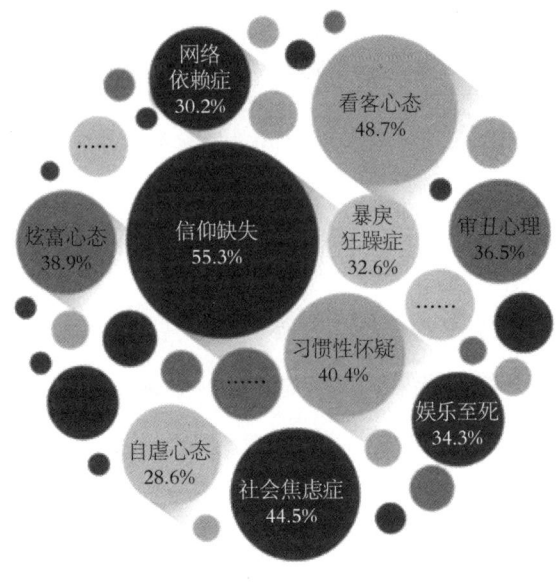

图 6

2. 2016年，北京大学心理健康教育与咨询中心曾对北大本科生和研究生一年级新生做过调查，结果显示40.4%的学生认为活着的人生没有意义。同年哈佛大学发布《扭转潮流：鼓励关心他人和公益》的报告强调，大学招生应当弱化个人成就的重要性，转而关心他人和公益。

3. 清华大学公益慈善研究院副院长邓国胜研究发现，目前中国慈善捐款基本保持在每年1000~1500亿人民币，占GDP比重0.18%左右；而美国的捐款在2013年是3000亿美元，占GDP的2.2%。最大的差距不是总额而是公众参与，这才是真正的大问题。目前我国的捐赠主要还是靠企业（捐赠额占70%到80%）。而美国正好相反，其个人捐款总额占70%到80%，而且他们中70%还是普通人。慈善最重要的就在于人人参与。

4. 在《2018联合国世界幸福报告》中，美国排名18位，中国排名86位。据清华大学社科学院院长、心理学系创系主任彭凯平教授分析，拖累中国排名的恰恰是三个重要心理指标：社会公益水平偏低、社会信任度偏低、主观幸福感不足。特别是中国人愿意做公益、做慈善捐款的比例很低。中国富人捐助比例在全世界排名倒数第一位。

5. 姚明退役后与NBA球星纳什联合发起了中美篮球明星慈善赛，并把这项赛事坚持做了十年。在他看来，慈善能让我们变得更完美，自己非常享受慈善带来的乐趣，希望能做一辈子。姚明自己曾说，自己做慈善是借鉴了NBA做慈善的成功经验。需要指出的是，姚明是1980年出生的，走的却不是一般80后、90后、00后，甚至也不是一般70后、60后、50后所走的路。从公益慈善出发，姚明找到了兴趣与信仰结合的路，找到了利他与利己结合的路。

6. 本书附录部分对全书涉及的案例人做了一个简单统计。在170多个案例人中，来自中国内地的大致是51%，来自美国的为26%。美国案例人占比超过除中国内地以外所有国家和地区的总和，说明美国在利他和社会责任方面的整体表现突出。实际上，美国入选案例单个案例相对更突出，形式更加丰富。由于本书所有案例主要来自国内主流媒体，考虑到案例源的局限性，可能美国在这些方面做得要比我们好一些。

从未来会的案例来看，有些美国人的确有公益情怀、慈善文化和利他基因，而且形式越来越丰富，年龄跨度越来越大（特别是很多小孩也参与了进来）。值得欣慰的是，国内也开始有越来越多的人意识到利他的魔力——在公益界、文化界、教育界、商界、政界等几乎所有领域，都有很多早已功成名就或者有影响的人在做公益慈善，乐在其中，乐此不疲；也有很多普通人一辈子都在做善事，比如云南"陆良八老"造林13万亩最后无偿捐给国家。这都是有利他之心的体现。

当然，中美两国的利他也有不同的表现形式。一是虚实不同，或者说是范围不同。中国传统文化中也有很多利他成分的东西，比如"先天下之忧而忧，后天下之乐而乐"，但这类"利他"似乎更多是针对更宏大意义上的"他"，比如天下、国家、人民，而在一定程度上忽视了作为个体、作为鲜活生命存在的"人"。二是远近不同，或者说是关系不同。中国人利他可能更倾向于对自己周围或者熟悉的对象，比如"老吾老以及人之老，幼吾幼以及人之幼"，而对跟自己完全陌生或者处在另一个国家的对象的关注则相对要少一些。

所以，在这本书中我们尽量用更包容、更接地气的方式展现利他的更多可能。这是这本书跟其他书的一个不同，也是未来会跟其他组织的一个不同——我们关注的重点始终是一个个有利他精神、活生生的"人"。

1.5 一切都是最好的安排

前面三节分别从寻找内心小孩、放大你的视野、从利己到利他三个角度，分析了长寿需要保持的心境。其实无论是这三个角度也好，还是书开头提到的好奇心、平常心、利他心三个方面也罢，都需要我们有一个好的心态——一切都是最好的安排。在这里，我们将试着从平衡法则、自然法则和感恩法则来解释这一点。理解了这三个法则，也许我们看世界的眼光会不同，就能够发现隐藏在长寿者身上的真正秘密。

平衡法则

这里说的平衡法则指的是凡事有利弊、万物皆平衡。虽然我不敢妄言这是一个放之四海而皆准的道理，但至少在未来会的大量案例中，以及我自己的亲身体会和对一些事情的观察，我发现它还真是一个实实在在的大道理。

下面谈两个平衡，一个是利弊平衡，一个是系统平衡。

先来看利弊平衡：

任何事情可能都有它的两面性：有好就有坏，有利就有弊，有福就有祸；是好是坏，是利是弊，是福是祸，取决于我们考虑了多少影响因子、多长时间尺度，以及我们的出发点是什么，我们为此付出怎样的努力等。

先举一个我自己的例子。早些年，我在北京西城二环边上居住，非常方便，基本上十几分钟之内就能解决衣食住行医等几乎所有日常生活问题。但因生活便利节省出来的时间，反而更多的是在无忧无虑、浑浑噩噩地虚度。后来，我搬到海淀，每天需要耗费大量时间在路上，但我反而有了更多时间去思考。而且，这里还有城中心无法比拟的优点：空气清新、有山有水、没有喧嚣和嘈杂、孩子能在自然中生活，等等。最重要的是，我在这个阶段有了自己人生的一次重大转型。

第二个故事是关于中国女排队员赵蕊蕊的。她整个运动生涯都被伤病所困扰，如今已成功转型为一个作家。她在自传中写道："没有痛苦，我不会问那么多为什么？也不会思考人生和生命的意义，更不会追寻解脱的真谛。"

第三个故事是美国小女孩米凯拉（Mikaila）的故事。她四岁时连续被蜜蜂蜇了几次，因此非常害怕蜜蜂，但她没有退缩，而是在妈妈的帮助下开始研究蜜蜂。结果发现蜜蜂在自然生态系统中发挥着重要作用，然而其数量正在急剧减少。为了宣传保护蜜蜂的理念，她用家传秘方自制蜂蜜柠檬水出售，还把售卖所得捐出一部分给养蜂人协会，最后大获成功。她因此还两次受邀参加奥巴马的白宫儿童国宴。

当然，这些例子只是说明了利弊的两面性，并没有说明利弊的平衡性。事实上，如果深入观察这个社会的一些现象，我们就会发现一个很奇妙的地方：如果从一个足够大的尺度来看，一个人付出的努力和他取得的成功，一个人台前的荣光和他背后所走过的煎熬，一个人受过的苦和他享受的福，一个人得到的快乐和他必须经历的痛苦，在一定程度上是正相关的，而且可能也存在着某种平衡——苦乐平衡，祸福相依，因果循环。我以为，这可能是人世间最普遍、最公平、最伟大的平衡了。

再看系统平衡：

细想一下我们就会发现，平衡在我们周围及这个世界无处不在：内心平衡、家庭平衡、组织平衡是小的平衡系统，自然、社会、地球乃至整个宇宙是大的平衡系统。

不可否认，在我们现在的这个社会，存在金钱至上、信仰和价值观缺失等问题，但也有很多人正在做着让这个社会变得更美好的事情。未来会700个案例清楚地表明：利他就是利己，可能还是最大的利己、最好的利己、最问心无愧的利己。这是为什么呢？因为利他首先是能让自己内心平衡的，是能让自己的能量变得越来越大的，同时可能还有很多力量来成就你。这看似是一个"祸福相依"的问题，实际上更像是一个"系统平衡"的问题。

从系统平衡的角度看，在平衡、失衡、再平衡的过程中，往往也会伴随着格局的重新建立和利益的重新分配：一个方面失衡，会有另一个力量让它重新平衡；一个东西塌陷，会有另一个东西弥补；一种利益受损，会有另一个机制补偿。只要常怀一颗美好的心，坚持做一些美好的事情，总会"失之东隅，收之桑榆"。

理解了利弊平衡和系统平衡的道理，就能平静面对很多事情，也就能真正理解"一切都是最好的安排"。当然,前提是我们不想为非作歹、虚度光阴。这也是本书所有立论的大前提。

自然法则

自然法则在这里是道法自然,顺其自然,一切顺从自然,一切归于自然。这里的"自然"是"自然而然"的"自然"。

国学大师楼宇烈认为,圣人之道,中庸而已;中庸之道,顺其自然而已。楼先生认为,养生必先养心,心是根本的,一切归于自然,是最好的修行。先生常常跟大家念《汉书·艺文志·方技略》里面讲神仙的那段话:"神仙者,所以保性命之真。"神仙就是保住他最原真的状态、原初的真性,但是人生下来就会丢失,那就要把它重新找回来。找什么呢?第一条,要"荡意平心",别胡思乱想,一天到晚想这个、想那个,求这个、求那个;第二条,"同生死之域",看破生死,不要把生看作这个,死看作那个;第三条,"无怵惕于胸中",就是不紧张、不害怕,做人做事坦荡荡。这是根本。

又如享年91岁的白光长老。如果你看到长老的照片,你会发现这是一个朴素、自然、返璞归真的老人。实际上,他曾经是中国佛学院副教务长、中国佛教协会咨议委员会副主席,现在国内大部分寺院的住持都曾经是他的学生。长老一生朴素至简。比如穿衣吃饭,他冬天就一件棉袄,腰间用一根带子系上,双手挂着一根拐杖,站在那里就活像一个老顽童。他吃饭也比较简单,不讲究,食堂做什么他就吃什么。打饭时,他和学僧一起排队。学僧看到他让他先打,他说不行、不行……长老一生淡泊名利,从不被名利缠缚。在长老教鞭下成材的大德高僧们,追忆起白老的一言一行和诸多细节,共同得出这样的结论：不单道德来自修行，灵慧亦缘自修行；戒浮躁可参虚静，少名利多得慧心。

可能我们都有个体会，在人生经历很丰富的人的身上，你是看不到忧愁、伤心或愤怒的，看到的只是平和、淡然和宁静。他们的一举手、一投足都是那么的自然，一个微笑、一个言语就能如沐春风，沁入人心。这就是自然的魔力。

感恩法则

感恩法则就是学会感恩，常怀感恩的心，常做感恩的事，常想感恩的好，认真对待生命中的每一个人，真心感谢生命中的每一个机缘，由衷相信一切都是最好的安排。

曾有高僧说，一颗感恩的心必然会带来报恩的、回馈的人生，而不是抱怨的、索取的人生。感恩和报恩，让我们的人生充满动力，充满主动性、创造性、无畏的勇气和坚持的恒心；抱怨和索取，却让我们虚弱无力、孤独空虚、焦虑恐惧、愤怒不满。古今中外的智者都因为对自他生命息息相关、一体不二的深刻洞见，而最终选取了感恩、回馈、奉献和创造的人生。

从我自己的体会来看，我们生命中遇到的每一个人都有可能是我们的贵人，可能直接或间接改变我们的人生。我就曾遇到过很多这样的"贵人"。

先举一个几乎可以把他们忽略的人的例子。有一次，我随团到北京龙泉寺参访。当时接待我们的是佳庆和天华二位义工师兄。刚一见面，我马上就被他们的真诚打动了，从他们明亮的眼睛、真诚的笑容和平和的面容里，是看不到一丝功利和杂念的。整整一天的行程中，他们都在陪着我们，包括参观、用餐、劳动及与法师交流。在下午劳动时，我们的任务是把一片散落的石头搬到山边的围墙后面。当时我们接力搬，我和天华师兄正好挨着，我负责从地面上搬起来，传给天华师兄，他再传给其他人。这里的石头很大，小的有十多斤，大的可能有三四十斤。没过多久，我就累得满头大汗，有一段时间还感觉快要虚脱了（后来腰部受伤还疼了一段时间）。然而，我很好奇天华师兄总是非常平静，总是早早地、尽量低地把石头接上，然后尽量走远点、尽可能高地把石头传给下一个人，他的面容始终是安静而平和。直至今日，我仍然清楚地记得他们的样子，也很感谢他们以这种方式出现在我的生命中，让我真实地感受到了无我的力量。

再举一个关于我的岳父的例子。很多次我跟他去菜市场买菜或者在路边买水果，我发现他从来不跟别人讲价钱，我也没好意思问他为什么，只是心想别让人给骗了。这样好多年过去，直到他去世，我也没能得其解。后来，我偶然看到著名孵化器 Y Combinator 掌门人山姆·阿特曼（Sam Altman）的一个建议。他说，你要用你的方式助人为乐，对陌生人友善一点，特别是比你弱势的那些人。这个时候我才恍然大悟，原来岳父正是用自己一颗朴素的心，用一种看似愚蠢的方式，帮助那些身处社会底层的人。自那以后，我总是不忘提醒自己也要对弱势的人友善一点。很多时候，在小区附近碰到老农摆地摊卖菜，或者在街头碰到有人流动卖小杂货，我也经常会买一些，虽然我很清楚有些东西并不是真的很需要。其实每次买完之后，我经常能得到一句真诚的"谢谢""您走好"，这个时候我自己心里总是愉悦的。我也很感谢他们给了我一个内心快乐的机会。

昭慧法师曾说，生命中最重要的人，就是当下你对面的这一位。她说，在每一场生命会遇的当下，无论是对她或他有正向的尊敬、疼惜、欣赏、聆听、受教、教导，还是负向的反制、辩驳、责备、呵斥，自己总是在温馨平和或波澜壮阔的互动过程中，感受到无限法喜。理由就是，"这位当下遇见的有缘人，也可能是我生命中最重要的人"。

> **分享小贴士：**
>
> 平衡法则在这里是凡事有利弊、万物皆平衡。虽然这不是一个放之四海而皆准的道理，但至少在未来会的大量案例中，以及结合我自己的亲身体会和对一些事情的观察，我发现它还真是一个实实在在的大道理。
>
> 如果从足够大的尺度来看，一个人付出的努力和他取得的成功，受过的苦和他享受的福，得到的快乐与他必须经历的痛苦，在一定程度上是正相关的，而且可能也存在某种平衡——苦乐平衡，祸福相依，因果循环。我以为，这可能是人世间最普遍、最公平、最伟大的平衡了。
>
> 从系统平衡的角度看，在平衡、失衡、再平衡的过程中，往往也会伴随着格局的重新建立和利益的重新分配：一个方面失衡，一定有另一个力量让它重新平衡；一种利益受损，一定有另一个机制补偿。所以，只要常怀一颗美好的心，坚持做一些美好的事情，总会"失之东隅，收之桑榆"。
>
> 从我自己的体会来看，我们生命中遇到的每一个人都有可能是我们的贵人，可能直接或间接改变我们的人生。我就曾遇到过很多这样的"贵人"。

The Second You
From Altruism

第二章

专注的境界

一个人选择最拿手、最喜欢的事物，把它做到极致，这样做没有不成功的。

——台湾漫画家蔡志忠

当你不计功利地全身心做一件事情时，投入时的愉悦感、成就感，便是最大的收获与褒奖。重要的是找到适合自己的道路，寻找到你心甘情愿为之付出时间与精力，愿意终生喜爱并坚持的事业。

——美国传奇老人摩西奶奶（101岁）

当我们顺应所有积极天性的时候，我们一定会进入一种特别酣畅快乐、积极的状态，这个状态就是"澎湃的福流"。

——清华大学社科学院院长彭凯平

只有傻人才真正懂得这样的成功要诀：不论你做什么，哪怕是一件极其简单的事，都要把它当作事业，当作信仰，甚至当作生命，坚持和坚定地做下去，自始至终不动摇，不放弃，把它做到极致，做到完美，做到世上独一无二，做到世上无与伦比，这就是成功。成功的要诀就是坚持，就是始终坚持。

——北京四中校长刘长铭

在传记里面，你总能看到一个似乎是无足轻重的人，最终如何拥有与众不同的人生。不管是过去还是现在，传记最吸引自己的一点是，书中的人物在自己生命的初期，也就是前50页当中，是不会知道他或者是她会在第300页的时候取得的成功；他们并不知道将会出现在自己面前的伟大。你们所有人都仅仅在自己那本传记的前50页，还有几百页的路要走。

——美国高盛集团CEO劳尔德·贝兰克梵（Lloyd Blankfein）

第二章　专注的境界

专注之境、利他之心，是未来会 700 多个案例、500 多个案例人的共同的秘密。研究这些案例我们发现：专注几乎是一个人把任何一件事情做好、在任何一个领域取得成功的重要前提；利他则是一个人把任何一项事业做大、取得更大意义上成功的重要基石。进入一种专注之境，出来一颗利他之心，是隐藏在未来会几乎所有案例人中的一个共同密码。

这一章，我们先不直接切入"利他"这个主题，而是从"专注"说起。因为感受到利他的力量，体会到利他的妙处，需要一些积累和一个过程，前提就是必须对所做的事情保持专注——满怀激情的专注、乐在其中的专注、始终如一的专注。只有这样，我们的身心才会产生奇妙的化学反应，才能内生出利他的持久动力和坚定信仰。

未来会的很多案例都是跟"专注"有关的案例。这些案例的很多人都在追随自己的好奇心，做自己真正感兴趣的事情，把最拿手的事情做到极致，专注到心无旁骛……这些案例告诉我们一个简单的道理：在任何一件哪怕是很小的事情上，只要做到了极致，就能做出花来，就能取得成功。同时我们也发现，一旦我们真正专注进去、平静下来，就会进入一种奇妙的状态——身体放松、内心宁静、脑子空灵、灵感迸发的状态，就能体会到一种真真切切的愉悦、幸福和快乐，就能进入另一个境界，找到另一个自己。

2.1 学黄葛树的专注

第一次听说黄葛树的奇妙，是在重庆大学校长周绪红的毕业致辞里。

这是一种在重庆随处可见的树。据他介绍，黄葛树有"记忆"，什么季节栽种，就什么季节落叶，不因外界时令的变化，不畏秋风扫落叶，自有自己的节奏。他说，在校园里经常可以看到"四季同框"的景象，这棵黄葛树正郁郁葱葱，而那棵正在落叶飘零，旁边一棵却在吐露新芽。甚为奇妙的是，黄葛树一边落叶又一边生出新叶，鹅黄嫩绿同现枝条，生死相连没有距离，生命的接力成为奇迹。

看到这里，可能很多人第一反应会吃惊，感觉不可思议。毕竟，自然界被喻为清风傲骨、虚心劲节的树木很多，但像黄葛树这样自有节奏、从容笃定的确很少见。这恰恰是这个社会正在消逝的一种宝贵品质。如果我们也能心无旁骛地专注做我们自己，我们也可能会成就不一样的精彩。

通过研究未来会大量案例，我们发现专注就是保持定力、全神贯注、跟随兴趣、坚持激情和始终坚持。未来会的很多案例，都是在某一个领域从兴趣出发，不断坚持，始终专注，坚持成为习惯，专注到极致，最后取得成功的案例。

专注就是保持定力

保持定力是专注的基本要求。黄葛树的奇妙就在于它保持定力,活出自己的节奏、精彩和笃定。这正是我们这个快速变化的时代所欠缺的。

这是一个"焦虑时代",很多人满怀焦虑,害怕挫折,寻求捷径,希望年纪轻轻就以最快的速度爬上人生顶峰。对此,周绪红指出,在每个阶段,都不要质疑你的付出——这些都会是一种累积、一种沉淀,它们会默默为你铺路,只为成就更优秀的你。人生没有白走的路,一步一个脚印,每一步都会算数。就像黄葛树一样,自有自的节奏,自有自的定力,在自己的时区里,一切安排都会准时。

这是一个"奴隶时代",越来越多的人正在成为手机等科技产品的奴隶。很多人对手机状态的了解,可能远超过对自己状态的了解。当电量不足20%,我们开始焦虑,总想着赶紧充电,但又有多少人清楚自己的状态?当发现自己动力不足时,我们是否快速采取行动?也许,我们应该学会"不插电",设置数字产品进入生活的界限,并定期从那些混乱和不和谐中抽身,找时间和自己的内心交流。很多时候,并不是说我们一夜之间的成功或者巨大的变化有多么重要,真正重要的是每天的一些微小的变化、持续不断积累的变化。

专注就是全神贯注

全神贯注、身心合一是专注的最好状态。只有沉下心、静下气、全神贯注,才能做到专注,才能体会专注的妙处,感受专注的力量。

下面是一个人坚持数年抓拍翠鸟入水照片的案例。在苏格兰人 Alan 还是小孩时，他经常和爷爷在湖边玩耍，他印象最深的是那时见到的一种翠鸟。长大后，Alan决定拍下翠鸟入水的瞬间。他几乎每周都去湖边一次，静静地守候，看到翠鸟捕食就赶紧按下快门。但是由于翠鸟的速度非常快，很难精确把握那个点，他几乎每次来都会拍600张以上的照片，几乎每次都在苦苦等候后默默离开。就这样日复一日，年复一年，只为等待一个完美的翠鸟入水。功夫不负有心人。在花了4200个小时，拍摄超过72万张照片后，他终于拍到了他想要的照片——一只翠鸟垂直冲进水中，几乎没有任何水花。

我自己有一个小体会，专注到全神贯注，就可以进入心无旁骛的奇妙状态。一个场景是在创办未来会之初，为了让自己静下心来，我经常会边听音乐边工作，往往是听着听着就忘掉了音乐，也忘掉了周围的一切，进入到一个完全属于自己的思绪世界。第二个场景是刚开始写这本书的时候，由于很难有安静时间，总是静不下心、找不到感觉，我就试着每天早上很早就起床。那个时候天还没亮，四周非常安静，偶尔能听到窗外虫子的叫声，能感觉到还有这些小精灵在陪着我。自己在这种情况下也能很快进入专注的状态。第三个场景是在写这本书的整个过程中，我几乎把可以投入的所有心思、全部精力都放在这件事情上，很多时候脑子里真的只有这一件事情，真的就会有很多源源不断的灵感冒出来。我发现，在上面三种状态下，自己的脑子往往非常清新，也能很快沉浸其中，享受专注的快乐。哪怕一次只有一两个小时这样的时间，也比其他时间的思路要好得多、效率要高得多。

当然，要做到这点，前提是你必须对这个事情有极大的兴趣，能保持极大的热情，愿意付出极大的心血。如果是这样，你所做的事情就是你真正喜欢的，所做的工作就是有意义的，你就能从中享受到前所未有的愉悦、幸福和快乐。

专注就是追随兴趣

追随兴趣是专注的重要前提。未来会的很多案例最初都是从兴趣出发的，或是在追逐梦想，或是在艺术创作，或是在商业实践，或是在公益慈善。没有兴趣，也就无所谓专注，无所谓激情，无所谓成功。

作家周国平曾讲了他女儿啾啾的故事。女儿上大学后业余时间都在忙自己喜欢的戏剧表演，对此周国平非常高兴。他说："一个人对一个领域有真实的兴趣，满怀热情，并且有毅力去克服各种困难，这是一个非常好的状态。但凡出现了这样的状态，就好好享受其中吧，不要去问将来有没有前途之类的庸俗问题。"

他也在不同场合和作品中，反复地强调快乐的真正含义——快乐不是轻松、单一、短暂的，来自外界给予的，而应该是丰富、持久的，源自自我创造的。如果能始终坚持做自己真正感兴趣的事情，就能比较容易地进入真正快乐的状态。

"一个人倘若能够通过读书、思考、艺术、写作等充分领略心灵的快乐，形成一个丰富的内心世界，那么他在自己的身上就会拥有一个永不枯竭的快乐源泉。这个源泉将泽被他的整个人生，使他即使在艰难困苦之中仍拥有人类最高级的快乐。"他强调，一个善于享受这种快乐的人，他的心智始终处于活泼状态，这样的人是最容易出成就的。

专注就是坚持激情

坚持激情是专注的持续动力。激情是专注的动力源和催化剂，能在我们坚持不下去时，给予我们继续前进的力量。

安琪拉·达克沃斯（Angela Duckworth）是中国台湾移民的后代、美国宾州大学心理学教授。她在研究了 300 位奥运奖牌得主、世界 500 强企业家之后发现，人类成功的究极能力是恒毅力。2016 年 5 月，她的第一本书《恒毅力：人生成功的究极能力》一经出版，即登上《纽约时报》《福布斯》畅销书排行榜，并获选当年度最佳图书。

达克沃斯认为，孩子在未来人生中获得成功的关键要素，并非智商，也非情商，而是一种向着长期的目标，坚持自己的激情，即便历经失败也百折不挠的坚毅品格。因为这个发现，她获得 2013 年美国"麦克阿瑟天才奖"。Grit（恒毅力）作为一种先进的教育理念，曾在美国曾衍生了一场轰轰烈烈的教育实践改革。

达克沃斯的恒毅力，不同于所谓的坚忍卓绝，而是定义为"对有热忱的长期目标持续的努力"。在她看来，无数在教育体制中成功生存的学生，都是"吃苦"的佼佼者，却从来不曾被鼓励去认识自己的兴趣，或是寻找自己的人生目的。

达克沃斯发现，天分或努力都不是成就的唯一条件，"持久热情 × 坚持毅力"才是人生成就更重要的致胜关键。她认为，无论在何种情况下，比起智力、学习成绩或者长相，恒毅力是最为可靠的预示成功的指标。如果成为你所在领域内的翘楚是一件重要的人生大事的话，那么在你感到困难的时候就更应该坚持住。

专注就是始终坚持

始终专注是专注的更高要求。一时、一次、间歇、被动的专注没有多大的意义，重要的是长期、持续、始终、不由自主地专注。

想象一下，把一张足够大的纸折叠 50 下，厚度会有多厚？答案可能远超我们的想象：可以从地球到太阳。比如一般 A4 纸的平均厚度是 0.1 毫米，每折叠一次都会使它的厚度增加一倍；折叠 7 次，厚度大约是 128 页的笔记本；折叠 10 次，厚度跟手掌宽度差不多；折叠 23 次就有 1000 米；折叠 42 次就能到达月球；50 次就能到了太阳；而 100 次之后，可能整个宇宙都容不下了。

北京四中校长刘长铭曾提出一个有趣的观点：只有"傻人"才能取得成功。因为他越来越坚信，在诸多的影响成功的因素当中，智力不是首要的。在他看来，成功的要诀不是看一个人有多聪明，而是要看一个人有多"傻"——一种傻里傻气的执着与坚持，一种不顾世俗名利的执着与坚持，一种坚定不移、始终如一、外人无法理解的执着与坚持。他说他见到过一些所谓的成功人士，有学术领域的，有商业领域的，有创业者，也有做管理工作的成功者，他们身上都是带有这样的傻气。只有"傻人"才能真正懂得这样的成功要诀：不论你做什么，哪怕是一件极其简单的事，都要把它当作事业，当作信仰，甚至当作生命，坚持和坚定地做下去，自始至终不动摇，不放弃，把它做到极致、完美，做到独一无二、无与伦比，这就是成功。简单地说，成功的要诀就是坚持，始终坚持。

未来会的 700 多个案例表明，专注几乎是所有成功的最重要前提。一旦你做到了专注，全神贯注的专注，满怀激情的专注，一往无前的专注，心无旁骛的专注，近乎极致的专注，一点一滴的积累总会在某刻发生巨大变化。这后面的一切，就是自然而然的了。

分享小贴士：

未来会的很多案例，都是在某一个领域从兴趣出发，不断坚持，始终专注，坚持成为习惯，专注到极致，最后取得成功的案例。

全神贯注是专注的最好状态。只有沉下心，静下气，全神贯注，才能做到专注，才能体会到专注的妙处，感受到专注的力量。

未来会的 700 多个案例说明，专注几乎是所有成功的最重要前提。一旦你做到了专注，全神贯注的专注，满怀激情的专注，一往无前的专注，心无旁骛的专注，近乎极致的专注，一点一滴的积累总会在某一刻发生巨大变化。这后面的一切，就是自然而然的了。

2.2 追随你的好奇心

有好奇心，并能追随好奇心，可能是我们能想到的一个人最基础、最重要的素质和能力了。从好奇心出发，追随你的好奇心，就能激发求知欲望，内生求知动力；就会发现更多可能，成就更多可能；就能找到更好的自己，成就更好的自己。

在第一章中，我们在长寿秘密及内心小孩方面提到了好奇心。在这一节，我们将重点介绍好奇心的秘密和如何追随好奇心。

更多可能的引子

在未来会几乎所有案例人的身上，我们都能很容易找到好奇心的影子。

比如饶宗颐的研究几乎涵盖国学所有领域，很难把他归到哪一家，他曾幽默地说自己是一个"无家可归的游子"；马云除了构建商业帝国外，还热心公益和社会活动；李嘉诚曾投资过人造肉公司，还请"阿尔法狗"之父戴密斯·哈萨比斯给自己上人工智能课；台湾地区漫画家蔡志忠曾长达十年在闭关研究物理，称这是一生中最快乐的时光；哈佛大学校长德鲁·福斯特每年都会和孩子们去一个陌生的地方，用学习的方式来旅行已成为一种传统；特斯拉创始人艾隆·马斯克在推进 SpaceX 征服火星计划和时速超过 1200km 的超级高铁构想；比尔·盖茨说，阅读是自己最喜爱的放纵自己好奇心的方式，他也会尝试一些自己并不擅长的事情，比如打乒乓球……

为什么这些人身上都有好奇心？为什么他们对自己专业领域以外、很多人看似习以为常或者熟视无睹的事情好奇？为什么他们不光是好奇，还要把好奇变为现实？因为好奇，他们或是开拓了自己新的研究领域；或是与世界前沿保持一致；或是提升了灵魂温度；或是挑战了人类极限；或是打通了公益与商业、文化与科技、艺术与哲学之间的边界；或是做了自己不擅长做的事，发现自己的更多可能；或是彻底重生，找到了另一个自己……

爱因斯坦曾说："我没什么特殊的才能，我只是保持了我持续不断的好奇心。谁要是不再有好奇心、不再有惊讶的感觉，谁就无异于行尸走肉，其眼睛是迷糊不清的。我们所能拥有的最美的体验是神秘感。"

通往一切的道路

保持一颗童心和好奇心，对很多事情都感到好奇，拥抱内心的好奇，然后去追问、去梦想、去探索、去实践，是通往一切的道路。

因为当你追随好奇心的时候，你就会对新东西有兴趣，就能引出自己的"内心小孩"，就会从中得到更大的满足感，激发自己更大的热情，拓展自己的更多可能，从而找到一个更丰富的自己、另一个自己。

腾讯前副总裁、《大学之路》作者吴军指出，所谓英美名校只是做了一件事，那就是引出潜藏在孩子内心的潜能，拥抱自己的"内在小孩"。他在书中提到一位哈佛教授的建议：来哈佛后，一定要选一些离你最远的课，做一些你以前觉得最不可能做的事情，要疯狂地拓展自己，要试错。因为你来这里就是要发现自己的潜力。通过在相差最大的领域中不断试错，你才能真正了解你自己。

国内现有的能力素质评价体系（不仅仅是高考）可能更注重知识技能等"硬实力"的培养，而忽视人格品格等"软实力"的提升。一个人学习的目的或者结果，无外乎是获取知识和技能、激发创造力和想象力、提高专注力和恒毅力、提升格局和视野、培养怜悯心和利他心，等等。如果要在这些关键要素中找出一个共同的关键词，估计我们最快想到的可能就是好奇心了。所以，勇敢追随你的好奇心吧！

下面重点介绍乔布斯、台湾地区6岁女孩陈萱、奥斯卡金牌制作人布莱恩·格雷泽的好奇心故事，看他们是怎么追随自己的好奇心的。

案例1

乔布斯：生命片段会在某一天串起来

乔布斯2005年在斯坦福大学的演讲被认为是他一生中最好的演讲之一。在这次演讲中，他提到了把生命中的点滴串起来的故事。

在 17 岁那年，乔布斯在美国里德大学读了半年后决定退学，原因是他不想让养父母用几乎全部积蓄供他读书，另外他在这里也看不到大学的价值所在。他说现在回头看看，那的确是自己这一生中最棒的一个决定。他终于可以不必去读那些令他提不起兴趣的课程，然后可以去修那些有点意思的课程。

但这并不是那么浪漫，因为他失去了他的宿舍，只能在朋友房间的地板上睡觉。在星期天的晚上，他需要走 7 英里的路程到 Hare Krishna 神庙（印度教修习场所），只是为了能吃上好饭——这个星期唯一一顿好点的饭，他喜欢那里的饭菜。需要说明的是，禅修经历对乔布斯的一生产生了重要影响。

乔布斯说：“自己跟着直觉和好奇心走，遇到的很多东西，此后被证明是无价之宝。”比如里德大学在那时提供了也许是全美最好的美术字课程。因为他退学了，他决定去参加这个课程，去学怎样写出漂亮的美术字。他学到了 san serif 和 serif 字体，学会了怎样在不同的字母组合之中改变空白间距，还有怎么样才能设计出最棒的印刷样式。那种美好、历史感和艺术精妙，是科学永远无法捕捉到的，他发现那实在是太迷人了。

当时看起来这些东西在他的生命中，好像都没有什么实际应用的可能。但是十年之后，当他在设计第一台苹果电脑的时候，就不是那样了。他把当时学的那些东西全都设计进了 Mac。如果他当时没有退学去学美术字，Mac 就不会有这么多丰富的字体，以及赏心悦目的字体间距。

当然，他在大学的时候，还不可能把从前的点点滴滴串起来，但是十年后回顾这一切的时候，真的豁然开朗了。

他说，你必须相信这些片段会在你未来的某一天串联起来。你必须要相信某些东西：你的勇气、目的、生命、因缘……"这个过程从来没有令我失望，只是让我的生命更加与众不同"。

案例2

陈萱：6岁骑行千里丝路

2017年内地出版了一部图文并茂的英文版丝路骑行游记。书中记录了台湾地区女孩陈萱6岁时和父母骑单车、壮游丝路的76天艰辛旅程。

从陕西西安到新疆吐鲁番，途中穿越黄土高原、河西走廊及漫长戈壁，为了假期能和爸爸在一起，陈萱完成了一场2100公里的丝路壮游。

此后，陈萱和父母的壮游每年都在持续：她8岁时到尼泊尔喜马拉雅山区徒步行走，9岁和12岁时骑单车环游台湾地区全岛，11岁时骑行横穿美国，13岁时登上非洲最高峰乞力马扎罗山。

这本书除了用400多张图片和陈萱手绘的小卡通展现丝路特色的风光、物品和风土人情之外，还以6岁女孩的视角，记录下2100公里行程中的轻松有趣的事情，比如"晾房里的葡萄公主""骆驼麦当劳""彩色老虎"等。

回忆丝路骑行经历，陈萱说当年是因为迷上《西游记》而决定跟父母上路的。这样做不光家人的感情更紧密，也因为放慢了速度看到了许多人难以看到的特别景物，体验到从来没有体验过的事情——比如和父亲一起认识茴香和番红花、烈日下躲在公路桥洞下休息、路边吃瓜消暑还比赛吐西瓜子、在长城上踢毽子等。

案例3

布莱恩·格雷泽：35年的好奇心对话

布莱恩·格雷泽（Brian Grazer）是奥斯卡金牌制作人，他参与制作的电影与电视共获奥斯卡奖提名43次、艾美奖提名149次，以《美丽心灵》获得奥斯卡最佳影片奖，并于2001年获得美国制片人公会"终身成就奖"，2007年入选《时代》"百大影响力人物"。

受好奇心推使，格雷泽从20世纪70年代末起，就持续每周与一位演艺圈外各种专业人士交谈——从科学家到时尚设计师，从政治家到体育明星，从探险家到企业总裁，从艺术家到中情局局长，他都充满好奇。

格雷泽的"好奇心对话"意在走出自身经验的框架去学习。这些漫谈激发格雷泽的创作灵感，孕育出包括《美丽心灵》《达·芬奇密码》《阿波罗13号》等著名电影。格雷泽以个人故事为例证，说明好奇心如何能深刻转变事业与工作成果，进而鼓励更多人拥抱内心的好奇，透过发问去学习、创造、管理与领导。

"充满无比的好奇，才能找到更好的自己"。格雷泽说，过去35年来，他一直持续追踪让他感到好奇的人，询问对方是否能坐下来和他聊一小时。有时候在一整年内，这种好奇心对话不多，但有时候频率很高，几乎每周一次。他提出的目标是至少半个月一次。他为自己定下的唯一规则是：谈话对象必须来自电影和电视以外的世界，大都是勇于突破的人物。

从上面例子可以看到，好奇心是突破的种子、希望的开始。你精心呵护这个种子，它就能生根发芽，然后长成一株小苗，最后可能就是一棵参天大树。追随好奇心有时候像是在探秘溶洞，一开始是很不起眼的洞口，如果你继续往前走，勇敢往前走，很快就会发现里面的别有洞天、蔚为大观。

分享小贴士：

保持一颗童心和好奇心，对很多事情都感到好奇，拥抱内心的好奇，然后去追问、去梦想、去探索、去实践，是通往一切的道路。

因为当你追随你的好奇心的时候，你就会对新东西有兴趣，就能引出自己的"内心小孩"，而你也会从中得到更大的满足感，激发自己更大的热情，拓展自己的更多可能，从而找到一个更丰富的自己、另一个自己。

好奇心是突破的种子、希望的开始。一旦你精心呵护这个种子，它就能生根发芽，然后长成一株小苗，最后可能就是一棵参天大树。追随好奇心有时候像是在探秘溶洞，一开始往往是很不起眼的洞口，如果你继续往前走，勇敢往前走，很快就会发现里面的别有洞天、蔚为大观。

2.3 找到自己真正喜爱的事情

有好奇心，只是有了通往一切可能的基础。在好奇心的基础上发现兴趣，才算是种下希望的种子。找到自己真正喜爱的事情，才有可能把好奇变为兴趣，把兴趣变为事业，然后成为生活和生命的一部分。在润物细无声中，这颗种子就会生根发芽，开花结果，最后成为参天大树。

找到感兴趣的事情

如果我们能找到符合自己禀赋和兴趣的东西，做自己喜欢的事，就能从中享受到内在的愉悦。成功学专家 Richard St. John 访问了 500 多位世界上极为成功的人士，最后写成了《成功者的八个特质》，包括对事业充满热情，努力工作并享受乐趣，专注于目标，突破舒适区，激发创意，不断进步，为他人提供价值，败而不馁八个方面。他发现，这些特质是在任何领域成功的基础；其中"对事业充满热情"最为重要，因为如果对事业充满热情，发展出其他特质就容易得多。

下面我们简要介绍未来会的相关案例：

阅读：Facebook 创始人扎克伯格、比尔·盖茨、巴菲特及其搭档查理·芒格都是有名的书虫。盖茨自己曾说，他坚持每周读一本书长达 52 年。国学大师叶曼说，绝不可一日无书，一个人若想风度翩翩，言语隽永，唯有读书；投资大师罗杰斯曾说，自己听到的最好建议就是阅读一切可以阅读的东西；高盛 CEO 劳埃德·布兰克费恩说，自己每天晚上都会读书，阅读向他展开了整个世界；新东方联合创始人王强说，人生最大的捷径就是用时间和生命阅读一流的书。

画画：73 岁日本老人堀内立男（Tatsuo Horiuchi）用 Excel 创作山水画，并为此坚持了 10 年；陈锡邦老人用 50 年创作出 150 米长、画满 200 位历代才女的《中国历代才女图》；78 岁的费永泉在蛋壳上作画 10 余年，创作蛋壳画超过 2500 幅。

摄影：西安市民邢建民 8 年行走 16 万公里，拍摄 56 个民族的家庭全家福；新疆小伙库尔班江追踪在内地的新疆人的工作生活，推出的摄影集《我从新疆来》曾登上央视；自由摄影师王源宗独自前往藏区拍摄，用 10 万张照片制作成 10 分钟的最美《西藏星空》；顾莹是挑战过"三极（南极、北极、青藏高原无人区）"的女性野生动物摄影师，5 年多的时间足迹遍及七大洲。

旅行：67 岁的摄影师王建男 12 年 22 次深入北极，用照片和文字向世界展示真实的北极，被称为"北极摄影第一人"；62 岁的凤凰卫视主持人杨锦麟曾用半年时间走完南北极，用脚步丈量生命的无限可能；为了想要知道世界上的人是怎样实现梦想的，重庆姑娘余莹开始了她的环球梦想采访之旅；北京小伙儿于旸给自己的骑行选了一条最长的路：从北京到好望角，历时一年，途经 8 个国家，全程 36000 公里。

拼装：法国乡村邮差薛瓦勒（Cheval）33 年来用捡来的石头，最后建成一座宏伟的城堡；美国小伙亚科尼·斯图亚特（Luca Iaconi Stewart）花了 5 年时间，对照波音 777 造出了 1∶60 的飞机纸模；为了给父亲准备一份特别的生日礼物，英国人彼得·贝勒（Peter Bellerby）决定手工制做一个地球仪。如今，他因为当初的这个想法，成了全球或许仅有的一家手绘地球仪工作室的主人。

找到真正喜爱的事情

在上面的案例中，有的只是业余爱好，有的能坚持数十年，成为一个人一生的兴趣，最终成就了看似荒诞、实则合理的大事业。由此可以发现，所谓真正喜爱的事情，就是完全由内心驱使，全身心投入，能坚持很长时间，在任何时候、任何情况下都能坚持，自己也能从中获得极大愉悦感和成就感的事情。

一个人找到自己一辈子真正喜爱的事情，并把它作为自己的前进方向和奋斗动力，一念一生，这样的生命注定是精彩丰富的。2017 年诺贝尔化学奖获得者、英国剑桥大学教授理查德·亨德森说,"我一直觉得如果你做一些有趣的事情并且把它做好了,那么在某个阶段,你就会因为做你喜欢的事情而获得很好的回报。"诺贝尔物理学奖获得者、华裔科学家、美国能源部前部长朱棣文曾说:"生命太短暂,所以不能空手走过,你必须对某样东西倾注你的深情。我在年轻的时候,是超级的一根筋,我的目标就是非成为物理学家不可。"苹果 CEO 蒂姆·库克也说,你必须找到令你非常感兴趣的,同时又对别人有益的事情去做。北京大学前校长许智宏曾说,只有发自内心的兴趣爱好,才可能成为人一辈子工作和生活的驱动力。

有没有自己真正喜爱的事情,其实是不一样的,有时候会超出兴趣本身。比如 70 多岁才开始学习画画的摩西奶奶。在她看来,绘画并不是重要的,重要的是保持充实。"不是我选择了绘画,而是绘画选择了我。"当你不计功利地全身心做一件事情时,投入时的愉悦、成就感,便是最大的收获与褒奖。重要的是找到适合自己的道路,寻找到你心甘情愿为之付出时间与精力,愿意终生喜爱并坚持的事业。同样把兴趣发展为事业的还有姚明。他自己曾透露,其实自己最开始一直不喜欢打篮球,直到十八九岁才真正喜欢——就像打开了一扇门,每天的时间过得很快。当自己全身心投入后,篮球就变得不一样了。找到这种感觉的还有日本"经营之圣"稻盛和夫。他说,无论什么工作,只要全力以赴去做就能产生很大的成就感和自信心,而且会产生向下一个目标挑战的积极性。成功的人往往都是那些沉醉于所做的事的人。

这也说明追求成功的过程比成功更重要。正如莎士比亚所说,世间的很多事物,追求时候的兴致总要比享用的时候兴致浓烈。

下面是未来会三个具体案例:

案例 1

沈芯菱：影响两岸的公益小魔女

1989年出生的沈芯菱，11岁就投身公益，13岁足迹踏遍全台湾地区；曾被《商业周刊》誉为"台湾版的诺贝尔和平奖候选人"，《时代》誉为"天堂掉落凡间的天使"；曾获台湾地区领导人马英九颁发的教育奖，获选台湾地区百年代表人物；其事迹已收入选《世界年鉴》《台湾名人录》和台湾地区中小学教科书。

沈芯菱从小就跟着父母摆摊，这让她看到台湾地区社会底层的现状。她意识到，真正的穷不是没钱，而是没有能力去付出。在她看来，富裕是什么？不是谁拥有得多，而是谁需要得少。因为这样的观念，让她更乐于付出，从一开始、透过一传一的力量改变世界。

沈芯菱小小年纪便有"用键盘打造知识公益、用鼠标弥平社会断层"的远大格局。她多年的夙愿是"打造知识公益、以爱行动天下"。在她看来，鼠标不仅能横跨天下，也是打造知识公益的灵魂桥梁。

11岁时因为周围果农水果滞销，沈芯菱搭建水果产销网络对接平台，至2012年产销100多万斤；13岁时创建服务中小学生的"安安免费教学网站"，希望为台湾地区免费教学探索方向；15岁到18岁，她将关怀范围扩及更多弱势团体、青少年和原住民……

"其实我的很多行动，都是来自愤怒"。10年前，一对母子的对话深深震撼了她。一位妈妈教训哭泣的孩子说，"你再不用功念书，以后就跟那些人一样，没出息！"她顺着手势望过去，是一群在脚手架上挥汗工作、皮肤晒得通红的劳工。她吃惊的地方有两点：一是那位妈妈的声音之大，毫不在乎别人是否听到；二是在云林乡下，对底层劳工的歧视如此严重。

她认为该做些什么来改变这一切，于是一人骑车环岛，走遍全台湾地区村落。她用相机拍下自己遇到的真实的面孔，至今累积超过 30 万张照片，访谈超过 3600 多人，写了超过 40 万字的记录。她为此创建"草根台湾脸谱"网站，曾在北京奥运会举办展览，累计吸引了近 2000 万人次观看浏览。

沈芯菱认为，这世界可能只有两种人，一种是 do（做），一种是 do not（不做）。改变的关键不是难度，而是态度。我们在改变自己的同时，也在改变世界；在改变世界的同时，同样也能发现自己，找到自己生命的出口。

沈芯菱发现，往往在生活中，简单的事做久了会变得不简单，不简单的事做久了会变得很简单，而大小事只要做久了都会变得很简单。

沈芯菱对成功有一套自己的定义：成功，不是赢过多少人，而是帮过多少人。不快乐的人，是因为没想过要带给别人快乐。选择让每一个遇见自己的人都可以变得更美好，这是她一直在做的事。她也认为，失落的一代需要的不是运气，而是勇气。每个人都有能力，让世界朝着美好更靠近一点！

案例 2

双胞胎 15 年造出 25 万人"小人国"

德国有一对双胞胎兄弟弗雷德里克·布劳恩（Frederik Braun）和格里特·布劳恩（Gerrit Braun），从小酷爱铁路和火车模型，建造一个"小人国"是他们儿时的梦想。当他们在破仓库里，用锤子敲打出第一条铁轨的时候，他们没有想到自己在坚持 15 年后，竟然会打造出一个全世界最大的铁路模型和迷你化城市。

这是一个包含 15000 米铁轨、12000 个车厢、5000 座房屋和桥梁、25 万棵树木、50 万盏灯光、住了超过 25 万居民的"小人国"。

最神奇的是，这一切全部都是会动的——最大的一列火车长达14.5米，每一架飞机都有精致的涂装，机场还有夜晚版本，轮船驶过桥洞，消防车救火，火箭上天，小城里的人们过着安逸的生活，小城里每天都在发生各种有趣的事……所有这一切，都是他们用双手一点点搭建起来的。

他们的创意甚至把谷歌都吸引来了。谷歌街景团队用迷你摄像机拍下整个"小人国"，微型世界版的街景地图就这样诞生了。

这对狂热的德国兄弟表示，"小人国"还将不停地扩建，计划到2020年，将会出现在英国、法国和非洲国家。

而这一切的心血都没有白费，如今"小人国"已经成为德国汉堡最著名的景点之一，每年有超过100万游客参观。

案例3

大卫·津恩（David Zinn）：在街头画了29年小动物

走在街头你要格外当心，因为一不小心就有可能踩到一些可爱的"小动物"：它们或悠闲地坐在躺椅上看书，或拿着一把吉他街头卖唱，或是不愿被关在笼子里，在喊着"放我出去"……你想象不到的是，这些娇俏可爱完全融入环境的小动物，竟是用再普通不过的粉笔勾勒而出。而把这些小动物带到街头的，是粉笔画艺术家大卫·津恩（David Zinn）。

津恩毕业于美国密歇根大学安娜堡分校。毕业时导师问他将来想做什么？他说要出一本儿童图书。这个回答让老师始料未及，"你学了四年创意写作就为了出一本儿童图书？""对，我从小喜欢画画，终极梦想就是出一本童书，但童书不仅需要图画，还需要故事、文字，于是我就来学写作了。"毕业后他迫不及待地找到出版商，慷慨激昂地描绘了他的梦想。

出版商听完后只问了一句：很好，可你知道出一本书至少要一万美金？津恩当时就愣在了那里。盯着一处破碎的路面，怔怔地望着出神。

"我的梦想就像这破碎的路面，无人问津。人们碰到这样的路，躲都来不及，根本不会多停留一眼。"想到这里他竟然对路面有些心疼，找来半截粉笔，修补装饰起自己的梦。开始时只是简单的描绘几笔，勾勒出一只简单的小动物，但他每"修补"一处路面，就越上瘾，仿佛路面成了他的画布、童书。每次看到破碎残缺的路面、墙壁，就像自然而然对他的召唤，根本停不了手，从 1987 年开始，他一画就是 29 年。

他一直这样竭尽全力，默默地创作，一直不为人所熟知。直到 2016 年他因照片太多不便保存，而将画作上传到 Instagram 账户，几乎在一夜之间走红网络，粉丝一两天时间就暴涨了近百万。他的追随者通过众筹方式，为他筹集了 3 万美元，帮他实现了出本童书的终极梦想。幸福来得似乎太过突然，但相比于他近 30 年的坚持，一切又是那么的理所当然。

怀着感恩之心的津恩，并没有将儿时的梦想作为赚钱的工具。他继续给社区儿童免费授课，还继续出版系列童书，送往世界各地有需要的学校和图书馆。他说，"我希望这些书能在全世界，激励人们在自己的脚下创造艺术。"

最后，他还想用自己 30 年的经历告诉人们：没有那么多一蹴而就的梦想，梦想只要能持久，就能成为现实！

2.4 把最拿手的事情做到极致

在前面的内容，我们看到了很多做自己真正喜爱的事情的有趣案例，其中一些人从兴趣发展成为职业，甚至是一辈子的事业。当然，很多时候这拓展的还只是一个人自己的广度和长度，而不是深度和高度。如果我们想脱颖而出，就要做到更好，把最拿手的事情做到极致。

未来会的众多案例表明：在任何一件事情、任何一个领域，哪怕它再小，再微不足道，只要把它做到极致，就总能做出花来，总能取得想象不到的成功。这个成功可能是这件事情本身的成功，也可能是其他方面的成功。

在追求极致中发现自己

追求极致是一个感动，也是一个机缘。

如果仔细阅读这一章的内容也许就会发现，未来会的很多案例似乎隐藏着这样一个神奇的秘密：只有充满好奇，才能产生兴趣；只有热爱，才能专注；只有始终专注，才能做到极致；只有做到了极致，才能取得真正大的成功。这个过程，自好奇而始，到成功而终，做到极致是成功之前的重要一步和关键一跃。

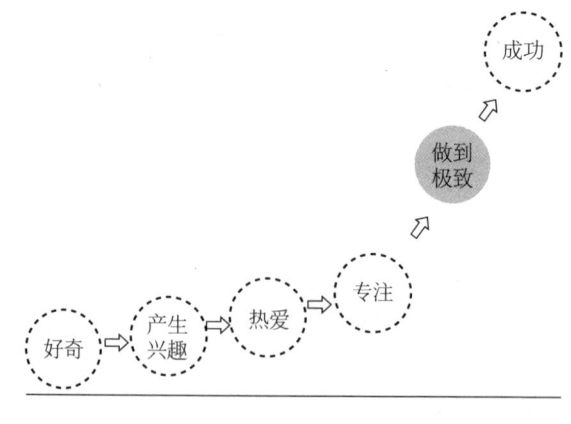

图 7

这里举一个每个人可能都会碰到的例子。不管一件事情有多么复杂、多么困难，如果你坚持去做，盯着去做，反复去做，动脑子去做，吃饭睡觉都在想着这件事情，总会在某一个不经意的瞬间，你就突然有了诀窍或灵感，一下子茅塞顿开，豁然开朗。这实际上是一个熟能生巧的例子，也是一个在追求极致中发现自己的例子。这件事可能很小，实际上也可以把它放大到任何一件事。

作家麦家说，当你发现某种天分，请盯紧它，如同盯紧你的生命，然后朝着它来的方向寻去，以疯狂的坚持，歇斯底里的坚持，打破砂锅问到底的坚持，直到它逃无可逃，撞进你的怀里。

在追求极致中感动天地

追求极致是一个感动，也是一个机缘。

未来会"生命的感动"案例中有一个成都清洁工冯大爷的感动案例。这个老人用秋天的落叶，在草地上摆出小绵羊等各种可爱的小动物，给瑟瑟秋日增添了丝丝温暖。我最初看到这些照片的时候很受感动，相信这位老人一定是幸福快乐的——因为他把扫地这件事扫出了花样，扫到了极致，扫来了幸福，他就能感动自己，感动天地。

成龙曾获得奥斯卡第89届终身成就奖。他说，接到奥斯卡电话时自己才猛然发现，如果坚持做一样东西，只要你用心去做，不管有没有人看见，不管有没有人知道你用心去拍，不管是各行各业，某一天一定会有人赏识你。成龙说，"今天是奥斯卡来找我，不是我去找他们。所以坚持做一样东西，所有东西都会来找你的；只要你努力，所有的梦想会来找你。"

在追求极致中享受幸福

追求极致是一种境界,也是一种超脱。

追求极致看似非常困难,让人望而却步,实际上如果你真正沉浸下去,坚持下去,死命地盯住不放,总会在某个阶段就能进入到一个越做越想做,越做越明白,越做越轻松,越做越能做好的状态;你就会在这个过程中感受到前所未有的力量,看到前所未有的风景,体会到前所未有的通透、愉悦、幸福和成就。同时,也就能真正体会到下面这些诗句的妙处:"两岸猿声啼不住,轻舟已过万重山";"行至水穷处,坐看云起时";"会当凌绝顶,一览众山小"。

中科院院士、清华大学副校长薛其坤曾因发现"量子反常霍尔效应",被杨振宁称为是"诺贝尔奖级别"的成果。薛其坤常对学生说,只要你勤奋、执着、专注,就不会在世上一事无成。"你要想让自己真正快乐,你必须追求极致。"薛其坤一星期工作6天,每天的科研都从早7点进行到晚11点,大家给他起了一个外号,叫"7-11教授"。实验中所需的一种亮晶晶的小薄片,上面有一层肉眼看不见的薄膜,这是由原子一层一层铺上去的,只有5纳米厚,相当于一根头发丝的十万分之一,每制作一个,都极其困难。但从2008年开始,薛其坤带领团队制作了上千个这样的材料进行实验。薛其坤说,不断看到新的实验结果,艰苦努力解开一个个谜团,取得科研上的新进展,感到非常充实和幸福。这个实验可以说是薛其坤的一个学术巅峰,也是他人生的一个缩影,不畏艰难,在追求极致中享受极致幸福。

宫崎骏是世界级动画大师、奥斯卡终身成就奖获得者。据说自他的动画工作室1985年成立至今,宫崎骏一直坚持执意用手绘,而且所有画稿要经过自己审阅、修改,不满意就全部退回重做。一个仅仅四秒的镜头,就曾经耗费了一年以上，不允许一丝偏差。宫崎骏今年 77 岁了，曾经 7 次隐退又 7 次复出，如今正在制作一部名为《你想活出怎样的人生》的新电影。他说："我想告诉孩子们，这个世界值得我们活下去，我一直是这么想的。"

分享小贴士：

> 未来会的很多案例似乎隐藏着这样一个神奇的秘密：只有充满好奇，才能做到热爱；只有热爱，才能专注；只有始终专注，才能做到极致；只有做到了极致，才能取得真正大的成功。这个过程，自好奇而始，到成功而终。其中，追求极致是成功之前的重要一步和关键一跃。
>
> 在任何一件事情、任何一个领域，哪怕它再小，再微不足道，只要你把它做到极致，一生坚持，就总能做出花来，总能取得想象不到的成功。这个成功可能是这件事情本身的成功，也可能是其他方面的成功。
>
> 追求极致，就能感受到前所未有的力量，看到前所未有的风景，体会到前所未有的通透、愉悦、幸福和成就。同时，也就能真正体会到这些诗句的妙处："两岸猿声啼不住，轻舟已过万重山"；"山重水复疑无路，柳暗花明又一村"；"行至水穷处，坐看云起时"；"会当凌绝顶，一览众山小"。

下面是未来会的三个具体案例：

案例 1

蔡志忠：把最拿手的事情做到极致，这样没有不成功的

蔡志忠，台湾地区著名漫画家。他的《庄子说》《老子说》等 200 多部作品在 45 多个国家和地区出版，销量超过 4000 万册。2010 年，他发表闭关 10 年的心血结晶《东方宇宙三部曲》，将画笔的力量延伸至物理、数学，以东方思维重新解读物理定理，并以此书入围第 35 届"金鼎奖"。

蔡志忠 4 岁便惊奇地发现自己很有绘画天赋，从那时他就立志"只要不饿死，就要一世永远画下去，一直画到老、画到死为止"。他说自己那时就懂得一个道理，即"人想成为什么，便要做得像什么。打从生下来人生就已开始，没有所谓的实习阶段"。所以，他从那时就开始以职业漫画家的要求来要求自己的漫画。

在蔡志忠的概念里，"出名要趁早"要改为"选择要趁早"。他说，"人生最终的结果是拿一把刷子混饭吃，所以要及早选择，把这把刷子练到极致。

20 世纪 70 年代，蔡志忠学会了动画摄影、影片剪切、冲片，并学会了动画片制作，很快成了台湾地区最懂动画片的人之一，并创立了自己的动画公司。

"我相信只要持之以恒，死命地做一件事，一步步向前，总有一天能达成梦想。"正因为有了这股劲头，再加上出色的创意，蔡志忠的动画公司做得风生水起。然而，在事业的高潮期，他突然结束了自己的动漫公司。

"够了！这一生为钱做事的日子到此为止，我要去做更有意义的事。"当时年仅 36 岁的蔡志忠这样对自己说。

他的选择是将先秦诸子的思想画成漫画。"我要画一些能流传下去的东西。"之后，一部《庄子说》揭开了蔡志忠漫画的新纪元，与其后的《老子说》《孔子说》《列子说》等长期占据漫画畅销书的前几名，以至于有人开玩笑说："万一他出版10本书，那我们岂不是只能争夺排行榜第11名了？"

如今的蔡志忠在他那间900多平方米的工作室中，绝大多数时候只使用3平方米——一张罗汉床，床前玻璃桌子上摆着他的电脑。他平时很少跟人来往，往往天黑即睡，凌晨一点钟起床，一直工作到下午两点。他工作室里所有的鞋都破了，但他并不在意。"我在意的是自己在做的事情，以及完成自己的梦想，这才是最重要的。别人怎么看我不在意。"

蔡志忠的一生，就是不断追寻着"有意义的事情"，一直在做自己"喜欢的事情"。

做自己喜欢的事情时，蔡志忠总是高效的。从2014年4月到2015年4月，他画了2450张画；从2015年5月到2016年6月，他的阅读量达到3000万字。他总结了罗斯柴尔德、卡内基、洛克·菲勒、福特、稻盛和夫等至少150位成功企业家的创业史和成功关键，写成了包括他的自传在内的25本书。

当被问及如何在保持高效率的同时保持高质量时，蔡志忠的回答是："一个人一定要选择最拿手、最喜欢的事物，把它做到极致，这样做没有不成功的。"

他说："迄今，我跑了很长的一段路。有时我须闪避坑洞；有时我会暂停路边，为下段路程整理装备；有时我须转弯或绕道，甚至自己辟出一条新路。这一路上或许曲折多挠，但我却觉得极自然，不会以逆势为忧，以顺境为喜，因为我做任何事都很投入，会在能力范围内做到最完美的境界，然后无怨无悔。我认为这是自己个性上较大的优点所在。"

案例 2

安东尼·豪威：花二三十年做同一件事情，你就可以在脑子里把一切想象出来

在 2016 年里约奥运会开幕式上，奥运有史以来最炫目的圣火台惊艳登场。这个如同"真实世界的 3D 屏幕保护程序"的装置，是美国艺术家安东尼·豪威（Anthony Howe）的作品。

豪威 1954 年出生于美国盐湖城，曾经在康奈尔大学和斯科希甘绘画与雕塑学院学习；25 岁时他在新罕布什尔州一个远离尘嚣的山顶上建了一栋房子，并在这里画了 5 年田园风格油画；后来他实在无法忍受孤独寂寞，于是移居纽约曼哈顿，兼职做起了仓库保管员。

这份看似跟艺术无关的工作，不经意间决定了豪威之后 20 多年的艺术路线。"仓库里有不少钢条、钢筋这些金属物品，我当时的生活很沉闷单调，于是就像孩子一样把它们当作拼接玩具。"同时，豪威对风的流体动态也感兴趣，一直在寻找一种艺术形式将它们表现出来。

他最开始的创作灵感是因为要向心上人表白。他用金属材料给姑娘做了一颗灵动又闪亮的心，哪知姑娘不仅没有被感动，反而觉得他是神经病。伤心之余，豪威将作品上传到网上，竟获得疯狂传播。豪威自此走上了创作悬浮独立动态雕塑的道路。

豪威的作品始终保持着某一种令人难以捉摸的风格。当这些雕塑装置随风转动时，你就好像看到一个充满迷幻色彩的洞，不断放大、放大、再放大，直至消失，然后又收回到最初的状态。有的像蒲公英，有的像向日葵，有的好似水母，有的又酷似外星生物，似曾相识，又相当陌生。

豪威的动感雕塑是艺术灵感和机械结构的美妙融合。无论是面对时速 1 英里（1.6 公里/小时）的微风，还是 90 英里的大风，它都会作出相应的变化,它这样能持续运作 100 年之久,而且无须耗能。

为做到这点,每件作品都得花费豪威十多年时间。"你得花费 10 年到 15 年,才能让一件作品组合起来,并且每秒都在运作。"起初时候,豪威凭直觉去想象,如果风变得非常强劲,一切会变得怎样。"而今,我完全可以在脑子里做设计。我甚至不需要画下它们。在脑子里我就可以想象出各种情形。我边散步,边想象它的形状。如果你花二三十年做同一件事情,你就可以在脑子里把一切都想象出来。"

案例 3

巫漪丽:一生只守一架琴

巫漪丽是中国第一代钢琴家,是《梁祝》钢琴曲的首创及首演者,曾受到周恩来总理的接见。

巫老人生的每一步都充满传奇色彩:1930 年生于上海,6 岁练琴,18 岁成为上海滩最耀眼的钢琴演奏家;她师从世界钢琴大师李斯特的再传弟子、意大利著名音乐家梅百器,与中国老一辈钢琴家吴乐懿、傅聪等同门学艺;如今她已近九旬高龄,每天除了弹琴唱歌,还会聊 QQ、刷微博……

钢琴,不仅给巫漪丽带来无限荣耀,也让她结识了一生的挚爱、中央乐团第一任小提琴首席演奏杨秉荪。两人在北京成家,无论收入有多低,住得有多挤,有琴的地方就是舞台,琴瑟和鸣就是幸福的日子。

"文革"中杨秉荪获刑入狱,巫漪丽无奈与爱人天各一方。1983 年,巫漪丽赴美深造,之后定居新加坡。能让她略有慰藉的,是自己的学生在国际上获奖,或者在异国他乡听到有人弹起那熟悉的《梁祝》。

巫漪丽认为,音乐是有生命的,更是有营养的,它可以引领人们走上正道。作为一个真正演奏家,不应单纯炫技,还要增加更多的学识储备,如文学、艺术、哲学等,以丰富自己的音乐涵养,这样演奏才更有深度、更有感染力。她坚信,文化和艺术能使一个人更加优雅、社会更加美好、民族更有涵养。

所以她始终牢记前辈的嘱咐:用钢琴弹好中国乐曲。她说自己身上流淌的是中华民族的血液,不能停留于做西洋乐器的"传教士",要敢于创新性地表达中华民族的音乐。于是,钢琴在她的双手下,成了她表达和释放民族情怀的一个平台。她每次演奏《松花江上》都热泪盈眶。其倾情之下、指尖之间,有家不能归、有仇不能报、悲愤交加的旋律,总是能强烈感染着每一位听众。

2017年6月,巫漪丽荣获"世界杰出华人艺术家大奖"。然而,与喜讯同时传来的还有杨秉荪病逝的噩耗。把奖杯放在角落,巫漪丽默默地换上白色上衣,把自己关进录音棚里,又弹起《梁祝》,不用曲谱,一气呵成。弹到高潮部分,她似乎把全身的力气都集中在指尖,让悲伤在琴键上四溅;转到"化蝶",她柔情似水,像是告别,又似倾诉。她的几位知心朋友在录音棚外默默倾听:这是不可复制的《梁祝》,也是她在弹奏自己的一生。

2.5 专注对你最重要的事情

把最拿手的事情做到极致,这是对一件事情而言的。人生会面临很多选择,我们需要在很多方面对一些最重要的事情保持专注。

高度专注于最重要的事,是一种要求,时刻知道自己最重要的事情是什么，并专注其中；也是一种状态，有张有弛又收放自如的状态，高度紧张又极度幸福的状态。

从未来会的案例中我们发现，要想过上有意义和从容的生活，关键在于找到自己真正感兴趣的事情，以及高度专注于对你重要的事物。一些人之所以能够取得成功，是因为他们强大到知道什么对自己最重要，然后有意识地、审慎地在各方面按照自己的核心价值观行事。我们只有做出正确的选择，才能获得真正的幸福。这些选择不仅是指重大的人生选择，而且包括生活中那些细微的貌似不起眼的选择。

下面，我们从经常会面临的选择中，讨论应该对哪些重要的事情保持专注，以及如何做到专注。

事业：追随变化还是追随不变？

如果你想要一份成功可持续的事业，不要问自己，在未来将发生什么及其会影响你的改变；相反，你应该问自己，什么不会改变，然后将自己的时间和精力投入到这些事情上。这是亚马逊 CEO 杰夫·贝佐斯（Jeff Bezos）的忠告。

他在忠告中说：我常常面临这个问题："在未来十年什么将会发生改变？"但我却从未面临这个问题："在未来十年内什么将保持不变？"而我想说的是，第二个问题才是最重要的问题，因为你可以针对一段时间内稳定的事物而制定商业策略。在零售行业，我们知道顾客总希望低价，他们想要更快地送货，他们想要更多选择，而我确定这在未来十年都不会发生改变。所以我们要将精力投入这样的事物，加速进行，因为我们知道现在投入的精力将在未来十年内得到回报。当你知道某件事是真的，即使是从长远角度看，你也应该全心全力投入其中。

虽然贝佐斯谈的是商业问题，其实也可以用到我们日常的很多选择中。

比如旅游，是走马观花还是走进历史？很多人到一个地方旅游，可能就是为了到此一游，主要心思都用在拍照上，最后留下来的可能也只有照片了。其实到一个地方，我们应该更关注那些传承比较久远或者恒久不变的东西，比如历史文化的传承、风土人情的延续、对天地自然的敬畏等；更应该关注自己在现场的真实感受，不妨试着把自己融进历史，融入当下的环境和氛围，当历史对话，与时空对话，在时空中找到自己的位置。

比如消费，是跟随潮流还是追求永恒？很多人总是在关注流行、追逐流行，这本无可厚非。但一个人的时间精力总是有限的，你对一件事情投入过多精力，肯定会影响你对另一些事情的专注。如果细心留意就会发现，扎克伯格几乎常年穿同样款式的灰T恤，乔布斯数十年都穿着同样款式的牛仔裤，朱德庸很多时候都是以白T恤、黑外套出现在公众面前。他们这样做，其实是不想在每天穿什么衣服上分心，始终把注意力投入到真正重要的事情上。

比如体验，是外在虚荣还是内在人性？我们看过很多电影、电视剧，如果说哪些作品给我们留下深刻印象，恐怕不大可能是一时虚荣、浮华、流行的东西，而是那些映射人生、充满人性、在某个点真正打动过我们自己的东西。为什么一些经典动画片总是那么受欢迎，老少皆宜？就是因为它们总是从人性出发，挥洒人性，超越人性，最后又回到人性，从一个更大的视角来激荡人性。而这些东西，往往是一些超越时代、永恒不变的东西。

分享小贴士：

要想过上有意义和从容的生活，关键在于找出自己真正感兴趣的事情，以及高度专注对你重要的事物。一些人之所以能够取得成功，是因为他们强大到知道什么对自己最重要，然后有意识、审慎地在各方面按照自己的核心价值观行事。

为什么一些经典动画片总是那么受欢迎，老少皆宜？就是因为它们总是从人性出发，挥洒人性，超越人性，最后回到人性，从一个更大的视角来激荡人性。而这些东西，往往是一些超越时代、永恒不变的东西。

素质："能力之桨"还是"品质之舵"？

所谓"能力之桨"，在这里主要是一个人的知识、技能、特长、专业等方面的素质，是一些硬实力，容易定量评估，其作用有点像"桨"，往往能让人的性能变得更好，跑得更快，可能让你有一份好的工作。

所谓"品质之舵"，在这里主要是一个人的人格、品格、情怀、胸怀等方面的素养，是一些软实力，很难量化评估，其作用有点像"舵"，主要是把握方向，往往可以让人走得更正，走得更远，可能让你有一个好的人生。

目前国内高考及其他很多评价体系可能更偏重于"能力之桨"，很大程度上忽视了"品质之舵"。实际上，从长远来看，"能力之桨"可能更像是很多个"0"，没有"品质之舵"这个"1"在前面，再多的"0"也会失去意义。无数事实证明，一个人成功的主要因素并不完全取决于智商，可能也包括情商（自我情绪控制和他人情绪管理）、爱商（爱心公益、关注自身以外的事情）和逆商（逆境应变能力、危机处理能力）等。优秀的人不一定能成为卓越的人，因为有无数天资聪颖的人最终碌碌无为或者误入歧途。

重"桨"轻"舵"导向的指引，直接导致"绝对的、精致的利己主义者"和"优秀的绵羊"的出现。前者出自北京大学钱理群教授。他说，所谓"绝对"，是指一己的利益成为他们一切言行的唯一驱动力，他们所做的一切都是投资；所谓"精致"，是指他们有很高的智商教养，所做的一切在表面上都合理合法、无可挑剔；同时，他们非常世故老成，很懂得配合表演，所做的都是最大限度地获取个人利益。"优秀的绵羊"出自耶鲁大学教授威廉·德雷谢维奇（William Deresiewicz）。他发现，一些常青藤名校培养出来的学生大都有天分、斗志昂扬，但同时又充满焦虑、胆小怕事，没有使命感和目标感；他们非常擅于解决手头的问题，却不知道为什么要解决这些问题；他们中的一些人一辈子最大的成就，可能也只是上过某藤校而已。

国务院学位委员会哲学学科评议组召集人、北京大学美学与美育研究中心主任叶朗教授认为，从物质的、技术的、功利的统治下拯救精神，是我们的教育所面临的时代问题。我们往往只重视知识的灌输、技能的训练，而忽视心灵的教化和人格的培养，我们不注重引导青年去寻求人生的意义和价值，古典课程、人文课程、艺术课程受歧视、受排挤，人的创造力、想象力被压抑，人的同情心、道德感、审美感得不到启迪。我们的眼光必须从专业知识和技能的遮蔽中解放出来。

国务院参事、清华经管学院院长钱颖一教授曾指出，创造性思维不仅取决于好奇心和想象力，还与价值取向有关。所以当我们讨论创新人才教育时，它不仅仅是一个知识和能力问题，也是一个价值观的问题。他说，我们现在面临的是一个比较急功近利的社会，盛行短期功利主义的价值取向，这对创造性思维是很有害的。他特别提到扎克伯格在哈佛大学2017年毕业生典礼上的演讲，其主题就是讲人要有追求，要有更高的追求，就是要超越短期功利主义的价值取向。

清华大学新雅书院院长甘阳教授指出，现在的高考状元大多选择了商学院，"一心向钱"的教育怎么可能培养出一流人才？中国古典教育的最高理想人格是培养"君子"，而今天的我们却是以"社会成功人士"作为理想人格模板。在他看来，教育的全部问题，是在追问你想成为什么样的人。你想成为多高，就有可能成为多高。如果你一开始的追求就很低很low，即使进了清华、北大也仍然只能很低很low，成不了什么人才。

信息：来者不拒还是选择接收？

在这个碎片时代，我们每天都会接收到大量信息，既有来自传统媒体的，也有来自自媒体的，还有各种无处不在的商业信息。很多人自觉不自觉就成了"手机党"和"低头一族"，深陷其中而不能自拔。

对此，作家周国平总是困惑不解。他坚定地认为，一个人完全不需要知道许多信息，只需要知道与自己的生活和心灵真正有关的东西，超出的部分不但无用，而且挤占了有用东西的空间，扰乱了内心的秩序。他认为，空虚的心灵最容易被科技产品以坏的方式控制。现代社会生活方式日益丰富仅是表面的，而表面的丰富其实是一种杂乱和贫乏。真正的丰富应该惠及心灵，使心灵也变得丰富并且感到愉悦。他还说，只有中国人天天低头玩手机看手机。在西方，很多普通的平民，他们平时也不看电视，更很少上网，他们的爱好依旧是看书，纯粹的享受，没有任何功利色彩。

这是一个信息泛滥的时代，各种信息浩如烟海，但真正有价值的信息可能只是浪花一朵朵。很多时候，只有我们自己作为一个水手，去经历、去体验，才能学到真正的智慧，才能摘取那最美丽的浪花。

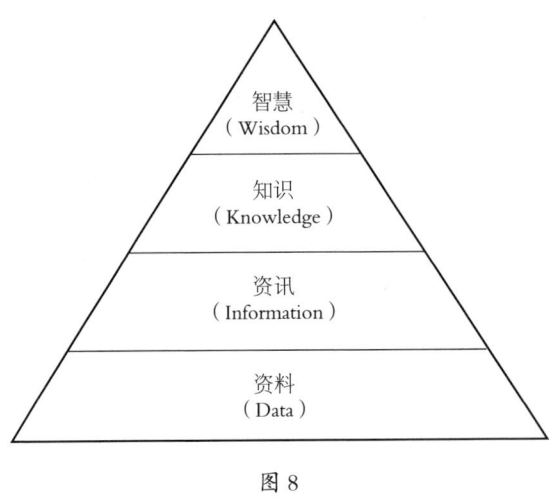

图 8

在上图中，信息被分为资料、资讯、知识和智慧四个层次。上一层都比下一层更高级，但又不完全是由下一层直接提炼而来，也有可能是来自真正有智慧的人的指点、自己的所见所感或灵感顿悟。很重要的一点，必须是我们自己亲身经历或触及我们内心的东西，否则很可能也只是过眼云烟，很难向上转化的。现在很多人日常接收到的信息大多在资料层和资讯层，而较少的是在知识层和智慧层。上面两层往往需要有选择地吸收，或者要靠自己去感悟发现的。没有自己的经历，是成不了自己的智慧的。

上文提到，一个人的时间及能集中注意力的时间是有限的，如果不停接收各种杂乱信息，肯定会干扰你对一些重要信息的判断吸收。我们不能来者不拒，而要学会有选择地吸收。要有意识地对一些信息保持敏感，而对另外一些信息保持屏蔽，让大脑始终保持在一个清新和有张有弛的状态，这样才能专注于对自己最重要的事情。

如今，不少人也会主动设置手机等电子产品进入生活的界限。比如百度总裁张亚勤以前在微软工作时，几乎每天都会抽出 3 个小时，不开会，不看手机，不回工作邮件，只用来看书、学习及了解最新资讯；比尔·盖茨、柳传志每年都会抽出一定的时间，到一个完全没有外界干扰的地方待一段时间，思考重大战略问题。这些经验都是值得我们借鉴的。

人生：浑浑噩噩还是开始觉醒？

丰子恺曾用 46 年时间完成弘一法师的嘱托——从恩师 50 岁开始，创作 50 幅画出版《护生画集》第一集，60 岁 60 幅第二集，直至百岁时，完成 100 幅画最后一集。丰子恺把人生比作三层楼，第一层是物质生活，第二层是精神生活，第三层是灵魂生活。在他眼里，自己的恩师弘一法师是在第三层生活的，而他自己不过是"勉力爬上扶梯，向三层楼上望望"。"我敬仰我的老师弘一大师，是因为他是一个像人的人。"做一个像人的人，这便是丰子恺一生的追求。

周国平认为，人身上有三个最重要东西：

一是生命的觉醒。财富、名声、权力可以争取，但是要保持一种清醒，不要把那些东西看成是人生最重要的东西，那仅仅是个手段，目的是让你的生命有好的状态。如果争取这些东西让你的生命有坏的状态，那你就走错了路。生命的觉醒就是要从权力、地位、财富、名声等这些社会性的堆积物中，倾听生命的声音，满足一些平凡的、永恒的需要，比如与自然的和谐，比如说对于健康的需要、对安全的需要，还有自然情感的满足等。

二是自我的觉醒。一个人有没有真正的自我，主要有两条标准：一是在人生的态度上，要有自己的明确的、坚定的价值观；二是在事业的选择上，要找到符合自己禀赋和兴趣的，做自己喜欢的事，从中得到内在的愉悦。一个人如果是对什么都没有兴趣的话，那一定是一个非常无趣的人。

三是灵魂的觉醒。人在这个世界上的存在是暂时的，人生有没有超越生命存在的恒久的意义，或者终极意义？如果要解决这个问题，实际上我们就进入到信仰的领域。唯一的途径是把你那么看重的那个"小我"，和某种意义上的一个"大我"沟通起来，你要寻找这个"大我"。一个人精神性的自我觉醒了，就会和自己的外在遭遇保持距离，这样的人生才会不纠结。

冲突：事业至上还是平衡兼顾？

事业与家庭、生活的兼顾，好像永远是一个无法平衡的大问题。哈佛大学哲学和组织行为学教授泰勒·沙哈尔（Tal Shahar）对此给出了他的见解：

常识告诉我们，要想提升幸福感、减少冲突和压力，就不能对工作投入过多。然而，现实似乎恰恰相反：想要对这个世界产生影响，并取得世俗意义上的成功，就必须让工作高于生活中的其他一切。

这是一种"零和思维"。从我过去 30 年的研究和实践经验看，各领域的成功人士很少会这样看问题。他们取得的成就不是以牺牲家庭、社区和自我为代价；相反，恰恰是对个人生活的充分投入，帮助他们取得了事业上的成功。他们善于减少工作与生活的冲突，并赋之以和谐感。这不仅能减轻压力带来的紧张和焦虑，更是让他们取得令人钦佩的成就的力量源泉。

我在《过你想过的生活》一书中讲述了一些人的故事,他们堪称上述理念的现实典范。他们驾驭生活的各个部分蕴含的热情与能量,将它们聚合在一起,在工作、家庭、社区和自我这四个方面都取得成就,实现"四通赢"。

这也许不能一步到位,而是要用一生去完成。这些人慎重地选择对他们来说最重要的人和事情。他们在工作中和工作之外的行为,都是自己价值观的体现。他们尽己所能,让生活中最重要的、依赖他们和他们依赖的人过得更幸福。如此清晰的视野,能帮助你化解冲突和压力,并不断变得更加自由。

并非只有天赋异禀且特别幸运的人才能达到这种完美状态,只要愿意在生活中努力忠于自己、服务他人,并不断修炼,任何人都能做得到。要想按你希望的那样,过上有意义和从容的生活,关键在于全面思考,以及高度专注于对你重要的事物。当你眼里只有对自己有意义的东西,压力和紧张便不再那么困扰你。

2.6 做到心无旁骛,你才能够胜出

前面几节"找到你感兴趣的事情""把最拿手的事情做到极致""专注对你最重要的事情",是一种匠心,主要是针对所专注的事情本身;这一节"专注到心无旁骛"更多的是强调专注的一种状态,也就是抛除一切杂念、高度精神集中、完全专心致志、彻底身心合一的一种状态。

未来会很多案例表明,当你专注做某件事时,把它当成生命中的重要部

分，你的身体会无比放松，内心会无比自信，思想的火花会不断冒出，动力的源泉会不断涌现，就会进入一个奇妙境界，就能找到另一个自己。这些案例也说明，专注到心无旁骛，日复一日、年复一年的专注，专注自然能成为一种习惯、一种享受和一种境界，美好的事情自然就会来敲门。

一种习惯

近年来有个说法叫作"10000小时定律"，意思是不管做什么事情，只要坚持一万小时（一般需要全身心投入5年以上），基本上都可以成这个领域的专家。定律从一个侧面说明：人们眼中的天才之所以非凡卓越，往往并非天资超人一等，而是付出了持续不断的努力，有着魔鬼般近乎疯狂的专注。

比尔·盖茨和巴菲特都是非常专注的人。在他们第一次见面时，盖茨的父亲问了他们一个问题，人一生中最重要的是什么？他们的答案竟然都是"Focous（专注）"。比尔·盖茨我们比较熟悉，早期专注于微软，后来专注于公益慈善。巴菲特也把他自己的成功之道归结为"专注"。即便和盖茨是好朋友，巴菲特也从来没有投资过微软，因为这不是他熟悉的领域。而且，他除了只关注商业活动外，几乎对其他一切如艺术、文学、科学、旅行、建筑等全都充耳不闻。

乔布斯也是一个把专注变成习惯的人。在苹果CEO蒂姆·库克与清华大学经管学院钱颖一院长的对话中，库克谈到了乔布斯不为人知的专注。他说，乔布斯笃信简洁而不是繁复。没人知道电脑可以做成这样，直到乔布斯把它拿出来。他说，乔布斯的思考深度是常人达不到的，乔布斯强调专注，他不仅工作上是这样，整个人生都是这样。在生活方面，乔布斯很少出差，他的家庭对他来说很重要,每晚要跟家人一起吃饭。因为他想得深,关注得深,所以他愿意花很多时间做正确的事。除此之外,乔布斯不仅关注表面能看到的,还关注隐藏在表象下的,他也深深关心他的员工,他的思考深度、关注深度是此前任何一本书都没写到的。

一种享受

专注到心无旁骛,往往需要做别人没做的事,关注别人没关注的东西,忍受别人没忍受的孤独,所以也就能看到别人没看到的风景,体验别人没体验到的愉悦,享受别人没享受的幸福。从一定意义上说,心无旁骛就是一种孤独。特别是对于创业者来说,必须学会忍受孤独,享受孤独,只有在孤独中才能更好地看到自己,看到前进的方向,找到一条少有人走的路,并最终把这条路走成通天大道。

台湾漫画家蔡志忠一生都在做自己喜欢的事情。这位一生钟情于漫画的老人,在过去10年中也做了很多与漫画无关的事情,比如他曾用10年时间来研究物理,并将那段时间视为人生中最快乐的日子。他说,独自一人用4年时间画诸子百家系列,是人生中第二快乐的日子;闭关研究物理10年,是人生中最快乐的日子。还有什么能比一个人独享一大段时间,做自己想做的事情更快乐的呢?

一种境界

专注到心无旁骛,就能忘掉周围的世界,眼里只有对自己最重要的事情并完全沉浸其中,进入到完全属于自己、完全空灵的另一个世界,进入到手、眼、心、脑、神完全融为一体的状态，从而能激发出源源不断的创造力和想象力。从这个意义上说，心无旁骛就是积累、沉淀，就是凤凰涅槃、化蝶重生。

国学大师饶宗颐经常说，"我来不及看书，来不及烦恼"。他风趣地把自己比作知识海洋里的"两栖游物"，"我一天的生活，上午可以在感性的世界里，到了下午说不定又游到理性的彼岸上，寻找着另外一个世界，另外一个天地。越是没有人去过的地方，没有人涉足的地方，我越是想探秘。"饶公在这里所说的遨游，就是他对知识的极度渴求，真正进入了一个心无旁骛、自由驰骋的境界。

清华大学前校长陈吉宁在 Facebook 创始人扎克伯格来清华演讲时问了他一个问题：对于创业者来说，什么最重要？扎克伯格不假思索地回答，"不要放弃"。后来陈吉宁在清华大学毕业致辞中引到了这个例子。他说，做一件事情，只有持之以恒地坚持下去，你才能从中产生对事物的深刻理解和认识，获得与众不同的感悟和洞察，这是一个人成长不可或缺的重要过程。没有这样的积累，即便机会到了你的面前，也很难能把握住。所以，平庸与卓越之间的差别，不在于天赋，而在于长期的坚持、持续的投入。

分享小贴士：

当你专注做某件事时，把它当成生命中的重要部分，你的身体会无比放松，内心会无比自信，就会进入一个奇妙境界，就能找到另一个自己。专注到心无旁骛，日复一日、年复一年的专注，专注自然能成为一种习惯、一种享受和一种境界，美好的事情自然就会来敲门。

> 专注到心无旁骛，需要做别人没做的事，关注别人没关注的东西，忍受别人没忍受的孤独，所以能看到别人没看到的风景，体验别人没体验到的愉悦，享受别人没享受的幸福。从一定意义上说，心无旁骛就是一种孤独。特别对创业者来说，必须学会忍受孤独，享受孤独，只有在孤独中才能更好地看到自己，看到前进的方向，找到一条少有人走的路，并最终把这条路走成通天大道。
>
> 专注到心无旁骛，就能进入完全属于自己、完全空灵的另一个世界，进入手、眼、心、脑、神完全一体的状态，从而能激发出源源不断的创造力和想象力。从这个意义上说，心无旁骛就是积累、沉淀，就是凤凰涅槃、化蝶重生。

以下是未来会三个具体案例：

案例 1

科比：要永不停歇你前进的脚步

科比·布莱恩特（Kobe B 瑞恩 t）曾带领湖人队 5 次获得 NBA 总冠军，和迈克尔·乔丹一起被誉为 NBA 史上最伟大得分后卫。他曾在 TED 演讲中讲述了自己从 2 岁打球到 38 岁退役不为人知的故事。他说："我要承认，在我人生中能让我执着和着迷的事情，只有篮球。"

以下是科比在演讲中提到的内容：

谈凌晨 4 点训练：早起让别人和我差距越来越大

如果你的目标是成为最好的篮球运动员，那就必须坚持训练。

如果你是一名普通球员，你可以睡到上午 10：00，每天训练两堂课。而我每天早上 3：00 起床，4：00 到 6：00 训练，然后回家吃早餐，从 9：00 再次训练到 11：00，中午休息后再从 2：00 训练到 4：00，然后 7：00 到 9：00 再训练一次。这样每天就能训练四次，每天就可以争取更多的训练时间……

这样日积月累，我和竞争者之间的差距就会越来越大。等到五六年之后，不管他们做了什么样的特训，这些人永远也追赶不上我了。

这样的训练方式是从高中开始的。我在那时候思考如何才能在球场上取得优势，当我发现早起训练可以做到这一点，我就决定坚持这样做了。

我们在高中早上的第一堂课大概是 7 点 45 分，所以我 5 点就会到球场训练，有时候我的教练陪我一起练，有时候只有我和球场的看门人。

到现在为止，我必须说，篮球是唯一让我着迷和执着的事情，它主导了我的整个人生。

谈"曼巴精神"：我两岁时就问自己：怎样才能做得更好

曼巴是一种拥有致命剧毒的蛇。为什么要说"曼巴精神"呢？是因为我一旦进入赛场，我就是致命的，就像黑曼巴一样。在场下我可以开玩笑，但是我一旦进入赛场，我马上会像换了一个人一样，在球场上全神贯注。

"曼巴精神"其实就是努力去做最好的自己，每一天都努力去变得更好。这是一种不懈的追求，无止境的追求。

从 2 岁开始我就在问自己,我怎么样才能做得更好。很多人可能会怀疑我,2 岁的孩子怎么可能做到这些,但是那个时候就做到了很多人做不到的事情。我在 2 岁就开始观察我父亲的动作,然后学习。到了我 6 岁的时候,我已经可以为自己制定战术了。

我热爱篮球,喜欢闻篮球的气味,我也深爱着一双新球鞋的气味,我爱着篮球砸在地板上的声音,也爱着篮球空心入网时和篮网摩擦的声音。

谈迎接挑战:要永不停歇你前进的脚步

很多人因受伤一蹶不振,甚至无法返回赛场。很多时候我也有疑问,是不是应该退出了?是不是应该停止打球了?但是我觉得,这才是迎接挑战的意义所在。

我必须要证明给他们看,尤其是给那些支持我、热爱我的粉丝们,我一定要赢了自己,要赢了伤痛。这样才能让那些怀疑我的人重新思考,什么叫将不可能变成可能。这些伤疤的重要性体现在这里,这些伤疤就是我成长转变的体现。

作为一个球员,要到球场上去迎接最大的挑战。我觉得最大的挑战就是要把全队的人变成像一个人那样,要不断地、不断地取得胜利,这就是团队竞技比赛的最大挑战,这也正是我的激情所在。

但更重要的是要对事物保持不断的好奇心,比如说怎么样打得更好,怎么样提高技巧,怎么样从别人身上学到什么。其实我从小到现在一直从各个方面寻找激励我的因素,不仅仅从迈克尔·乔丹身上,从魔术师埃尔文·约翰逊身上,还从迈克尔·杰克逊、贝多芬、达·芬奇、李小龙身上学习。这些伟大的人给了我激励,让我前进。并不是说你要不断进攻别人,而是要永不停歇你前进的脚步。

案例 2

崔屹：专注到心无旁骛，你才能够胜出

崔屹是斯坦福大学终身教授，是一个成功的科学家、发明家、创业家、投资家。他认为，是扎实的科研基础、学科的交叉优势、高度的专注能力、持续的学习能力共同成就了自己。在他看来，很多事情也许是相通的，对新事物永葆好奇心，你就会越来越厉害；专注到心无旁骛，你才能够胜出。

作为发明家，崔屹团队的发明已经 3 次被《科学美国人》评为年度"十大创新技术"。2010 年，他发明移动式水过滤器；2014 年，发明将废热转化成电能的电池；2016 年，发明会制冷的衣服；2017 年他又从全美 308 名提名者中脱颖而出，成为年度"布拉瓦尼克青年科学家奖"获得者。

崔屹还是一位创业家。2009 年，他创办了第一家公司安普瑞斯（Amprius），生产纳米硅负极高能锂电池；2015 年，崔屹和诺贝尔物理学奖获得者、美国能源部前部长朱棣文共同创办了 4C Air 公司，生产雾霾过滤产品。

崔屹认为，对于自己而言，坚实的科研基础、学科交叉的优势、专注的能力、持续学习成长的能力，以及斯坦福的自由之风，共同成就了自己。

崔屹说，自己在哈佛读博士的时候，从来没想过创业这件事，就是非常专注地做科研。在加州大学伯克利分校做博士后的时候，也没有想过，就想要做对世界有影响的研究。所以他的科研基础很扎实。能源、材料领域的技术创业，难度很大，需要积累时间很长。他说，"现在很多年轻人的问题在于，积累不够，心已经飞了，这不是好现象"。

他在斯坦福任教之后，一开始也没有明确的创业想法。但是纳米硅负极电池的研究成果一发表，VC、企业等各种各样的人都来找他谈，包括特斯拉的创始人埃隆·马斯克，聊着聊着，觉得时机到了，创业自然就开始了。

崔屹认为，想在任何领域取得成功，都需要高度专注。必须要放下一切问题，摒弃杂念，专注在事情上，不断地往前想、往前做。争夺奥运会冠军的选手，最后比的都是心理素质，在于能不能把压力放下，把所有的负担放下，把球一个一个打好，游泳的时候把每一次触壁转体做好，正是在这些地方才区别出了 1 分和 0.1 秒。创新也一样，如果总是想着你厉害还是我厉害，仅仅这个问题就把自己打败了，根本专注不了。"专注到心无旁骛，你才能够胜出。"崔屹说。

案例 3
稻盛和夫："极度"认真地工作能扭转人生

稻盛和夫被誉为日本"经营之圣"，他创办的日本京瓷和 KDDI 电信双双进入世界 500 强，他还把濒临破产的日航带到世界上最优秀的航空公司之一。

以下为稻盛和夫自述：

凡是功成名遂的人毫无例外地，都是不懈努力，历尽艰辛，埋头于自己的事业，才取得了巨大成功。通过艰苦卓绝的努力，在成就伟大功绩的同时，他们也造就了自己完美的人格。

这样的道德说教，同现在大多数年轻人一样，我也曾不屑一顾。但是，大学毕业的我，在京都一家濒临破产的企业松风工业就职以后，这种浅薄的想法就被现实彻底地粉碎了。

松风工业是一家制造绝缘瓷瓶的企业，原是在日本行业内颇具代表性的优秀企业之一。但在我入社时早已面目全非，迟发工资是家常便饭，公司已经走到了濒临倒闭的边缘。

同期加入公司的大学生很快相继辞职，我也想离开。后来我考上了自卫队干部候补生学校，但家里不同意给我寄户口簿的复印件，因为我哥哥当时很恼火。

不再发牢骚，不再说怪话，我把心思都集中到自己当前的本职工作中来，聚精会神，全力以赴。从此以后，我工作的认真程度，真的可以用"极度"二字来形容。

在这家公司里，我的任务是研究最尖端的新型陶瓷材料。我把锅碗瓢盆都搬进了实验室，睡在那里，昼夜不分，连一日三餐也顾不上吃，全身心地投入了研究工作。这种"极度认真"的工作状态，从旁人看来，真有一种悲壮的色彩。

在这样拼命努力的过程中，不可思议的事情发生了。在我还是一个不到25岁的毛头小伙子的时候，我居然一次又一次取得了出色的科研成果，成为无机化学领域崭露头角的新星。与此同时，进公司后要辞职的念头以及"自己的人生将会怎样"之类的迷惑和烦恼，都奇迹般地消失了。不仅如此，我甚至产生了"工作太有意思了，太有趣了，简直不知如何形容才好"这样的感觉。这时候，辛苦不再被当作辛苦，我更加努力地工作，周围人们对我的评价也越来越高。

在这之前，我的人生可以说是连续的苦难和挫折。而从此以后，不知不觉中，我的人生步入了良性循环。

不久，我人生的第一次"大成功"就降临了。

2.7 你们都还在自己的那本传记的前 50 页

高盛集团 CEO 劳尔德·贝兰克梵（Lloyd Blankfein）曾在美国拉瓜迪亚社区大学演讲，分享了他在人物传记里发现的有趣现象。他说，在传记里面，你总能看到一个似乎无足轻重的人，最终如何拥有与众不同的人生。传记最吸引自己的一点是，书中的人物在自己生命的初期，也就是前 50 页当中，是不会知道自己会在第 300 页的时候取得的成功；他们并不知道将会出现在自己面前的伟大。你们所有人都仅仅在自己那本传记的前 50 页，还有几百页的路要走。

感谢贝兰克梵给了我们这个最好的建议。从中我们可以发现：把握好自己人生的方向，认认真真过好每一天，做好每一件事情，一切都会如约而至，所有经历都有可能会成为我们那本人生传记的一部分。人生一世，总有一些片段当时看起来无关紧要，而事实上最终带来了大的改变。认识到这一点，我们就有了继续努力的勇气、继续专注的定力和继续坚持的信心。

人生是一场马拉松

腾讯前副总裁、《硅谷之谜》《大学之路》《文明之光》等书的作者吴军认为，人生是一场马拉松，起跑的优劣无关紧要，笑到最后的往往都是一直在跑的人，也就是一辈子都在学习的人。这源于他从父母身上学到的终身学习的习惯。

吴军和弟弟都是清华大学毕业，他们也是在很多年之后才明白父母的"教育秘方"。在吴军的印象里，父母晚上从不应酬，也不看什么电视，总是非常有规律地学习。正是父母的身教潜移默化影响了他们,让他们养成了终身学习的习惯。

在吴军看来,人生是一场马拉松,起跑的那一瞬间道路是非常拥挤的,但跑完四分之一以后,选手们的距离就拉开了,起跑时占得的一点点先机很快就会荡然无存。"很多中国家长都说不能让孩子输在起跑线上,因此他们会让孩子尽可能地抢位子。但其实,成功的道路并不像想象的那么拥挤,因为在人生的马拉松长路上,绝大部分人跑不到一半就主动退下来了。到后来,剩下的少数人往往不是嫌竞争对手太多,而是发愁怎样找一个同伴陪自己一同跑下去。因此,教育是一辈子的事情,笑到最后的人是一辈子接受教育的人。"

其实我们也可以从另外一个角度来看,在人生征途的马拉松中,能坚持跑到终点的人,最后往往都能取得成功。很多人没有成功,或是因为内心迷惘,不知道该往哪里跑;或是心存畏惧,没跑多久就放弃;或是心不在焉,没有全力争取;或是心太急了,以为42公里只是400米冲刺……诸此种种,都是没有发现自己已经在路上,正在自己的那本人生传记的前50页。

人生没有无用的经历

人生没有无用的经历,这句话有两层意思:一层是年轻时认真做的每一件事情,都不会白做;另一层意思是所有经历构成完整人生,总会有一些经历,一旦缺了,人生就不完整,我们不可能选择或绕开这些经历。所有经历,只要用心去经历,都可能成为丰富自己那本人生传记的一部分。

北京四中校长刘长铭曾以自身例子,证明人生没有无用的经历。十几年前,他应民盟组织要求,撰写一篇关于基础教育的报告。那是他第一次从社会的角度来审视自己从事了20多年的职业。他很认真地完成了这项工作。这篇报告当时反响不错。他从这件事中收获很多:首先是学会跳出教育,从社会的角度分析教育问题;其次是他也获得了许多从事社会活动的机会,这对他后来非常重要。他说,如果当时自己敷衍了事应付差事,后来就不会有那么多机会。他的体会是,年轻时认真做的每一件事都不白做,对你的后来都有意义,包括备课、上课、开设研究课、开设讲座、撰写科研论文,或者是认真和学生或家长谈一次话。

吴军也认为,一个人的经历和所学的技能,只要善加利用,总会是人生的一笔财富。初中时有个老师跟他讲,一个人有机会尝试一些事情时,不妨试试,那些经历或许日后有用。从那以后,他总是愿意主动去经历一些事情,尝试一些新东西。比如刚毕业时在部属国企混日子以及在中关村做生意的经历,就让他获得了与政府打交道及市场营销的经验。他说,任何经历都可能在某个时候派上用场。

同样,在学习技能方面也是如此。吴军从中学开始,就把时间花在很多杂学之上,这在大家都比拼分数的时候,让他吃了很多亏。在进入谷歌以前,吴军就已经做了10年语音识别,这为他后来领导谷歌中文语音识别研发打下了基础。吴军说,如果在学习技能时掌握了举一反三的本领,将来或许有一天它们就会有用。另外,即便是一时看起来没有什么用的杂学,对自己的进步也是有帮助的——倘若没有过去对历史、艺术的兴趣,他也不会写作《文明之光》这本书。

再看无印良品社长松井忠三。他退休后写了《觉悟工作学》,总结了他成功的人生哲学。他认为最重要的不是工作能力,不是运气,而是决心。他建议,有些东西必得绕过一段路才看得清,因此,在不确定方向时,最好选择绕远路。

做你自己

任何一个生命都可能是一部伟大的著作，每一个生命都有着自己独特的天赋和不可估量的潜能。做你自己，就是相信梦想的力量，相信坚持的力量，相信自己的力量；做你自己，才能丰富你自己，成就你自己，找到另一个自己。

彼得·巴菲特是"股神"巴菲特的儿子，然而他没有继承父亲的事业，而是选择用音乐谱出自己的人生的美妙乐章。他从父亲那里获益最大的是一套人生哲学：人一生最大的财富，就是能做自己。他在斯坦福大学只念了三个学期便决定休学，从零开始打造音乐梦。尽管历经波折，但他终于靠自己的力量，收获了属于自己的成功——赢得美国电视界最高荣誉"艾美奖"。在他的传记《做你自己》中，彼得以自己独特的人生经历告诉读者：唯有做你自己，才能永远怀抱热情，拥有迈向成功所需要的一切意志、胆识和决心。

再举一个褚时健的例子。从打造红塔集团，到被判无期徒刑，"烟草大王"褚时健曾跌至谷底。但他2002年获保外就医，74岁开始种"褚橙"，让自己再次成为传奇。褚时健说，人生很多时候，不是一条直线。跌得越低，反弹力越大。尤其是自己40来岁的时候，几乎所有希望都不存在了。看不到希望之后，希望又好像慢慢看得着一点。他说，自己从小养成的习惯是认定了要干的事，只想赢，不想输。这些困难有些是原来想到的，有些是没有想到的，但自己相信能克服它，很多年以来，不管干哪个行当，都会遇到不同的困难，这些困难到最后还是解决了。一个年轻人说自己大学毕业六七年了，一件事都没成功。褚时健对他说，"你才整了六七年，我种果树10多年了，你急什么？你们总想找现成、找运气、靠大树，没有那么简单的事。我80多岁，还在摸爬滚打。"可以想象，伴随着"褚橙"的成功，褚时健将在耄耋之年迎来自己人生的新的传奇。

分享小贴士：

　　人生没有无用的经历，这句话有两层意思：一层是我们年轻时认真做的每一件事情，都不会白做；另一层意思是所有经历构成完整人生，总会有一些经历，一旦缺了人生就不完整，我们不可能选择或绕开这些经历。所有经历，只要用心去经历，都可能成为丰富自己那本人生传记的一部分。

　　任何一个生命都有可能是一部伟大著作，每一个生命都有着自己独特的天赋以及不可估量的潜能。做你自己，就是要相信梦想的力量，相信坚持的力量，相信自己的力量；做你自己，才能丰富你自己，成就你自己，找到另一个自己。

下面是惠普公司总裁卡莉·菲奥利娜在斯坦福大学的演讲。她在演讲中提到，人要敢于直面自己的本质，活出自我，提取人生精髓，写下最后的两页。

案例

卡莉·费奥利娜：提取人生精髓，还原本质，写下那最后的两页

人要敢于直面自己的本质

过去几个星期以来，我一直在想，在阔别斯坦福 25 年以后，再一次站在这个讲台上，我应该向你们传授一些什么。现在让我就从自己 21 岁毕业那年说起，跟大伙儿谈谈自己过去 25 年来那些磕磕碰碰的经历。

我在斯坦福上过的最难忘的一门课程是关于"中世纪的基督教、伊斯兰教、天主教三大教派的政治哲学"的研讨会。

每一个星期我们都得阅读一部有关中世纪哲学的著作，比如说阿奎拿、培根、阿伯拉尔的著作。我们一个星期平均要读 1000 页的东西，每到周末，我们还得把这些哲学家们的思想言论进行提炼，总结成一份仅有两页纸的文章。

这些思想家们的著作无疑给我留下了很深刻的印象，但是那种近乎苛刻的提取精髓、追求完美精致的"蒸馏"过程才是我真正学到的东西。一直以来，我都从中受益。这不仅是一种提取事物精髓、还原事物本质的综合练习，更让我领悟了生命的意义。任何一个生命都是一部伟大的著作，每一个生命都有着自己独特的天赋以及不可估量的潜能。

当你从斯坦福毕业的时候，你已经有自己人生旅途的数千页记载，那里面记载着你的信仰和价值观，它们都是你受教育的过程中或者是家庭成员对你的影响而形成的。当然，其中还隐含着属于你自己的、本质的东西。

自由选择，活出自我

要让自己开心的话，就不必在意别人的看法。然而，我们通常是非常

在意这些的，在意父母的看法，在意即将得到的学位。

毅然选择从法学院退学的我，当时并不知道自己该走向哪里。但我是开心的，因为我懂得控制自己了，我仅有的一个期盼就是"活出自我"！于是，我在一家房地产投资经纪公司找了一份工作。我接电话、打字、复印……虽然这看起来不像一个斯坦福大学的毕业生应该做的工作。但是我从中学到了许多：我了解到一个公司最基层的人们是怎样过的，而他们又会对一个公司产生怎样的影响。任何事情都能让你学到不少东西，关键在于你是否选择了学习。

此后的一年，我仍然处于那种无休止的跌爬滚打之中。我意识到，自己该伸展一下了，该换个环境了。于是我到了意大利，就在那里，我发现商业课程才是我真正想要的东西。在那个时候，商业对我来说完全是一个陌生的世界。我是在一个学术环境中成长的，妈妈是艺术家，我们根本没有生意圈里的朋友。但是此时，我发现自己是喜欢从商的，我喜欢那种节奏和那种追求实效的解决问题的方法。

选择商学院的确是出乎意料的，但确是完全适合我的。从离开商学院那一天起，我的"人生巨著"又精简了几百页。

于我而言，这几次转折正是我的自由选择，选择并不是什么坏事。许多人因为怕未来会比现在还糟糕而放弃自我选择。请不要害怕你做的抉择，也不要害怕出错，做出你的选择，然后看看将会发生些什么。

纳尔逊·曼德拉曾经说过，"最恐怖的事情并非我们的不足，而是我们不清楚自己隐含着不可估量的潜能"。我们一生的工作就是提取精髓，还原它的本质，写下那最后的两页。

我经常问我自己，我是在不断面对抉择呢，还是已经停止了抉择？我现在所处的地方是不是已经俘虏了自己的思想？我是否应就此踌躇不前，还是应该策划出未来？我该如何编写属于自己的那两页呢？

从明天开始，你们将揣着那 1000 多页的人生经历离开学校，在你踏出这片土地之前，请仔细思考一下你今后漫长的人生篇章将如何撰写。我衷心地希望，当在座的诸位，能够找到你在这个世界上所处的位置，实现自我，实现你的价值。

The Second You
From Altruism

第三章

内心的声音

我始终相信，在这个世界上，一定有另一个自己，在做着我不敢做的事，在过着我想过的生活。

——动画大师宫崎骏

你要有勇气去听从你的直觉和心灵的指示——它们在某种程度上知道你想要成为什么样子，所有其他的事情都是次要的。

——苹果创始人乔布斯

很多事情都是生命中的自然。腾讯是我的事业，公益是我的志业。每个人的路不一样，人要遵从内心，内心快乐就很好。

——腾讯联合创始人，腾讯公益慈善基金会发起人陈一丹

我特别想告诉你们的是，人生有很多美好的东西，这个时代也有很多伟大的东西，但是最美好和最伟大的东西肯定在你们的眼前，不是用物质打造的，而是在你们的心里，是用你们的心灵创造的。

——作家麦家

我始终深信不疑的、支撑我这么多年思考和奋斗的其实就是，我始终不相信这个世界上只有一个世界存在、只有一种时间存在，应该是有不同的世界和时间同时存在。只有第二个世界才是你的魅力。

——世界建筑学最高奖项"普利兹克奖"获得者王澍

第三章　内心的声音

内心的声音，是在我们平静下来之后，内心真实、原本、纯净的想法。这个声音可能是一个灵光一现的灵感，一个触及灵魂的震撼，也可能是自己一直在朝思暮想、苦苦追寻的东西。这个东西在开始的时候总是朦朦胧胧、若隐若现，然后越来越清晰、越来越强烈，以致最后可能强大到要成为自己的坚守或信仰。

在这个快速变化的时代，我们很容易被一些朦胧、表象、虚荣、浮华的东西所左右，却忽视了那些真正、本质、持久、不变的东西。其实在很多时候，我们应该多停下脚步，静下心来，与自己的内心对话，倾听内心的声音。这个声音告诉我们，要追随自己的内心，找到自己，做第二个自己；要内心平衡，内心足够纯，丢掉功利的束缚，这样才能进入一种最中和、最自在、最幸福的状态。

在上一章中，我们讨论了专注的境界，这更多的是向外看，看自己的兴趣、自己的事情和自己的人生。从这一章开始，我们将开始向内看，看自己的内心、自己的本性和自己的信仰。首先是遵从自己的内心，倾听内心的声音。

3.1 静下心来,才能看到生命的意义

想把任何一件事情做好,可能都需要先把自己的心静下来。这里所说的"静",不是绝对的静止和安静,而是内心的平静和宁静。静下心来,我们就能更容易凝息屏神,全神贯注,从当下的我进入到凝神的我,从浮躁的我进入到本真的我,看到真实的自己,看到生命的意义,与自己的内心对话,看到生命的意义。

每个成功人士都可能在某个时候认识到这一点:能让内心保持宁静的人,才是最有力量的人。静下心来,才能把身体放松,杂念放空,才能发现属于自己的人生。我们越在年轻的时候认识到这股强大力量,就越容易取得成功和幸福。

放慢脚步,才能欣赏人生风景

在这个快速变化的时代,有很多东西在变,也有很多东西不变。当然很多东西的变本身就是不变,比如冬去春来、花开花落、月缺月圆、潮起潮落等。我们既要快上去,跟随变化;也要慢下来,守住不变。慢下来,就可以去欣赏这些不变的东西,感受这些不变的东西,抓住这些不变的东西。这个时代,往往缺的就是慢的步伐、慢的节奏、慢的生活、慢的精神。

宗性法师说，放慢脚步，就能细心品味生活的美好。他说，即使外面节奏再快，也要让自己的步伐慢下来，让内心的节奏慢下来，不要让快节奏打乱了内心的宁静。因为只有内心宁静了，才能欣赏到人生的风景。

延参法师也说，人生就是风景，路过就是自己内心的山水安排。他说，在禅门里有句话说得好，青山不老，因雪头白；绿水无忧，因风而皱。一切都是因缘聚合，一切都是因缘聚散，缘聚缘散，就是这生活的无常，也正是生活的可爱。日子怎么样，日子向前看，总有风景，总有山水，总有故事，总有恩怨，总有花开，总有桥窄，总有路宽，也总有海阔天空。站到高处看，你就会发现这就是生活的多彩和精彩，也都是生活的山水安排，路过就是一片风景。

静下心来，就能找到"宁静瞬间"

面对自然界美丽壮观的风景，或者一个人独处，或者在一些庄严的场合，我们很容易静下来。但很多时候，我们总是会受到一些干扰，真正想静下来还不是那么容易。

一个简单有效的办法就是通过音乐让自己静下来。如果能听一些能引起内心共鸣的音乐，时而琴声悠悠，时而鼓乐声声；时而激情奔放，时而意境幽远；时而高山流水，时而万马奔腾；时而走进一望无际的草原，时而身处云端之巅的高原，就能很快进入一个相对平静的状态。这个时候我们的思绪就可以在音乐和手头的事情之间自由切换、来回穿越。哪怕只有很短时间的这样的"宁静瞬间"，我们就能进入到一种专注的状态，让自己静下来。

静下心来,就能看清自己

静下心来,你便听不到外界的喧嚣和嘈杂,就能听到内心的声音,成为自己心灵的主人,就会知道自己的内心真正想要的是什么,自己内心真正渴望的是什么。

知道陈坤的人可能听说过他发起的"行走的力量"。这是一群人露营扎帐篷,不依靠任何现代化交通工具,每天徒步禁语行走几十公里。

2003年陈坤凭借《金粉世家》一炮走红,但随后他陷入了长达5年的抑郁。在与经纪公司的合约期满后,陈坤成立自己的工作室,第一个做的项目就是"行走的力量"。他说,行走是另一种禅定,目的并非抵达,而是为了参悟漫长本身。"在行走中就能让心平静下来,平静下来就可以看清自己"。

回首进入娱乐圈的这些年,陈坤总感觉收获比付出多。在别人还在跑龙套时,他已经是大导演眼中男一号的不二人选。"所以,我应该回馈这个社会,因为他们给予我的太多太多"。从慈善捐款、慈善义卖到慈善演唱会所有活动所得,陈坤都会捐给贫困山区的孩子,用于买书、建学校、为残障孩子提供医疗费等。

在2016年"行走的力量"启动仪式上陈坤提到,这么多年来很多人问他行走的意义是什么,他说自己没有答案,不过做到现在终于知道,行走一直关注心灵,做心灵公益,是希望人们在内心开出花来,找到幸福的力量。"也就是让心灵土地适时地休息一下,种出更美的花朵,归零重新再出发。当你的心灵力量相对弱的时候,人们总是心由境变;当你心灵力量强大了,你会找到自己看世界的方式和角度,从而境由心变。"

分享小贴士：

在这个快速变化的时代，有很多东西在变，也有很多东西不变。我们既要快上去，跟随变化；也要慢下来，守住不变。慢下来，就可以去欣赏这些不变的东西，感受这些不变的东西，抓住这些不变的东西。这个时代，往往缺的就是慢的步伐、慢的节奏、慢的生活、慢的精神。

每个成功人士都可能在某个时候悟出这个道理：能让内心保持宁静的人，才是最有力量的人。你越在年轻的时候认识到这股强大力量，就越容易取得成功和幸福。

静下心来，你便听不到外界喧嚣和嘈杂，就能听到内心的声音，成为自己心灵的主人，就会知道自己的内心真正想要的是什么，内心真正渴望的是什么。

静下心来，就能感受到自己的力量

李嘉诚 2017 年在汕头大学的毕业典礼致辞中提到，大舞蹈家追求举重若轻、技巧内化的完美，走到台前，身与物化，意到图成，触动观众，凝铸永恒。与心同行，你就能找到那股强大力量。李嘉诚在这里说的就是艺术的力量，也是静下来的力量，只有静下来才能感受到的艺术的力量。

在国家大剧院的舞台上，锣鼓厚重的共鸣中，身着白色道袍的赤足舞者缓慢深沉的呼吸吐纳，时而突然发力，疾速舞动，时而又恢复了轻柔曼妙，安静地旋转……在刚与柔、急与缓的瞬间，把台下的观众拉到了"时间之外"。这是台湾著名表演艺术团体"优人神鼓"的作品《时间之外》。

"优人"是古老表演者;"神"是人在高度专注下,进入的一种宁静无我的状态;"优人神鼓"亦即"在自己的宁静中击鼓"。这是创始人刘若瑀对"优人神鼓"下的定义。

先学打坐,再学击鼓,是"优人神鼓"一贯的独特训练法。刘若瑀说,团员们每天清晨六点练太极,八点打坐,午后击鼓、排戏,夜幕降临时,则在凹凸不平的山林中奔跑。哪怕来到城市演出,他们依然坚持着早起练功、打坐的习惯。

"在舞台上演员的每一丝表现力和感染力都来自平日的'修行'。"刘若瑀表示,正是得益于这种训练方法,无论表演多么高难的舞蹈动作,演员们的眼神都坚定而深邃,仿佛在进行高深的哲学思考。

很多人好奇,这是表演还是修行?刘若瑀表示,"优人神鼓"不只是一种表演,它走的是一条禅修的道路。只有你放下了,你才会感受到艺术的力量。在她看来,这就是"优人神鼓"所独有的"道艺合一",禅坐让我们放下心中的妄念、执着,静修让我们回归心中的原点。我们在禅修中追求的"道",与打鼓的技艺是完全能够相互融洽的,因为"我们就是要你在表演中,表达出你内心世界那最自然的东西"。

静下心来,就能看到生命的意义

在这个快速变化的时代,没有什么比慢下来静思更急迫。这是旅行作家艾尔皮科·艾尔(Pico Iyer)在 TED 演讲《静思的艺术》(The Art of Stillness)中提到的观点。这段演讲视频的网络点击量超过 200 万次。《纽约客》杂志曾这样评论他:作为一名去遥远地方的向导,几乎没有人能超越皮科·艾尔。

下面是他演讲的内容：

十七世纪法国数学家和哲学家帕斯卡有一句名言："人类所有的不幸，起因于一个简单的事实——他们不能安静地坐在自己的房间里。"

1947年，英国拜尔德少将到北极探险，他独自在-70℃的一间简陋小屋生活近5个月，之后他确信，世界的混乱一半来自我们不知道自己的需要是这么少。

帕斯卡甚至拜尔德少将所处的时代，若与今天相比，绝对平静得多。

数据持续流入，涌入越多，我们处理其中任何一件的时间就越少。

有一个新兴领域叫"干扰学"。它的研究人员发现，接完一通电话，平均要25分钟才能恢复平静。但这样的打扰每11分钟发生一次，这意味着我们可能永远追不上生活的脚步。

社会学家近年来所发现的是，当今美国人的工作时间竟然比50年前还少，但我们却觉得自己的工时更长。

科技唯一不能提供我们的，就是如何善用科技。换句话说，以前收集信息的能力，远不如现在筛选信息的能力更重要。

我们有越来越多的可以用来节省时间的设备，但有时，时间似乎越来越少。我们比以前更容易与身处地球另一端的人们联系，但有时候，在那个过程中，我们却与自己断了线。

我遇到最惊讶的事情之一，就是那些开发出最新科技的人，反而最明白要对最新科技设限。简言之，努力让世界加速运转的那批人，最了解放慢速度的优点。

如同许多住在硅谷的人们，他非常努力地观察那个称为"互联网安息日"的东西。在每个星期，有 24 小时或 48 小时，他们会彻底地下线，以寻求一点方向感，用来重新调整，并汲取他们重新上线时之所需。

所以：

在这个讲求速度的年代，没有什么比放慢脚步，更让人有活力；

在这个分心错乱的世界，没有什么比凝神专注，更奢侈昂贵；

在这个不断变动的时代，没有什么比静思，更加急迫。

无关宗教，不涉团体，静思的目的，是贴近个人的感悟。

不是要隔绝于世界，而是不时脱离一下，才能在这个疯狂加速的世界，稳住方向。

3.2 人生很多问题，跑步都会给你答案

有人说，时间到了，你自然会跑步。因为在跑步的时候，我们学会专注，学会坚持，学会享受孤独，学会忍受痛苦，学会欣赏一路的风景。在跑步过程中，我们很快就能平静下来，听到内心的声音，与自己内心对话，发现真正的自己。如果你想磨炼强大的自己、找到平静的自己、走出迷惘的自己，可以尝试跑步，坚持跑步，享受跑步。也许，跑步是改变一个人的最简单方式。

在这一节，我们整理了扎克伯格、巴菲特、毛大庆、奥沙利文、村上春树等人的跑步感悟，希望更多的人从此喜欢上跑步，在跑步中找到自己前进

的力量。也许正如巴菲特所说，人生的很多问题，跑步都会给你答案；如村上春树所说，当你专注做某件事时，你的内心会无比自信。

村上春树：超越昨天的自己

村上春树是连续多年的诺贝尔文学奖的候选人。他说，自己写小说的许多方法，是每天清晨沿着道路跑步时学到的。

从 33 岁开始跑步，村上春树已经坚持了 30 多年。他曾经用 3 小时 27 分跑出了自己的马拉松最好成绩，相当于每 5 分钟跑 1000 米。

他说，跑过两趟全程马拉松便会明白，在比赛中胜过或负于某个特定人，对跑者来说并不特别重要。如果说有什么必须战胜的对手，那就是过去的自己。超越了昨天的自己，哪怕只是那么一丁点儿，才更为重要。

在村上春树看来，孤独是更好的放松，是一种思想的放空、身心的放空。把身心置身于大自然与写作当中，就能感受到内心随着空气漂泊。当你在孤独中找到这种感觉后，你会发现它是无比的幸福，你会发现自己是那么的强大。

他说，当你专注做某件事时，把它当成生命中的重要部分，你的内心会无比自信、无比勇敢，动力的源泉就会源源不断地输出。

在村上春树看来，每日跑步对自己来说好比生命线，不能说忙就抛开不管，或者停下不跑了。忙就中断跑步的话，自己一辈子都无法跑步。坚持跑步的理由不过一丝半点，中断跑步的理由却足够装满一辆大型载重卡车。我们只能将那"一丝半点的理由"一个个慎之又慎地打磨掉。违背了自己定下的原则，哪怕只有一次，以后就将违背更多的原则。

巴菲特：64 岁开始跑步

1995 年，时年 64 岁的"股神"巴菲特在医生建议下开始跑步，20 多年来从未中断。如今早已年过八旬的他，仍在每天坚持跑步一小时。

巴菲特说，人生的很多问题，跑步都会给你答案。42 千米（马拉松全长 42.195 千米），应该能给你足够多的答案。

迷恋长跑，除了健康，也因为"股神"在这项枯燥的运动中汲取了投资的心得：长跑的过程并不会一直愉悦，有肉体的痛苦，也有精神上的枯燥，但要想得第一，首先你要跑完全程。长跑需要忍受枯燥，控制欲望，这恰恰也是他倡导的价值投资最重要的真谛。

不仅自己喜爱，巴菲特还积极将跑步融入了公司文化和管理理念当中。他在挑选接班人时，还专门将长跑作为一项硬指标。

扎克伯格：每天跑完一英里

2016 年初，扎克伯格在自己的 Facebook 主页上写下年度跑步计划：这一年将完成总计 365 英里的跑步行程，每天跑完一英里（相当于 1600 米）。

2016 年 12 月底，扎克伯格宣布"1 年跑 365 英里"计划正式结束，还在社交媒体上分享了过去 12 个月里的最佳跑步照片。其实，早在当年的 7 月，他就已经完成了全年的目标。

谈到跑步与创业的关系，扎克伯格说，"我发现跑步是厘清思绪、获得更多精力、找到时间思考以及我在 Facebook 应对挑战的绝佳方式。当我出行时，跑步是一种在一整天密集开会之前探索一座新城市、克服时差影响的绝佳方式"。

奥沙利文：这一生，从跑步开始

第一次参加比赛，就打破世界纪录，16岁踏上职业旅程，62个冠军，13次单杆满分147分，奥沙利文把自己的名字写入斯诺克运动史册。

然而，在年少成名的背后，他的个人生活则充满了难以想象的混乱：母亲入狱、父亲坐牢、酗酒吸毒、强迫症、抑郁……

"我只是想跑步！跑啊，跑啊，不停地跑！跑步是灵丹妙药。"在他的自传《奔跑吧，奥沙利文》中，他回顾了拯救自我的漫长旅程：

我跑步的时候，一门心思只想着步态，想着保持均匀的节奏和呼吸，只是守着自己的内心。当我进行正式训练时，比如，12个200米跑，我心里便会涌起这样的念头，我为什么要这样苦练，究竟是为了什么？这时，我就想停下来。当时你并不明白为什么要这样。但是，训练完了，你可以休息了，你就会很高兴自己这样做了。跑步永远都不会令人愉快，但是只要你坚持不懈地跑，就越跑越快，越跑越健康。

就这样，奥沙利文坚持跑步，直到重回阳光。

张朝阳：跑步是一种修行

张朝阳曾在自己过了50岁生日后的微博中这样写道："要开始严肃认真地跑步。"

当谈到为何选择长跑这种"自虐"运动时，他解释道："通过终点的时候,我找到了一种胜利的感觉。在过去 100 天的时间里跑了接近 900 公里的路程,平均每天跑 8~10 公里,长跑是我个人的一种修行。"

张朝阳说:"忍受痛苦,才能让身体和精神变得更强壮。跑步就是一个锻炼精神强度的过程,不论进入脑海的想法多么恐怖,你还是要继续跑步,你还是要继续做你现在正在做的事情。这种意志品质决定了你人生的意义和高度。"

"十年前,我是个利己主义者,在乎名利,追求自我的伟大。"曾经数年抑郁的张朝阳开始反思,"价值观不对,人是要出问题的"。他认为,每个人要不断翻新自己,人生任何年龄都是可以重新开始的,任何时候都可以创造奇迹。

毛大庆:跑步会让你活得更简单

毛大庆开始跑步也是因为自己曾经的抑郁。如今,马拉松已经成为他的一种生活方式:完成国内外全程马拉松赛超过 90 场,并于 2016 年担任北京马拉松赛官方领跑员。毛大庆一直致力于宣传马拉松文化,翻译并出版了多本马拉松相关著作。除了自己跑步,他还创立了公益跑团"毛线团",所筹善款用于支持贫困地区孩子的学业。

毛大庆说自己有一个很大的感触就是,跑步会让你活得更简单。在他看来,跑步这个运动真的是很有意思,是自己在跟自己对话,是平衡自己内心的一个很好的方法。尤其中年之后跑步,是一件很哲学的事,会悟出很多跟内心对话的道理,去平衡时间、社会上浮躁的事情、人和人的交往……他自己经常说,跑得越远,离自己越近,会越了解自己。

毛大庆说,一路走到今天,自己是受到了很多人的影响,很多人给了自己正能量,他也希望把这种能量传递给年轻人,这其实也是一种公益。

陈盆滨:今天就是起跑线

陈盆滨曾入选 2016 美国《国家地理》杂志"中国区十大年度探险家",被誉为"完成七大洲极限马拉松世界第一人"。如今,陈盆滨宣布他将迎接新的挑战,加入中国越野滑雪队,备战 2022 年北京冬奥会。

2015 年 4 月 2 日,陈盆滨从广州亚运公园出发,在连续 100 天的时间里每天跑完 42.195 公里的距离。100 天中,陈盆滨遭遇恶劣天气、克服伤病、收获友谊,用执着的力量感染更多人迈出成为跑者的第一步。他也为此创造了"连续跑马拉松最长天数"的吉尼斯世界纪录。

从浙江台州的一个普通渔民,到今天跑遍七大洲的极限马拉松达人,陈盆滨用他执着的脚步告诉大家:"跑步其实很简单,只要开始跑,你也会像我一样,喜欢跑、习惯跑、离不开跑。今天就是起跑线,跨过去!

作家三毛曾说过,"读书多了,容颜自然改变。许多时候,自己可能以为许多看过的书籍都成过眼烟云,不复记忆。其实它们仍是潜在气质里、在谈吐上、在胸襟的无涯,当然也可能显露在生活和文字中。"同样的,我们跑过的路从来都不会白跑,也都将融入我们的精气神中。

有人说,跑步和不跑步的人,在每天看来没有任何区别;在每月看来差异也是微乎其微;在每年看来差距虽然明显,但好像也没什么了不起的;但在每 5 年来看的时候,那就是身体和精神状态的巨大分野;等到了 10 年再看的时候,也许就是一种人生对另一种人生不可企及的鸿沟。

3.3 追随你的内心

静下心来，跑起步来，都是我们看到自己内心的一种途径。这一节，我们将试着与自己的内心对话，倾听内心的声音，听从内心的召唤。这个时候它会告诉我们，自己真正想要的是什么，要放弃的是什么；应该成为一个什么样的人，应该做一些什么样的事。

发现自然的自然

写到这部分内容的时候，正值"十一"黄金周，家人都去外地玩了，我一个人宅在家里埋头写作。每天傍晚，我会到小区附近的小河边去散散步。这里刚刚经过环境整治，铺设了慢道，引入了绿植，也成了一道靓丽的风景线。漫步其中，我把身体完全放松下来，试着用每一个器官去触摸和感受大自然，我发现自己正置身于一个无比美妙的场景之中：夕阳正在懒洋洋地落山，虫子在花草丛中交替练嗓子，鱼儿在水中自由自在地游着，微风轻轻拂过，还伴着泥土气息和花香混合的阵阵清香。就这样走着走着，忽然有几点体会从脑子里蹦了出来——它们竟然都是我之前从来没有认识和体验到的。

一是最美丽的画卷在天空。十月初的北京，天空是湛蓝的，有的地方点缀着朵朵白云，有的地方簇拥着大片云层，构成许多美丽的图案，任凭想象。柔蓝色、透白色、麦黄色、灰墨色，每一种颜色、每一个形状、每一种组合，都是如此随意，又是那么恰到好处。伴随着太阳落山，附近的云簇在晚霞映衬下，刹那间变成了一大片火云，如同一只巨大的老鹰展开金色翅膀扑面而来，非常壮观。可以说，很多时候天空的美丽，实在不是画作、照片或者人类想象所能生动描绘的。也许，平时多抬头看看天空，我们就能很容易发现大自然的更多壮美，我们的心境就会更明亮一些，我们看世界的角度就会更不一样。

二是所有生命都自有其美。河边有一片空地，种了很多花。前一段时间还是一片非常漂亮的花海，各种花姹紫嫣红，争奇斗艳。但在这一天，我忽然发现有些花已经开始枯萎，呈现一种不太好看的灰黑色，显得十分凋零。不经意间，我注意到旁边一大片一米来高的草丛，呈现一色的枯黄色，反而显得非常漂亮。只不过我们平时的注意力都在那些花朵上，甚至可能都没人注意到这片草丛，然而草丛也自有它的美丽。这个时候我才发现，只有用心去感受，才能发现枯草之美；只要你留心，总是能发现惊喜的。回头再一想，可能这就是自然界本来的样子，每样东西都有它荣耀的时候，也有它凋落的时候；所谓好坏，所谓美丑，所谓枯荣，其实更多的在于当时的时节、人当时的心境以及我们看待它的角度。

三是最美好的体验在大自然中、在自己的用心体验中。正如《小王子》里所说，只有用心才能看到本质，最重要的东西眼睛是无法看到的。在这次散步过程中，我试着用自己的眼睛、耳朵、鼻子、面颊和心灵去感受大自然，拥抱大自然；视角时而在一草一木上，时而在内心世界里，思绪时而凝固，时而飘荡。特别是这次还有不小的收获，无意间发现了以前从来没有发现及体会到的地方，内心还有点小激动，一下子感觉身体轻松了许多，一趟下来，全身疲惫早已消失得无影无踪。相比于"黄金周"去挤人山人海的景点，这可能是另一种自在吧。

顺从生命的自然

人到一定时候，或者遇到一些人、经历过一些事，总会在某个瞬间突然悟出一些东西，总能感觉到自己的内心在强烈驱使自己做一些事情，比如公益、慈善、分享，或者尝试做另一个自己，过另一种人生。可能在很多时候，这些事情就是生命中的自然。

陈一丹是腾讯创始人之一，是腾讯公益慈善基金会、陈一丹基金会的发起人。他和马化腾从初中到大学都是同学，后来一起创立腾讯，他说这是生命中的自然。2011年，陈一丹决定辞去腾讯首席行政官，投身教育慈善事业，他也觉得这是一件自然的事情。如今，公益慈善已经成为陈一丹生命中最重要的事情。他发起的"99公益日"，已成为国内影响最大的互联网公益活动；他捐资25亿港币创办的"一丹奖"，每年向两个改变全球教育的研究发展项目各提供3000万港币奖励。在他看来，腾讯是他的事业，公益是他的志业。每个人的路不一样，人要遵从内心，内心快乐就很好。

魏雪是"大宅门"白家后人，是TCL集团董事长李东升的夫人。她明白一个道理，家族的金银财富可以随着政治因素、历史的变故而灰飞烟灭，但是先辈们赋予家族的精神财富是会代代相传的。因此，她和丈夫李东升在2007年共同成立了家族慈善教育基金"华萌基金"。魏雪说，"现在，我真正走在了当初设定的'40岁之后做好慈善'的理想道路上，我不知道自己会在这条路上走多远，但是秉承祖辈的传统，我想我会平静坚定地走下去，也会牵着先生和孩子的手坚定地走好未来的每一步。"

毛大庆出身于高级知识分子家庭。他的父亲杜祥琬曾担任中国工程院副院长，是中国"两弹一星"研制的核心人物之一；他的外祖父毛梓尧则是著名的建筑师，是人民大会堂等著名建筑的设计师之一。2015年的一次马拉松长跑之后，47岁的毛大庆决定辞去万科副总裁开始创业。同年，他还发起"毛线团"公益跑团，通过跑步为贫困地区学校筹集善款。"不止一个人跟我说过，男人60岁可以重新开始。"毛大庆说，这话王石跟他说过，他的父亲杜琬祥跟他说过，凯德置地的老板廖文良也跟他说过。人到中年，生命不能再等待，所以他选择公益跑团和优客工场这种方式，来拓展自己的更多可能。在他看来，自己做公益不只是为了帮助别人，而是为了让自己从中获得快乐，实打实地做一些事情，帮助真正需要帮助的人。

跟随内心的声音

我们经常会碰到下面的问题：在人生重要关头，是选择继续做"应该"做的事情，还是尝试"必须"做的事情，也就是内心真正渴望的那些事情？很多人也许会告诉你选择"应该"，但你需要听到自己内心的声音——它会告诉你，你有特别之处；如果你追随内心，你会找到自己非常擅长的领域。这时，你就知道要做的是什么了。

漫画大师宫崎骏在《千与千寻》中写道：只有一个人在旅行时，才听得到自己的声音，它会告诉你：这世界比想象中的宽阔，这个世界上，你可以碰到机遇，而绝不可能碰到神，自己的路，还是得自己走。

稻盛和夫坚定一个信念，那就是"内心不渴望的东西，它不可能靠近自己"。这句话的意思是说，你能够实现的，只能是你自己内心渴望的东西；如果内心没有渴望，即使能够实现的可能也实现不了。换句话说，内心的愿望和渴望，就原样地形成了现实中的人生。在想要做成一件事情时，首先应该想想自己要这样做或那样做，并愿意付出比其他任何人都强烈、甚至粉身碎骨的热情，这是最为重要的。在他看来，无论是人生还是经营，这是达到目标的唯一方式。

斯坦福大学终身教授崔屹建议，做学问要多听听内心深处的那个声音。他说，到现在为止，自己一直像海绵一样在吸收，吸收别人的长处，融合进自己，再创造出新的东西。每次看到任何东西感觉不舒服，他都要问自己，到底是出于什么原因，到底是东西真的不好，还是自己内心的深层的因素。他经常告诫学生：你们对新东西、好东西，要多听听内心深处那个声音到底是什么；这个声音会不会蒙蔽自己的眼睛，蒙蔽自己的心，会不会影响你们的成功，让你难以走得更远。

美国脱口秀女王奥普拉·温弗瑞（Oprah Winfrey）曾应邀在哈佛大学毕业典礼发表演讲。她以自己"19岁成名直到40岁才找到人生使命"的经历告诉大家，无论你已经达到怎样的成就，如果你一直不断把自己推向更高的目标，你将在某一点上落下。当你真的跌倒时，请你记住：世间并不存在失败，那不过是生活想让我们换个方向走走罢了。对你的未来之路你会彷徨、忧虑、无所适从，但是你要知道：只要你肯听听你内心深处的声音，你体内隐藏的GPS定位系统，能让你回归人生的本真，你可能会因此活得更加夺目，你一定会快乐，一定会成功，一定可以让世界因你而不同。

乔布斯被检查出癌症的时候，他说了"Follow Your Heart"（追随你的内心）这句话。他说，时间很有限，所以不要将它们浪费在重复其他人的生活上；不要被教条束缚，那意味着你总是和其他人思考的结果在一起生活；不要让其他人喧嚣的观点掩盖你真正的内心的声音。还有最重要的是，你要有勇气去听从你的直觉和心灵的指示——它们在某种程度上知道你想要成为什么样子，所有其他的事情都是次要的。

他在一次演讲中说道：当我17岁的时候，我读到了一句话："如果你把每一天都当作生命中最后一天去生活的话，那么有一天你会发现你是正确的。"这句话给我留下了一个印象。从那时开始，过了33年，我在每天早晨都会对着镜子问自己："如果今天是我生命中的最后一天，你会不会完成你今天想做的事情呢？"当答案连续多天是"No"的时候，我知道自己需要改变某些事情了。"记住你即将死去"是我一生中遇到的最重要箴言。它帮我指明了生命中重要的选择。因为几乎所有的事情，包括所有的荣誉、所有的骄傲、所有对难堪和失败的恐惧，这些在死亡面前都会消失。我看到的是留下的真正重要的东西。你有时候会思考你将会失去某些东西，"记住你即将死去"是我知道的避免这些想法的最好办法。你已经赤身裸体了，你没有理由不去跟随自己内心的声音。

与自己内心对话

一个真正成功或有智慧的人，往往是看得到自己内心的人，是能够经常与自己的内心对话的人。与自己内心对话，我们就能知道自己是谁，知道自己的位置在什么地方，知道自己的内心真正想要的是什么，然后在每一个重要时刻做出正确选择。

亚马逊 CEO 杰夫·贝佐斯在普林斯顿大学的毕业演讲中，用他追随自己的热情辞职创办亚马逊的例子指出，伟大的人生只与选择有关。他说，"我要做一个预测：在你们 80 岁时某个追忆往昔的时刻，只有你一个人静静对内心诉说着你的人生故事，其中最为充实、最有意义的那段讲述，会被你们作出的一系列决定所填满。最后，是选择塑造了我们的人生。"

《解密》是麦家的一部伟大作品，也是他一生倾注精力最大的作品。他写《解密》前后一共写了 11 年。回顾写《解密》的过程，麦家曾这样说：

这部作品其实发表的时候总共也就是 20 万字，但我删掉的字数至少有 4 个 20 万，我在不停地推倒重来。因为受尽折磨，我真是多次决定要跟它"分手"，但是每一次"分手"，最后都是以更加紧密地"牵手"而告终。我无法和它"分手"，它已经和我的生命、血肉交融在一起。我要抛弃它，可能就要抛弃自己。

但是当有一天，我终于把这个作品写完的时候，说实在的，我深深地拥抱了我自己，我流泪了。它是我的全部青春和半部人生。我觉得我的人生已经经历了无数次的逆袭、无数次的攀登、无数次的照亮。

因为写作《解密》，我觉得我变成了另外的一个人，我已经非常充分认识了自己，认识了自己的优点，也认识到了自己的缺点，也认识到了我身处这个时代的优点和缺点。

分享小贴士：

所有生命都自有其美。每样东西都会有它荣耀的时候，也有它凋落的时候。所谓好坏，所谓美丑，所谓枯荣，更多的在于当时的时节、你当时的心境以及看待它的角度。境由心生、相由心生，说的可能就是这个道理。

一个真正成功或有智慧的人，往往是看得到自己内心的人。一定是能够经常与自己的内心对话的人。与自己内心对话，你就能知道自己是谁，知道自己的位置在什么地方，知道自己的内心真正想要的是什么，然后在每一个重要时刻做出正确选择。

3.4 找到你自己

找到你自己？你找到你自己了吗？可能有人觉得这个问题很奇怪，或者可能从来没有问过自己这个问题，没有认真面对过这个问题。也许他们会问，为什么要找到自己，我现在不是在这里，不是挺好的吗？

然而事实却未必。你是否找到了迷失的自己，活出真实的自我？是否还记得自己的梦想和初心？你的精神养分是否充足持久？身上是否还有好奇心、自在心、平常心、利他心和情怀胸怀？是否找到了自己真正的兴趣所在、激情所在、值得自己一辈子去追求的东西？是否与自己的内心对话，听到了内心的声音？是否发现了人生的更多可能，找到了自己前进的方向？你是否找到了生命的意义，找到了自己心灵安放的地方？……

找回迷失的自己

人生面临的困惑无非来自四个方面：生存的压力、生活的烦恼、生命的迷茫、生死的困惑。一些人困惑、迷惘、纠结、彷徨，大多也是出自这四个方面的问题。

在这个信仰缺失的时代，有太多的人为物质所累，为名利所累，为虚荣所累，为世俗所累；越来越多的人为现实丢掉梦想，为物欲陷入痛苦，为虚幻迷失自我，为逐利放弃底线，为选择总是纠结；他们追求物质远超过精神，追求索取远超过奉献，追求一时远超过一世，追求外在远超过内心，追求利己远超过利他……

为什么小孩总是天真无邪，无忧无虑，总能找到自己的快乐？就是因为他们活的是本来的自己、本性的自己、真实的自己，而我们很多人长大以后，就慢慢丢掉了自我，过着别人眼中的生活，总是在追求那些看得见的幸福，却失去了很多看不见的幸福。很多时候，我们总是摆脱不掉物欲的诱惑、他人的眼光、世俗的标准、功利的心态，总是想得太多，做得太少；想要的太多，舍弃的太少；想利己的事太多，做利他的事太少。结果越来越不像自己，越来越迷失自己，越来越远离自己的初心，越来越不知道自己真正想要的是什么，所以也就越来越疲惫、纠结、烦恼、痛苦。

如何才能找到人生的意义？清华大学心理学系创系主任彭凯平教授建议：让自己经常想一想，我们在哪些时候、哪些地方、做哪些事情，让我们产生有旺盛生命力的感觉，让我们感动，让我们喜悦，让我们安定，给我们希望，让我们敬仰，让我们热爱。凡是能够体验到人世间最美好的事情，都会让我们意识到生活的意义。在他看来，做一个善良、美丽、智慧、有思想的人，是我们幸福的源泉。所以，我们一定要培养活跃的高级脑细胞，让自己有更多的灵性、悟性和更高的德行。如何找回迷失的自己？我自己有一些小的经验和体会：一是与自己对话，与心灵沟通。试着放慢脚步，然后再问自己：什么是对自己最重要的，哪些是自己真正想要的？哪些是必须坚持的，哪些是可以放弃的？二是有所为，有所不为；有所求，有所不求；有所着力，有所不着力；在该使劲的地方使劲，在该努力的地方努力，在该关注的地方关注。三是试着做一些自己从来没有做过的事情，调整自己进入另一种人生状态。比如找到一件自己真正感兴趣的事情，心无旁骛地投入进去；或者做一些以前不敢做、不想做、没有真正去做的事情，可以是跑步、行走、爬山、节食、早起、壮游、公益、慈善等；或者让自己真正静下来，可以是独处、静坐、看书、听音乐、远离一切电子设备等；或者学会用跟以前完全不同的思维方式考虑问题，看自己的脑子能不能同时容下两个截然相反的观点；等等。

安顿自己的身心

安顿自己的身心，就是让自己身心找到归宿的地方，找到可以真正放松的地方。要做到安顿身心，首先是要让自己静下来，感受自己的内心。这样才有可能觉悟到一些东西，找到自己看世界的新的方式和角度，从而境由心变、境由心生。

国学大师饶宗颐曾提出"安顿说"。他认为，一个人在世上，如何正确安顿好自己，这是十分要紧的。保持自在的心，是一种境界。"万古不磨意，中流自在心"是他的诗句。他说，"不磨"就是不朽，"中流"犹言在水中央、大潮之中，"自在"则是指独立的精神。先立德、立品，再做学问、做艺术。立足学术主流，追求博大而深远的大智慧。现在的人太困于物欲，其实是自己造出来的。

著名演员陈道明曾提到一个观点，世界上许多美妙都是由无用之物带来的。他说自己从不沾烟、酒、牌，不喜欢应酬，不喜欢出去娱乐消遣。工作之外，剩下的便只是读书、练字、弹琴、下棋、写杂文、捏糖人、做木工、为女儿做衣服、为妻子裁皮包等，自己往往能沉迷其中，自得其乐。他说，这些或许都是雕虫小技、奇技淫巧，但人活着需要给自己的心灵安一个家，让自己保持自我、本我、真我。心安，则身安。

诚品书店创始人吴清友对诚品的定位是，不只是一家书店，更是一个阅读的博物馆，希望能成为一个心灵可以停泊、可以得到慰藉的场所。在他看来，每个生命都可能是一本大书、一项创作或者一部传奇。他说，"创办诚品，我是想追寻一处能让身心安顿、心灵停泊的所在，找到那个可以让我未来的日子还有勇气，还有韧性可以继续活下去的东西，给自己立下了一个生活和生命的标杆。"

发现独特的自我

每个人都有自己独特的人生经历，都可能会有自己独特的成功方式；每个人的成功都是基于特殊的时空、机缘、条件和自我实现，没有一个放之四海而皆准的成功定律。所以，我们要发现独特的自我，找到适合自己的一条成功之路。

国学大师叶曼说，人只能自己去努力寻找自己生命的答案，否则无论是国学也好、佛法也罢，再好的东西如果它是它、我是我，那么也与我们无干、与人生无用。作家金庸认为，人生其实很复杂，命运跟遭遇千变万化，如果照一定的模式去描写的话，就太将人生简单化了。在他看来，棋如人生，人生如棋。围棋有定式，几位大宗师都是老一辈老师照定式教出来的，而人生没有定式。

作家周国平说，每一个人的生命都是独一无二的，所以一个人根本的责任就是要对你唯一一次的人生负责。一个人如果对自己的人生不负责，不相信他会对其他生命负责，不相信他会对什么事情认真。要做自己的人生的主人，而不能让别人或社会潮流支配，实际上做到这一点并不容易。生活往往受环境、舆论、习俗、职业、身份等制约，我们经常作为别人眼中一个角色在生活，而作为独特的自我来生活其实很难。随大流最容易，而要活出独特的自我，一方面很艰苦，另一方面也有风险，你要经受舆论的评判、庸人的非议，承担失败的风险，但这是值得的。只要你想到你死了没人能代替你再活一次，你的人生是不可重复的，如果虚度了，没有任何人能够真正安慰你，那还有必要在乎别人的眼光吗？

活出真实的自我

活出真实的自我，就是要尽可能少地活出"虚我""假我""小我"，尽可能多地活出"本我""真我""大我"。活出真实的自我，才是最自然、最放松、最自在的状态，才能做到身安、心安、魂安。

法国思想家罗曼·罗兰曾在《约翰·克里斯多夫》中写道：大部分人在二三十岁就死去了，因为过了这个年龄，他们只是自己的影子，此后的余生则是在模仿自己中度过，日复一日，更机械、更装腔作势地，重复着他们在有生之年的所作所为、所思所想、所爱所憎。如今近一个世纪过去了，罗曼·罗兰的观点仍有极强的现实意义。

南方周末记者邓瑾2013年在哈佛大学访学的时候，曾在现场聆听了美国脱口秀女王奥普拉·温弗瑞（Oprah Winfrey）的演讲，受到极大震撼。温弗瑞在演讲中强调："无论你一路上经历到怎样的挑战、挫折、险衅和绝望，如果你自始至终都只有一个目标，真的只有这一个目标，你就会找到真正的成功和幸福。这个目标就是：作为一个人，你要活出你作为一个人最大可能的最真实的自我，满足你最真挚、最坦诚的自我表达，奋力拓展自己的人生领域，去追逐生命价值的最大化，去改变你周围的朋友，让他们的人生也因你而不同。"

这正如神学家霍尔德·舍曼（Howard Thuran）所说："不要追问这个世界需要什么样的人，扪心自问是什么支持你活到现在，然后奔赴你的信仰。因为这世界需要的就是人们充满活力地活在世上。"

找到生命的意义

另一个让邓瑾深有感触的事情，就是即使是在哈佛商学院这个最讲金钱和效率的地方，他们也有很多人、很多课是在讨论生命及生命的意义。

有一次，哈佛商学院一位很著名的Clayton Christensen教授举办讲座。他说他发现，哈佛商学院毕业生在刚开始的同学聚会中，个个英姿勃发、指点江山。但在毕业 10 年、15 年后的同学聚会上，就有人离婚，有人和孩子疏离，有人爆出丑闻，有人甚至锒铛入狱——这些精英们遇到了各种人生困扰和痛苦。所以他突然意识到，知识和能力并不等于幸福。

这位教授说，等我们死后去见上帝的时候，上帝并不会用我们挣的钱来衡量我们，而是会看有多少人因为我们而变得更好。这可以小到是我们的一句话，一封信或者一个安慰的动作。

江一燕是一个演员、歌手。很多人熟悉她，可能是因为她多年坚持支教、热心拍摄公益照片。她认为摄影更多的是"表达自我"。她拍的每张照片表达的都是她当下的一种心境，大部分是跟爱、美好及自己内心美好有关的画面；而做公益，则是一个"寻找自我的过程"。她说公益可以发现自己更多的可能性，会知道爱的意义，会知道自己的价值，会知道生命的意义。她说，公益让自己与自己的内心和解。"包括生死这样的问题，全部慢慢化解了，整个人在这样爱的路途上全部被打开了，你遇到的是更勇敢、更无畏的江一燕，可以跟自己妥协的一面，可以跟世界做朋友的、不那么自私的一面，全部都发现了、找到了。"

现在，我们再回到本节开头所提到的一系列问题。找到自己，归根结底就是要找到自己生命的意义。这个意义就是，让自己好好地活着，更有意义地活着，同时让更多的人因为我们的帮助而成为更好的人，让这个世界因为我们的存在而变得更美好。做到这一点，我们就不会再迷惘、纠结和痛苦；就能听到内心的声音，感受到内心的力量；就能活出自我、本我、真我；就能在一个更宽的视野、更大的格局、更高的层次来看待自己；就能遇见一个更有目标、更有激情、更有力量的自己。

分享小贴士：

在这个信仰缺失的时代，越来越多的人为现实丢掉梦想，为物欲陷入痛苦，为虚幻迷失自我，为逐利放弃底线；他们追求物质远超过精神，追求索取远超过奉献，追求外在远超过内心，追求利己远超过利他……

很多时候我们总是摆脱不掉物欲的诱惑、他人的眼光、世俗的标准、功利的心态，总是想的太多，做的太少；想要的太多，舍弃的太少；想利己的事太多，做利他的事太少。结果就是我们越来越迷失自己，越来越不知道自己真正想要的是什么。

生命的意义就是，让自己好好地活着，更有意义地活着，同时让更多的人因为我们的帮助而成为更好的人，让这个世界因为我们的存在变得更美好。做到这一点，我们就不会再迷惘、纠结和痛苦；就能听到内心的声音，看到内心的渴望，感受到内心的力量；就能活出自我、本我、真我；就能在一个更宽的视野、更大的格局、更高的层次来看待自己；就能遇见一个更有方向、更有激情、更有力量的自己。

3.5 找到第二个自己

追随你的内心，找到你自己，你会从此不同，成为一个新的你，也就是第二个自己。那么什么是第二个自己呢？如果说现在的你是第一个自己，那么本来的你、本性的你、内心驱使的你或者未来希望的你就是第二个自己。第二个自己往往更接近自己的内心和本来。正如宫崎骏在《猫的报恩》中写道：我始终相信，在这个世界上，一定有另一个自己，在做着我不敢做的事，在过着我想过的生活。

现在的你只是第一个你

如前面章节提到的，第一个你遇到太多的问题：困惑、迷惘、纠结、焦虑、空虚、混沌、内心失衡、找不到自己、找不到真正感兴趣的事情、找不到人生方向、感觉生命没有意义……第一个你是长期主客观因素共同造成的。如果还是从自己现在的环境、立场、角度和思维方式出发，往往很难改变或者做出多大改变。

受传统文化和社会现实的影响，很多人实际上是被鼓励做第一个你，而不是第二个你。这些人往往是在同一个人生轨道、同一个成功模式、同一种思维方式、同一种精神境界。他们习惯于过着别人眼中的生活，而不是自己本来的生活；他们更多的是按照他人的眼光、功利的心态在行事，而不是按照自己的内心、兴趣和价值观在行事，所以他们的人生就像是被提前设计好了似的，就像是从一个模子里刻出来的。我们平时遇到的，更多的是你可以做什么，应该做什么，按什么标准去做；很少有人去问自己为什么要去做，是不是遵从了自己初心，是否听从了自己内心的声音。

这个社会对成功的定义似乎也变得越来越单一：好像成功只关乎财富、名誉、地位等，好像成功更多的是和自己更好有关的一切，而不是和这个社会、这个世界更好有关的东西。在这个导向下，一些人更多的是从利己的角度考虑问题，他们的出发点都是想着如何让自己变得更优秀，怎样过得更好，而不是想着如何让他人、让世界变得更好，在这个基础上再让自己同时变得更好。殊不知，决定一个人能走多远、走多高，最终还是取决于你是否把自己放在一个更广阔的地方。评价一个人对社会的贡献，不在于你财富的多少和地位的高低，而是看多少人因为有我们的存在而变得更好，或者看是否因为有我们的存在，而让这个社会和世界变得更美好。

第二个你才是真正的你

在我们周围，可能更多人是第一个你，第二个你则相对较少。我们经常会面临下面的一些问题：是迷惘还是觉醒？是纠结还是放下？是利己还是利他？是畏首畏尾还是一往无前？是独善其身还是改变世界？是被惯性所引导，还是追随自己内心的热情？是选择安逸的生活，还是选择奉献与冒险的人生？是屈从于批评，还是会坚守信念？是不计一切代价地展示聪明，还是选择善良？是虚度人生，还是把每一天都活得有意义？上面这些问题中，第一个你是现实的你，第二个你是理想的你；第一个你是蒙纱的你，第二个你是透明的你；第一个你是小我的你，第二个你是大我的你。

随着时间的变化，我们每个人都可能会逐渐从第一个你走向第二个你。比如一个人在工作中是一个自己，在生活中是另一个自己；在外面是一个自己，回到家是另一个自己；说的是一个自己，做的是另一个自己；在别人面前是一个自己，在自己内心是另一个自己。到底哪一个是真实的自己呢？也许都是，也许都不是。在我们看来，第二个你才可能是真正的你、本来的你、本性的你、内心驱使的你或者未来希望的你。随着年龄的增加、见识的增长和经历的增多，未来的你逐渐会是现在的你和本来的你的中和，是现在的你和目标的你的中和。

实际上，未来会700个案例的案例人，很少是从第一个自己来想问题、做事情的，更多的是从第二个自己出发，最终走出了自己独特的人生路的。

姚明从 NBA 退役后，投入精力最大的就是公益慈善。他发起了中美篮球明星慈善赛，并把这项赛事坚持做了十年，这是一种公益；他多次深入贫困学校与孩子们交流，经常跟年轻人分享自己的人生经历，也是一种公益；他作为野生救援协会大使经常出现在各种宣传中，是一种公益；他出任中国篮球协会主席和 CBA 公司董事长，这是另外一种公益。他说，公益慈善能让我们变得更完美，自己得到的回报是一种心安。"我非常享受慈善带给我的乐趣，希望能做一辈子。这是我的一个梦想。"可以说，如今公益慈善已经成为姚明生命的一部分。正是通过公益慈善，姚明发现了人生的更多可能，找到了第二个自己。

中国美术学院王澍教授是世界建筑学最高奖项"普利兹克奖"的获得者。他的代表作品有中国美术学院象山校区，这里有中国最大的夯土现代建筑；有宁波博物馆，这里有从村落里收集的 600 多万块废砖瓦片垒起的外墙；有富春山博物馆，这里让人在富春江和富春江两岸的山之外找到那个"山居"。王澍说，他的很多设计基本上是属于个人的一个顽皮的念头，也就是情趣。但正是情趣，造就了真正的文化差别。他的作品就是要找到"生活在中国人自己的文化空间里的感觉"和"扎根于生活的朴素和自然"。他说，"我始终深信不疑的、支撑我这么多年思考和奋斗的其实就是，我始终不相信这个世界上只有一个世界存在、只有一种时间存在，应该是有不同的世界和时间同时存在。只有第二个世界才是你的魅力。"

拓展自己，发现更多人生可能

有的人活的是第一个自己，往往还不知道有第二个自己、第二个世界存在。而这第二个自己才是更广阔、更丰富、更自在的自己。要想找到第二个自己，就是要多与自己的内心对话，不断地拓展自己，发现人生的更多可能，挑战人生的更多不可能，这样就能真正找到第二个自己。

如何才能拓展自己呢？我们可以试着做一些自己从来没有做过、从来没有想过或者从来不敢做的事情，比如像孩子一样总能找到快乐的事情，并总能心无杂念地投入其中、享受其中；可以试着放松身体，用心去感受，也许很多曾经习以为常的事情突然就会有了不同的体验；可以试着听能让自己静下来的音乐，这个时候你也许会进入另一个境界的自己，让自己真正沉浸在手头的事情中；可以试着让自己的脑子同时考虑很多个维度，看能不能同时容下两个截然相反的观点，往往这个时候你更能看清事物的本质；可以试着从利他而不是利己的角度考虑问题，可能这个时候就能发现另外一片广阔天空；可以试着做一些公益、慈善、分享等方面的事情，在帮助别人的同时自己也能体会到快乐；可以试着按自己的本性和内心的声音做事情，这个时候你往往就能找到自己真正感兴趣的事情……

拓展自己人生的可能性，就能够在有限的生命里攀登不同的人生高峰，活出精彩的自我。比如王石，过了知天命岁数（50岁）的他，还能登珠峰、创造中国滑翔伞攀高纪录、参加赛艇比赛，还去哈佛、剑桥各留学一年。近年来，他还受到褚时健80岁种橙的启发，计划70岁以后去沙漠种庄稼。在比尔·盖茨童年时，父母经常鼓励他去做一些他不擅长的事情，例如游泳、足球、橄榄球，那时他很不理解。后来他才明白，正是这些活动，使他有机会培养自己的挑战心和领导力，自己尚有许多事情没有精通，而不要总钻在自己喜欢的那些事情里。斯坦福大学招生官理查德在给申请落选者的信中写道，真正能够影响我们一生的，并不是你在哪里上的大学，而是你在哪里学到了什么，以及你与他人的与众不同之处。

分享小贴士：

　　决定一个人能走多远、走多高，最终还是取决于你是否把自己放在一个更广阔的地方。评价一个人对社会的贡献，不在于你财富的多少和地位的高低，而是看多少人因为我们的存在而变得更好，或者看是否因为我们的存在，而让这个社会和世界变得更美好。

　　有的人活的是第一个自己，往往还不知道有第二个自己、第二个世界存在。而这第二个自己才是更广阔、更丰富、更自在的自己。要想找到第二个自己，就是要多与自己的内心对话，不断地拓展自己，发现人生的更多可能，挑战人生的更多不可能，这样才能真正找到第二个自己。

从小我到大我，从身体的我到更高的我

　　第一个自己是身体的我，外在的我，是小我；第二个自己是更高的我，内在的我，是大我。每个人的第一个自己后面都有第二个自己的影子，第二个自己就是第一个自己的内心小孩，这两个自己总是形影不离，共同伴随着一个人的成长。我们所能做的，就是经常让这两个自己聊聊天、叙叙家常、说说心里话，慢慢地就能实现小我和大我的统一，身体的我和更高的我的统一。

　　施一公曾在清华演讲中告诫学子，在追求小我的同时，心里也要有一个大我。他说，为个人奋斗是很重要，但这只是你生命中的一部分，因为你生活在一个大世界中，你看看你生活的这个国家，你看看中国社会的方方面面，有多少人需要你的关爱？你超越了多少人才有机会参加今天的毕业

典礼？你难道不应该有一点社会责任感？你不觉得到清华以后，如果你的人生目标还只是为自己、为自己的家庭找一份工作，实在是很狭隘？天下之大，有这么多事情需要我们去做，当你把自己限制到这么小的一个圈子里的时候，你的路只会越走越窄。"我衷心希望你们每一个人在追求小我的同时，心里也要有一个大我，即便在困境，也要有一个承担起天下的雄心壮志。做事的时候要做到极致，不留下遗憾。生命就是体验，既然体验只有一次，何不做到极致？"

在首届全球 XIN 公益大会上，面对时任联合国秘书长潘基文、英国前首相布朗、姚明、李连杰等嘉宾，马云指出，在世界上做了除自己以外的事情，才能赢得尊重。他说，做公益、做慈善都是人生一辈子中最大的一种福报。人们经常在问，人之初性本善，还是人之初性本恶？他一直觉得，从太极哲学来讲，人刚出生的时候，50% 的善和 50% 的恶是合在一起的，是教育、文化、信仰把我们的善意堆积了起来，善超过了恶。但是由于世界上各种各样的原因，往往恶的东西、坏的东西会偶尔淹没我们的善良，所以，我们需要擦洗自己的良心、善心。而唤醒擦洗我们自己善心最好的方法，就是参与点点滴滴公益的行动。"今天世界任何地方任何灾区，不会因为你捐出去的一点点钱而发生变化，你捐了钱，你自己发生了变化；因为你发生了变化，世界才有可能发生了变化。捐款真正发生变化的不是灾区，而是你自己。"

3.6 内心平衡了，什么就顺了

我们在第一章从长寿的秘密说起，这是让自己从另一个层面看问题的角度；第二章是专注的境界，这是让自己静下来的一种途径；第三章讨论的是倾听内心的声音，这是跟自己内心对话的一种方式。这三方面结合，自然就能想得明、看得开、定得住、找得见，就能做到内心平静、内心平衡。

内心平衡，是一个人在某个瞬间所能达到的最自然、最放松、最幸福的状态。内心平衡的人，表面上可能看不出有什么不一样，但是一举手、一投足、一个眼神、一个笑容、一句话语都恰到好处、自然而然。内心平衡了，就更容易看清事物的本质，更好地跟自己、他人及这个世界相处下去。

内心平静，才能感受真正幸福

如前文反复提到的，一旦真正静下来，沉浸进去，你就能进入一种奇妙的状态，就能感受到内生的幸福和力量。从另一个方面来讲，内心平静了，你会看到自己的内心，真正体会到幸福的意义，也就能更加专注于幸福本身。

中国佛教协会名誉会长一诚长老曾指出，现在大家都被五颜六色的名利迷住了心智，总认为功名利禄、光鲜的成就是非得到不可的东西，所以把人生的价值，全都维系在这些容易破灭、终要成空的肥皂泡上。实际上，非得获得名利，才能同时获得幸福感吗？并非如此。真正的幸福感，是从静定、安稳的心境中获取的。

在长老看来，即使一无所有，只要心灵富足，不起执念、欲求，生活也可以过得平常安然。那些时时忙于追逐、占有的人大概并不知晓，心境安然，过平常生活，是多么大的福分。因为在这样的生活中，你不用去惧怕什么，担忧什么，也不必承受过大的压力，为过分的欲望所苦，你拥有的只是一种淡看岁月来去的从容不迫，一种笑言苦难生灭的透彻安定。

只可惜我们静不下来，那些追逐和苦恼，时时刻刻占据着我们的心。想要的太多，可是无常总在破坏，于是心里的念头一面追逐着不可挽回的失去，一面又记挂着尚未得到的一切，生活和心情就在这样时悲时喜的状态中沉浮不定。

所以说，整理好自己的念头很重要，你得知道自己想要什么，以自己的能力能够获得什么，同时还得知道自己应该放下些什么，这样才不会在生活的洪流里丢失这颗平常心，才能在任何遭遇下稳住自己。

在长老看来，能够停下来，这很好。因为在奔忙中，少有人会去关注自己的内心状态。太忙的时候，你会看不清自己。停下来，让念头沉淀下来，好好地将它们理顺，问题就会一一呈现。脑子清明了，问题清晰了，解决的办法自然也就出来了。

内心平衡，才能进入自在状态

内心平衡是比内心平静更高、更深入、更放松的一种状态。内心平静是一种外在表现，是一种内在状态，更多时候是短暂的；内心平衡是一种人生态度，是一种生命境界，更多时候是持久的。做到了内心平衡，就能实现内在与外在的平衡、身体的我与灵魂的我的平衡、第一个自己与第二个自己的平衡。

要做到内心平衡，首先要学会常想一二，不思八九。台湾地区作家林清玄说，人生不如意十之八九，但至少还有一二是如意的、快乐的、欣慰的。我们如果要过快乐人生，就要常想那一二，这样就会感到庆幸、懂得珍惜，不致被八九的不如意所打倒了。林清玄从小喜欢读人物传记，他自己慢慢总结出一个规律：凡是大人物都是受苦受难的，他们的生命几乎都是"人生不如意十之八九"；但他们在面对苦难时也都能保持正向的思考，能"常想一二"；最后他们超越苦难，苦难便化成生命中最肥沃的养料，这都是为了他们开启莲花所准备的。

要做到内心平衡,除了安顿自己的内心、保持内在平衡外,还要考虑与外界的一种平衡。北京师范大学于丹教授认为,现在的人们往往是忽略了自己的内心,这可能是这个社会失衡的一个原因所在。在她看来,所谓生命的成长是在两个方向上,一个是向外无比辽阔地去发现世界,第二个是向内无比深刻地去发现内心。关键是有没有能力看到自己的内心和外在,在外在的变化和内心的平衡之间找到一种默契。日本作家村上春树也非常注重内在与外在的平衡。为了能心无旁骛地写作,他远离喧闹的市区,日出而作,日落而息,甚至连每日的工作量都严格规定好,几十年如一日坚持不懈。他说,在时间长河的冲洗中磨炼自我,抱定一颗恒心,一步一个脚印实现内心世界与外部世界的平衡。凭时间赢来的东西,时间肯定会为之作证。18世纪法国著名的启蒙思想家孟德斯鸠也强调与外界的平衡。他在《孟德斯鸠传》中指出,人的一生中,在与所有现实及他人发生关联的生活里,都不能只靠自己简单的理想而生活,或者说不能只靠自己认为最佳的那种价值去生活。一个人必须了解和经历过各种各样的生活、各种各样的历史、各种各样的制度,去不断地体会、融合、平衡,才有可能是最富有智慧的生活。

利己与利他结合,内心才会真正平衡

这个世界万物都是互相联系的,都处在一个大的平衡系统。人也一样是一个平衡体,需要内在平衡,需要内在与外在的平衡。从这个角度出发,一个人不能总是只考虑自己的事情,只做利己的事情,也要考虑他人、社会和世界的事情,做一些利他的事情。做到索取与奉献的平衡、内聚与外散的平衡、利己与利他的平衡,这样才能真正实现内心平衡,更好地实现人的平衡,进入一种自在的状态。

这是一种非常重要的思维方式，也是当今这个社会非常欠缺的一种思维方式。未来会 700 多个案例清晰地说明了这一点，做到了利己与利他的结合，内心才会真正平衡，就能发现更多人生可能，就有更多可能来成就更多可能，就能找到自己前进的力量。这一点是本书的一个重要结论，本书主要是围绕这一点展开的。

利益他人，才能体会到深层次的幸福快乐。为什么物质的丰富并不一定能让人的幸福感提升？因为这种快乐是表层的、不会持久的。掌握改变命运的力量，才是真正幸福的。如今，做公益慈善、有社会责任感的人越来越多，他们从利益别人的行为中感受到了快乐。利益他人能突破自我意识的局限，拓展对生命意义的认知，这是忙于自利的人体验不到的幸福。

做一些利他的事情，就会得到内心平衡。央视主持人白岩松曾提到在台湾地区采访的时候证严法师说过的一句话：当你帮助别人的时候，千万不要等到别人说谢谢你，你应该首先对他们说谢谢，是他们在帮助你感觉自己是有用的。白岩松说，他特别愿意看到他做任何善事之后自己的会心一笑，他觉得这样的笑脸才是最灿烂的。他说，如果你真的能够发自内心地去做些能帮助到别人的事情，你会得到平静。在这个时代，内心的平静是奢侈品，它应该比黄金还贵很多。做任何事情不是做给别人看，而是让自己感觉心灵的平静，让自己离幸福近了。

证严法师还说，有人以为，以东西布施于人就是有爱心。其实，那只是付出了行动去帮助人。事实上，应该要感恩让我们帮助的人，因为他让我们学会爱自己的心——使心不起恶念，照顾自己的心，时时发挥善的功能。所以说，"爱心"不是给人物质，而是经由别人，启发出自己的智慧和慈心。

人生最曼妙的风景，是内心的淡定与从容

如果看未来会的很多案例人的照片，你就会发现，无论是百岁老人，还是几岁孩童，他们几乎都是非常淡定和从容的。这是因为他们都有一颗美好的心，所以内心总是平衡的。一个人快乐的感觉一定是在内心平衡之后，才慢慢地自内而外散发出来的。一个人最美丽的状态，就是进入那个活生生、极度放松、自然而然的状态。

钱钟书夫人杨绛先生在《一百岁感言》中写道：我们曾如此渴望命运的波澜，到最后才发现，人生最曼妙的风景，竟是内心的淡定与从容。她说，我们曾如此期盼外界的认可，到最后才知道：世界是自己的，与他人毫无关系；保持知足常乐的心态才是淬炼心智、净化心灵的最佳途径。一切快乐的享受都属于精神。这种快乐把忍受变为享受，是精神对于物质的胜利，这便是人生哲学。

国学大师楼宇烈曾自创了一副对联，上联是"师天地心广大"，下联是"顺自然至中和"。意思是以天地为师，心胸要广大；顺其自然，达到中和。在先生看来，整个中国文化从某种意义上来讲就是追求中和。只有顺其自然，才能达到中和。圣人之道，中庸而已；中庸之道，顺其自然而已。

在国学大师饶宗颐眼里，中国文化是用之不竭的精神富矿。他曾说，茶、瓷器和玉器，都是中国要素。中国的茶文化讲究一个"定"字。"定"就是心力高度的集中，内心安宁，才能实现心"定"。有人问他如何养生，得到的典型回答就是："我每天坐在葫芦里。"他引用明代诗人余善的诗句"一壶天地小于瓜"，说清静达观，身心愉悦，自然就长寿。

分享小贴士：

  一个人快乐的感觉一定是在内心平衡之后，才慢慢地自内而外散发出来。一个人最美丽的状态，就是进入那个活生生、极度放松、自然而然的状态。

  一个人不能总是只考虑自己的事情，只做利己的事情，也要考虑他人、社会和世界的事情，做一些利他的事情。做到索取与奉献的平衡、内聚与外散的平衡、利己与利他的平衡，这样才能真正实现内心平衡，更好地实现人的平衡。

  这是一种非常重要的思维方式。未来会700多个案例清晰地说明了这一点，做到了利己与利他的结合，内心才会真正平衡，就能发现更多人生可能，就有更多可能来成就更多可能，就能找到自己前进的力量。

The Second You
From Altruism

第四章

爱的温度

说一千句，不如一个行动。行动起来，就能看到自己的力量。

——中共中央政治局原常委、组织部原部长宋平

我愿倾我所有，尽我所能，能救一个是一个，能做多少是多少。

——著名歌手、公益人韩红

假如我是一盏灯，能够照亮一条路就好了。而且，我还留下了有生命的基金会。这个基金会拥有的资产，足以长久地进行公益事业。而我的儿孙，谁都不能从基金会得到任何利益。

——长江实业主席李嘉诚

如果你的梦想是让世界变得更好，那么你需要找到一件你感兴趣的事，然后一步步去实现。比如我，就痴迷于水卫生的问题。我希望我的故事能让大家知道，我们都能创造不同，这个观点适用于每一个人。

——6岁开始为非洲人挖井的加拿大人瑞恩

每一份无私的奉献，每一次的参与和爱心，都可让我们更加充实。而所有的争权夺利也会让我们更贫乏。这一直是个奇妙又简单明了的生活智慧，而且千古不变。印度人最早明白了这个道理并且告诉世人，然后是希腊人，然后是耶稣，以及千百个哲学家和诗人……他们都诉说着相同的最高智慧，他们都强调权力、财产、知识无法让人快乐，唯有爱才可以。每个无私的举动、每个因为爱所作的割舍、每个同情怜悯，每次的自我牺牲，看起来放弃、牺牲了很多东西，实际上只会充实我们，增长我们的智慧，也是唯一能使我们成长与进步之道。

——德国作家黑塞（Hermann Hesse）（1877—1962）

第四章　爱的温度

前面三章，更多的是讨论一个人自己，主要是向内观察，如何才能活得更好，如何才能做更好的自己。在接下来的两章里，我们将从爱和信仰两个角度出发，开始向外观察。这个时候我们就会发现，每个人都有自己的力量去改变一些东西，从而让这个社会和这个世界变得更好。同时，我们自己也能从另一个意义上变得更好，进入一个新的境界，达到一个新的高度。同时，在这个过程中自然就会有更多资源、机缘来帮助你、成就你。这是被未来会大量案例所证明的。

如果说前面几章提到的案例人更多的是一些耳熟能详的"大人物"，这一章可能更多的是一些不为人知的"小人物"。他们更多的是一些平凡的人，跟我们大多数人一样，就在这个世界的某个角落，也许就在你我身边。他们默默无闻做着一些看似平凡、实则伟大的事情，让我们真实感受到"小人物"的"大力量"。

在未来会，不管是"小人物"还是"大人物"，他们共同的一点都是利他的人、有大爱的人、有心灵温度的人。也许正是他们的灵魂温度，成就了他们的格局之高；正是他们的内心之美，成就了他们的光环之大。

4.1 行动起来,就能看到自己的力量

我们每个人都有、也最宝贵的,可能就是时间和爱心了。如果能把这些东西奉献出来,真心去做、用心去做,就能在潜移默化中影响他人、改变世界。爱,不需要惊天动地;行动,比什么都重要。正如中共中央政治局原常委、现已百岁高龄的宋平老人所说:"说一千句,不如一个行动;行动起来,就能看到自己的力量。"

每个人都有自己的力量,这句话听起来似乎是一句口号,但如果你看看下文中的这些案例,你就会发现它是如此的实实在在和不可思议。

身边流淌的爱

"共享冰箱"。2015 年 4 月,西班牙一个小城的街头出现了世界首台"共享冰箱"。里面储存着各种食品如水果、蔬菜、面,需要的人可随时免费拿取。"少扔掉,多分享"是这个项目的口号。Alvaro Saiz 是发明"共享冰箱"的幕后功臣,此前曾为穷人设立"食物银行"。他解释:"当初在金融风暴之后,许多穷人在垃圾堆里找食物,这样丧失尊严的现象使我警觉:为什么我们会丢弃这么多食物?"于是"共享冰箱"的想法就冒了出来。如今,"共享冰箱"已经被复制到世界很多地方。

"爱心墙"和"马路商店"。2015 年 12 月,伊朗东北部城市马什哈德

出现了"爱心墙"。一位不愿具名的市民在一面墙上钉上挂钩和衣架,并在墙上写下:"如果你不需要一件衣服,请把它挂在这里;如果你需要这件衣服,就把它带走。"在南非同样也出现了"马路商店"。这个"马路商店"实际上就是路边开放货架。流浪者只要看中其中的商品,都可以免费带走。从2014年发起至今,世界各地有470个"马路商店"建立了起来,有270万名志愿者加入。项目发起人马克·帕扎克(Mark Pazak)表示:"这是非常有尊严的方式。因为对于很多流浪者来说,也许这是他们第一次可以自己挑选想要的商品——在此之前也许他们都是被给予。"

爱心粥屋。2013年11月,62岁的河南老人蒋爱荣等12名志愿者在郑州创办了"爱心粥屋",免费向附近的环卫工人、流浪者、老人等提供早餐。粥屋每天开支超过300元。蒋爱荣说,她们已在中国志愿者网上公布捐款和开支明细,做到透明化,希望把这件好事长久地做下去。

"比萨传递计划"。在美国费城出现了一家火遍全美的爱心比萨餐厅。店老板梅森·沃特曼推出的创意是,来店买比萨的顾客可以多花1美元,为有需要的人预留一块比萨。这家店更特别的是贴满整面墙的五颜六色的便利贴,上面写满了感谢的话和鼓舞的话,比如:"上帝会祝福你,这是我今天吃到的唯一一餐";"我们一直都在你身边,去做正确的事吧,相信你会创造奇迹——要记住,那只是时间问题"。沃特曼说,自己一直想通过自己的事业帮助更多人,直到有一天,一位顾客询问,能否多花1美元买一块比萨,留给需要帮助的人。

有温度的创新

盐水灯。在菲律宾群岛,有超过7000多个岛屿用不上电。菲律宾人爱莎·米耶诺（Aisa Mijeno）创造出一种革命性的台灯，它不需要电池，仅靠一杯盐水就能发光。她希望通过这个灯给在沿海地区生活的人们找到一种对环境友好，且适用于当地的替代性光源。米耶诺说："它不仅仅是一种产品，还是一种社会运动。我希望改变世界光资源的贫富差距。"在 2015 年菲律宾 APEC 峰会上，时任美国总统奥巴马邀请米耶诺和马云参加了他的对话环节，称赞她简直就是青年创业者的典范，有头脑有想法。

便携式冰箱。英国小伙威尔·鲍德威（Will Broadway）在柬埔寨深受触动，于是发明了一款可以将疫苗保存在最佳温度的便携式冰箱。他的发明可以在 30 天内保持稳定的温度，这让他赢得"詹姆士戴森年度全球大奖"。因为他的设计完美解决了一个重大难题：如何解决边远贫困地区疫苗、血液和器官运输中的保温问题。然而他并没有将这个发明商业化，拒绝申请专利。他说："我设计的东西都不是给那些衣食不愁的人服务的，我想要为那些贫无立锥之地的人们发明东西。"

婴儿保温襁褓。因为没有条件用或者用不起婴儿保温箱，每天全球有一万多个早产儿活不过第一个月。斯坦福大学华裔女孩简·陈（Jane Chen）意识到，必须要有一个能够就地取材的办法，要有一个可不插电的工具，简单易用，不会难倒母亲和产婆，因为大多数婴儿是在家中出生的。通过反复试验，她成功研制出一种取名为"拥抱"的保暖袋。这个保暖袋神奇的地方就在一包蜡里。这是一种渐变性材料，形似蜡，熔点为 37℃，用热水就可以把它融化。当它融化时，它将保持恒定的温度，每次维持 4 小时到 6 小时，之后还可以反复加热。这样就能为婴儿营造一个温暖的小环境。最重要的是，它真的做到了只有昂贵保温箱价格的 1%。如今，靠这种保暖袋温暖的小生命已超过 15 万个。她说，通过简单的"温暖的拥抱"，我们可以拯救许多生命，"因为我坚信，每个人都应该有活着的权利"。

可发电的足球。杰西卡是哈佛大学的一名非洲裔学生。一天,她看见足球场上学生们正在踢足球,她脑子里灵光一现:"既然踢足球是一种能量消耗,为什么不能把这部分能量转化为动能呢?"于是她在足球里面尝试设计了一个小摆锤,每次一踢球,摆锤就开始摆动,与此相连的发电机就开始工作,所发的电被内置可充电的电池存储了起来。这个足球踢30分钟所产生的电量,能为6瓦的LED灯供电3个小时,一场比赛下来足球满电时,能持续给这种LED灯供电3天。因为这个充电足球杰西卡获得《财富》杂志"十佳最强大的女企业家"称号。

一辈子的爱心

为纪念战友,六旬老人在天台山攀崖种树30年。四川省泸州市叙永县城南20千米有座山,整座山远远望去宛如巨型石台,所以命名为"天台山"。30年来,刘昌贵老人每天都会顺着石阶爬上那片荒山种树,前前后后一共种了20多万株杜仲树。谈到为什么承包这片荒山种树,刘昌贵说,当年他参军,有幸从战场上活了下来,跟那些二十几岁就战死沙场的战友相比,他算是幸运的。"我的那些战友,好多都是年轻小伙子,连媳妇都没娶过,他们为国家牺牲了。为了纪念他们,我觉得我应该为他们、为社会做点什么。开垦荒山种植中药树,能寄托我对战友们的哀思,还能植树造林,只是没想到这一干就是30年。"

为给慈善机构筹集善款,101岁老奶奶挑战高塔垂降30年。英国老人多丽斯·朗恩(Doris Long)已经多次打破自己创下的世界纪录,从英国171米高建筑上沿着绳索垂直降下,成为世界上年龄最大的挑战者。她因此获得"大英帝国员佐勋章"。原来她从85岁便开始接触高楼垂降运动,数十年的挑战全是为了给当地慈善机构筹集善款。她希望利用大家关注的时刻，为公益慈善发声，期待大家能用实际行动来帮助这些病患者和年长者。多丽斯希望这个挑战能够一直延续下去，只要自己还在世，每年都要争取再来挑战一次。

这样的例子在未来会还有很多：吉林东辽106岁老人代喜增，60年义务植树百万感动中国；沈阳下岗工人赵永久30年来每月拿出收入的三分之一做慈善，甚至还曾卖掉了自己的唯一住房；杭州八旬老人陆树芬6年来做了近700条"爱心被"，她希望把她的"爱心被"传递到世界的每个角落；合肥七旬老人王宏云5年来做了800个爱心板凳，全部无偿捐给福利院；江西八旬老人周文荣，20多年如一日在汉仙岩景区半山腰为游客免费冲泡茶水；河南淅川独臂老人李进群在水库捡垃圾44年，保护丹江口水库水源；成都七旬老人胡远根是当地有名的"风车爷爷"，曾制作1000个风车，用义卖所得资助贫困生；长沙八旬老人蒋云全每天要求自己做一件对居民有意义的事；美国得州拉瑞·梅肯从54岁开始跑步，如今已累计参加了1500场马拉松比赛，他希望把一部分奖牌捐献出来，用于儿童癌症治疗的公益事业。

走进TA的世界

"大爱清尘"志愿者。演员袁立多次到偏远地区慰问尘肺病患者，每到一个地方她都会下到村庄，把善款亲自交到患者手上。她曾在微博中写道："希望更多的农民兄弟了解粉尘作业，比如隧道、矿场、大理石切割的粉尘危害，这会对身体造成不可逆转的严重后果。请大家帮忙转发！"袁立说，一个人一辈子做不了太多事情，自己永远是"大爱清尘"的志愿者。

大凉山的全家福。吉林动画学院的赵明大学四年曾多次独自前往四川大凉山，为那里的贫困山民免费拍摄全家福，累计超过 5000 张。这些照片对这里的很多村民而言，可能是他们一辈子唯一的一张全家福，但对于赵明而言，每次进山如同一次心灵发现。看到孩子们渴望的眼神和大家幸福的笑脸，他觉得自己所有的坚持都充满了意义。同样关注大凉山的还有中国工商银行原行长杨凯生。他五进大巴山区，两进大凉山区，拍摄了数百张饱含人性温度的照片。年过七旬的他还以这些照片为基础举办了多场分享会。他说，每每看到这些照片，他就充满了怜惜、心痛和责任。"以后我还要去，这已经是我心中一个挥之不去的牵挂"。他也希望通过这样的分享，让更多的人特别是年轻人，能够有所感悟和收获。

心目影院。在北京鼓楼的一座幽静四合院里，有一处专供盲人朋友"听"电影的"心目影院"。这是红丹丹创始人郑晓洁和她的丈夫王伟力创办的。郑晓洁说，"心目影院"是灵光乍现的结果，源于 2005 年他们和一位盲人朋友在家里看电影。她回忆说："我们一边念对白，一边解说电影情节，讲完后都累傻了，盲人朋友却激动地抱起他在地上转了两圈。"盲人朋友的反应让郑晓洁夫妇深感意外，也突发奇想，创办了这个也能让盲人"看"的电影院。

4.2 播种梦想，总能改变些什么

行动起来，就是在播种梦想。你开始做了，就能感受到快乐，就有更大的激情继续去做，就能看到有更多的人也在做，就会发现有更多的感动、快乐、惊喜、资源、机缘来鼓舞你、帮助你、成就你。播种梦想，就是种下希望的种子，自己能成为大树，同时也能给这个世界带来美好。

本节的五个故事，分别来自俄罗斯、中国香港、巴西、中国内地和美国，做的是我们很多人也可以很容易做到的事情。正是因为他们有梦想，把梦想一步步地变成现实，他们也就成了更多人心中的一盏灯。这个社会需要更多这样有温度的梦想、有温度的行动、有温度的人。

他带着自己的月亮周游世界，照亮黑暗贫瘠的角落

俄罗斯艺术家李奥尼德·季什科夫（Leonid Tishkov）原本是一个医生，但他骨子里渴望过上诗意般的生活，于是他辞去了工作，成为一名前卫艺术家。

在一个寂静的夜晚，季什科夫躺在庭院的竹椅上，抬头望着天上的月亮，对着月亮诉说自己的故事，很快他就感觉自己没那么孤独和寂寞了。于是他灵机一动：要是月亮能一直陪伴着我该有多好？无论我走到哪里，哪怕是深夜一个人，它都能一直能陪着我。后来他真的用 LED 制作了一个巨型月亮艺术装置。

12 年来，季什科夫带着他的月亮开始了一段环球之旅：中国大陆及台湾地区、新加坡、新西兰、日本、美国、法国、奥地利、瑞士、北极……足迹遍及了大半个地球。每到一处，季什科夫都会写下一首诗。对他来说，洁白的月光就是最美的诗。

"当我把我的月亮带到工作室的屋顶，它只对我闪亮，点亮了我的孤独；当我带着它旅行，就能把这份浪漫带给全世界的人们。"季什科夫说，"我希望我的月亮，能把不同地区、不同种族、不同文化的人联结在一起——每个见到它的人可能都无法忘记。它为我们单调而现实的世界带来了童话和诗意。"

"在一片冷漠而困倦的大地上,我看见一个理想的王国,我与我的月亮建造了这个王国,并带着我们的情意栖居于此。"作为一个理想主义者,季什科夫认为他的月亮如同一个圣洁的天使,照亮了每个黑暗贫瘠的角落。"一些极其细小的,或者看似无关紧要的东西,只要和月亮相遇,就可以反射出意义和永恒。"

香港女孩邓家怡:只要开始行动,就总能改变些什么

虽然年纪轻轻,香港女孩邓家怡却有着多个头衔——中国孩童创意行动协会(DFC 中国)会长,《Dream Mag》(梦想)杂志创办人,同时经营着两个旨在孵化年轻人梦想的实践咖啡店。

但就在这之前,她还只是一个在香港科技大学念会计专业的学生,从没有想过自己还有能力去改变些什么。而这一切,是从成为一名"糖水女孩"开始的。

2010 年底,邓家怡与同伴发起"籽乐行动",每周六晚上推着载满糖水的小车,向沿途拾荒者派送。"籽,代表种子;乐,代表快乐。我们深信,每个人心中都有一颗快乐的种子。我们想做一群播种者,透过不同渠道在社会散播快乐的种子。"这些种子在她心中播种后,便一发不可收拾。2011 年,邓家怡大学毕业仅仅工作了 4 个月就辞职了,转向开始创办自己的杂志《Dream Mag》(梦想杂志),她想通过大大小小的公益创意故事鼓励年轻人勇敢追梦。

2012 年,邓家怡听到了"全球孩童创意行动挑战 DFC"(Design For Change)的创始人印度人 Kiran Bir Sethi 的演讲,她深受触动,于是就和几个朋友一起在香港成立了 DFC 中国。从 2015 年 3 月开始,这一群一开始零

赞助的青年自掏腰包，到深圳、广州、上海、青岛、北京等多个城市开展"DFC 工作坊"。

DFC 是一个非营利儿童创意行动，鼓励孩子们去发现想要改变的社会问题，并可以利用一个有创意的点子，透过感受、想象、行动、分享四个简单步骤，让孩子关心社会、发挥创意并且付诸行动解决问题。

"DFC 特别的地方，是不会限制孩子，告诉他们有什么问题需要解决，而是让他们从自身出发，发现问题，并用行动去改变。"她说，这样的行动传递的就是让孩子建立自信心，同时，也是一次梦想的播种，告诉他们那些看似天马行空的想法，都有可能实现。

在邓家怡看来，创办 DFC 中国，其实也是去做一个梦。很小的梦想也是很好的，做自己喜欢的事情就是梦想。正如 DFC，虽然没有很多钱，但也可以做很多好的事情。她说，"我追求的不是成功，我一直在学习爱人，这比成功更重要！"

邓家怡参与的多个项目，看似互不关联，但她认为她所做的一切，都与学会梦想有关。她说，这些项目，都没有完结的一天，也没有限定一定要做成什么，路都是慢慢走出来的。"只要愿意一步一步做出来，就会有不同惊喜、机会、资源，来成就你想做的事情。"

他用一支画笔，将卑微变成圣洁

为了让垃圾清理工的形象更体面些，巴西涂鸦艺术家蒂亚戈·蒙德诺（Thiago Mundano）决定用手中的笔和涂料美化垃圾收集车。

他没有想到，他的善举影响了巴西的垃圾回收工作。很快，圣保罗街头就出现了一道亮丽的风景，那些因劳累而愁眉不展的人，也开始笑了起来。

这些垃圾清理工，凭借蒙德诺的创作，顿时吸引了无数路人。人们停下脚步，跟这些垃圾清理工聊天、合影，并向他们表达敬意。与此同时，关心这些垃圾清理工的人越来越多，慢慢地人们也不再随手丢垃圾。

媒体的关注和报道，则让这项声势浩大的运动锦上添花。蒙德诺和朋友成立的公益组织"Pimp my CARROCA"（美化垃圾车）也应运而生。原本只是一个人的善意之举，最终发展成为众人助力的公益组织，这让他心里乐开了花。而为垃圾清理工服务的队伍，也越来越壮大。

如今，蒙德诺的名气越来越大，智利、南非、美国、日本等国家的公益人士，都纷纷向他的公益事业取经，请他演讲。在巴西，他的知名度甚至一度堪比巴西球星和名模，在路上时常被热情奔放的巴西人搭讪。

正是蒙德诺的一支画笔，让清洁工得到了前所未有的尊重和关怀。

"河马"3D 放映队：绕中国版图轮廓走一圈，给孩子带去快乐

这是一支由自驾游爱好者自发组建的放映队，他们的足迹遍布全国大部分省、市、自治区，到达 142 所学校，为 5 万余名儿童免费放映 3D 电影。他们的梦想，是让贫困地区的孩子都能看到 3D 电影。

绕着中国版图的"雄鸡"轮廓走一圈，是队长宣银坡心中的梦想。因为热爱自驾游，他去过一般人很少到达的许多地方，这让他本能地"想做点什么"。

要做，就做一件"永恒"的事。想来想去，宣银坡觉得，对快乐的记忆

是永恒的。于是，他在 2011 年召集了一群自驾游伙伴，大家凑钱购买了 3D 电影放映设备，组建起一支"传递快乐"的放映队。

这些年来，"河马"3D 放映队走过高原，走过雪山，一路播撒快乐，同时也经受着严峻考验。有一年夏天，放映队来到黑龙江漠河北红村小学，这里是中国最北的一个村落。放映结束，他们驱车返回县城，却发现公路全被洪水冲坏了。没办法，只能从大兴安岭绕路走。但进林区后他们就迷路了，车队在森林里绕了整整四天。最后终于看到城市公路的时候，大家许久才推开门下车，相互拥抱。

有了这次惊心动魄的经历，宣银坡依然觉得自己做的只是一件"很普通的事"。因为让他真正受到震撼的，并不是这些危险。有一次，放映队来到内蒙古边境地区的一所小学。简陋的教室里，孩子们第一次看到了 3D 电影。

放映结束，宣银坡让孩子们画下自己的感想。大家都在画画的时候，一个患有佝偻病的小男孩过了好久，才慢吞吞地动笔。他画了自己的车，又在车上画了一双翅膀，突然回头问宣银坡："翅膀应该涂什么颜色？"宣银坡说："你喜欢什么颜色，就画什么颜色吧。"没想到，孩子竟然回答："叔叔，你们在我心里就是天使，天使的翅膀是没有颜色的。"

那一刻，宣银坡激动地流下了眼泪。他才知道，自己做的这件"简单的小事"，会在孩子纯洁的心中被如此放大。"这就是我前进的动力。"他说。

"美丽中国"：点亮中国的一盏灯

"美丽中国"是目前国内最大的支教公益组织，它的运作模式是把国内最优秀的大学毕业生，送到贫困地区最需要老师的学校支教两年。

可能很多人听说过"美丽中国"这个项目，但不一定熟悉这个公益组织的发起人潘勋卓（Andrea Pasinetti）和理事长刘彭泽（中组部原副部长）。

潘勋卓是美籍意大利人，创办"美丽中国"那一年他21岁，刚从普林斯顿大学来到清华大学。在准备关于中国新农村建设的毕业论文时，他走访了云南、广东、青海等地的农村小学，受到很大的触动。他听到最多的一句话就是"我们这里缺老师"，于是他决定创办"美丽中国"。

而刘彭泽跟"美丽中国"结缘很简单，因为他的女儿刘芳是"美丽中国"的支教老师，就是因为受到"美丽中国"的感染。从高官到志愿者，刘彭泽决心以老骥之身，把"美丽中国"带到中国最好的公益教育机构之列。他说，"我觉得'美丽中国'帮我找到了人生的价值和意义，我希望以后不要介绍我是什么人，只说一句：我在'美丽中国'工作过，就够了。"

在一次分享会上，有人质疑名校毕业后去贫困山村支教，这样做到底有多大意义？当时的支教老师一时不知如何回答才好。刘彭泽接过话筒说，很多事情不是说你完全想清楚了才去做，而是你应该先主动勇敢地踏出第一步之后，边做边不放弃思考。"如果我们每个人在做事情之前，在你们这个年龄，还犹豫不决，还谨小慎微、唯唯诺诺，那就没有人再去勇敢踏出这一步，没有人再去做这件事情。"

"教育的关键是育人，我们选拔出优秀的大学生走进山村，就是在传递一个正能量，就是说，世界上还有人在互相关心、互相爱护。这个作用，我觉得往往比用分数衡量一个老师的作用大得多。"在刘泽彭看来，"美丽中国"更重要的是一种精神力量的传播，这将发挥出更加深远的社会影响。

4.3 改变世界,不必等我长大

本节是四个孩子用自己的力量改变世界的故事,包括6岁加拿大男孩为非洲人挖井、7岁美国女孩为非洲孩子筹集蚊帐、9岁德国男孩种树、12岁加拿大男孩成立"国际儿童教育基金"机构。他们都是因为小时候看到的一篇报道或者在学校上课的触动,而开始公益慈善事业的,都是"小人物"把"小梦想"变成"大事业",最后成为改变世界的"大人物"的故事。

值得注意的是,在本书涉及的案例及未来会700多个案例中,很少有中国内地青少年的身影出现。在本书最后的附录部分,我们做了一个初步统计,在入选本书的案例人中,中国内地的青少年占比不仅远远低于内地中青年和老年人比例,而且远远低于全部青少年在全部案例人中的占比,还远远低于美国和台湾地区的青少年在所在国家和地区案例人中的比例。这从一个侧面说明,我们在青少年社会责任教育实践方面做得还远远不够,值得反思。

他6岁开始做公益,梦想是让非洲每个人喝上干净水

在人教版小学五年级语文课本中,有一篇文章《梦想的力量》,讲述的是一个加拿大男孩瑞恩为非洲人挖井的故事。

到2016年,瑞恩通过"Ryan's Well"(瑞恩的井)基金会已在非洲挖了

1000口井，修建1229间公共厕所，遍布16个国家，惠及约85万人。而这一切，源自他1998年6岁时的一个小小的愿望——为非洲儿童挖一口井。

当时老师告诉瑞恩，非洲的孩子不仅买不起玩具，也没有足够的食物和药品，甚至喝不上一口干净的水。老师的话深深地印在瑞恩的脑子里。这一天放学回到家，瑞恩就向妈妈要钱，"我要给非洲的孩子挖一口井"。

瑞恩并没有立刻拿到这笔钱，因为妈妈告诉他，要靠自己的努力去挣。从这一天起，瑞恩开始攒钱。在坚持了4个月后，他终于攒够了70加元。

当瑞恩把钱交到非营利组织时，负责人告诉他，70加元其实只够买一个水泵，在非洲修一口井则需要2000加元。"好啊，那我回去再接着攒。"瑞恩的善心和坚持，感动了妈妈的朋友，她把他的故事写成文章寄给了报社，故事就叫作《瑞恩的井》。故事很快就被登了出来，其他媒体纷纷转载，加拿大发展署也站出来支持瑞恩的善举，2000加元很快被筹齐了。而这些捐款的名义，都是"瑞恩的井"。

6岁做公益，18年挖千口井，让85万人喝上干净水，这些事似乎都已经成了瑞恩生活的一部分。但他还希望更多人加入进来，于是他到处宣传，号召大家一起来帮忙，也出席各种国际会议，向更多的人讲述他的梦想……

瑞恩的母亲说，她永远不会忘记踏上非洲的土地时，看到那么多来感谢的人。"瑞恩让我了解，只要每个人都做出努力，就能够改变世界。"

瑞恩说，"如果你的梦想是让世界变得更好，那么你需要找到一件你感兴趣的事，然后一步步去实现。比如我，就痴迷于水卫生的问题。我希望我的故事能让大家知道，我们都能创造不同，这个观点适用于每一个人。"

一个 7 岁小女孩拯救 2 万名非洲孩子

2008 年,美国各大电视台、报纸、网络都曾经报道了一个 7 岁小女孩的巨幅照片。这个叫凯瑟琳的小女孩引起了美国乃至整个世界的轰动——她看到疟疾在非洲每 30 秒钟杀死一个孩子的纪录片后,对非洲孩子产生了强烈的同情心,她用一个平常人的力量筹集了数百万美元的善款,拯救了数十万个小生命,成了一名为非洲儿童募捐蚊帐的"爱心战士"。

最开始看到触目惊心的镜头,凯瑟琳就对妈妈说"我们必须做点什么!"很快她就募捐了 10 顶蚊帐的费用。她为此收到了"蚊帐协会"特别定制的荣誉证书。证书中还有一封信,写道:"亲爱的'蚊帐大使'凯瑟琳,你的蚊帐将被送到非洲加纳斯蒂卡村庄,那里常年干旱,有 550 户人家……"550 户人家?为了筹集更多的蚊帐,凯瑟琳决定用舞台剧的形式募捐。演出非常成功,短短 3 分钟的表演,她让现场的所有人都明白了蚊帐可以拯救非洲儿童。凯瑟琳天真、善良的表演感动了很多人,当天就收到了 800 美元的捐款。从那以后,凯瑟琳经常被邀请去讲述蚊帐救人的故事。

凯瑟琳的行为掀起了为非洲捐蚊帐的热潮。2007 年 4 月的一天,电视上播出了一则有贝克汉姆参演的为非洲募捐蚊帐的公益广告。"他真棒!他应该受到表扬!"小小的凯瑟琳这样想。一个星期之后,贝克汉姆就收到了"蚊帐大使"的"颁奖证书"。贝克汉姆不仅珍藏这张比任何奖品都珍贵的"证书",还把"证书"的图片放到了个人网站上。

这给了凯瑟琳极大的鼓舞,她又有了新动作,她和好朋友们一起精心制作了上百张新的证书,决定给福布斯富豪榜上的每个人都寄一张,向他们募捐。凯瑟琳在其中一张证书上认真地写道:"亲爱的比尔·盖茨先生:没有蚊帐，非洲的小孩会因为疟疾死掉，他们需要钱，可是钱在您那里……"比尔及梅琳达·盖茨基金会很快就为此捐出了 300 万美元。

在凯瑟琳之前，估计没人相信一个 7 岁小女孩竟有如此大的能量。事实证明，有爱心，有行动，每个人都能改变世界。

他 9 岁宣布种树 100 万棵，13 岁在联合国发表演讲

联合国大会通常不会邀请孩子来发表演讲，然而 13 岁的德国少年菲利斯·芬克拜纳（Felix Finkbeiner）却凭借突出成就登上了这里的演讲台。

他戴着哈利·波特式的眼镜，提出了一个沉重而严肃的话题：气候变化。他说："我们这些孩子明白，其实大人们知道眼前所面临的挑战，也知道应该采取办法解决，但我们不能明白，为什么大家很少采取行动。"

如今芬克拜纳不仅创建了公益组织 "Plant-for-the-Planet"（为地球植树），还发起了联合国"为地球植树 10 亿棵"活动，迄今已在 130 多个国家种下超过 140 亿棵树。该组织还把目标提高到一万亿棵树，即全球平均每人种植 150 棵。

"为地球植树"其实来源于他四年级时的一次学生作业，主题就是气候变化。对于一个 9 岁的孩子而言，这意味着他最喜爱的动物北极熊会面临危险。这给了幼小的他很大的震撼。他意识到，其实不仅仅在于拯救北极熊，而是拯救人类。"他在这次作业中出人意料地宣布，要在德国境内种植 100 万棵树。那个时候，没有人真的期待他能做些什么。然而两个月后，他就在校门口旁种下了人生中的第一棵树。

2011 年，年仅 13 岁的芬克拜纳在纽约联合国总部发表演讲。当时他领

导的"为地球植树"已经在德国种植了100万棵树。

对于那些气候变化怀疑论者，芬克拜纳知道如何改变他们的观点。他说："如果我们听从科学家的意见采取行动，即使20年后发现他们错了，我们也不会有什么损失；但如果我们选择了怀疑论者，如果20年后发现他们错了，那就来不及拯救我们的未来了。"

他12岁成立"国际儿童教育基金"

加拿大男孩柯伯格（Craig Kielburger）12岁时成立了"国际儿童教育基金"（Free the Children，FTC），救助世界失学儿童。如今，FTC已经成为公认的全世界最大的由青少年管理和领导的慈善机构。

1995年，年仅12岁的柯伯格在看报纸时，突然被一篇描写巴基斯坦受虐童工的报道深深触动。当年底，柯伯格见到了天主教圣人德兰修女。修女对他说，"你不可能每天都做伟大的事情，但你可能做的每一件小事都有伟大的意义。你可以从'富人'那里得到财富，但更可以从'穷人'那里学到更多做人的道理。"也就是从那时起，柯伯格决定要做些什么，帮助这些遭受苦难的同龄人。

如今，因柯伯格而改变命运的儿童遍布全球，FTC在拉美、非洲、亚洲等数十个发展中国家的贫困地区建立了数百所学校，为当地贫困儿童提供基础教育、文具和保健品项目，也包括为战火中的儿童资助和平项目等。柯伯格也因此经历了与众不同的成长生涯——如今的他，已走遍世界50多个国家，拿到了全世界儿童的最高奖项"世界儿童奖"，三次获诺贝尔奖提名，还被联合国评为"未来20个全球领袖"之一。

柯伯格说，"我自己的成长经历告诉我，要改变世界，并不一定要等我们长大。我们这个年代的人被假设为明天的领袖,我们一定要从今天就开始当家做主。"柯伯格还特别强调,他走了50多个国家,没发现有比中国孩子更努力读书的孩子,但是中国的孩子普遍缺乏自信和社会活动能力。"未来的领袖人物一定要有奉献精神,并能把精神带给别人,而这种领导才能是可以被训练出来的。"

4.4 光环之外,他们都是有温度的人

前面几节大多是一些看似普通的"小人物",这一节我们把眼光转向那些有着巨大影响力的"大人物",比如习仲勋、宋平、叶帅次女凌孜、陈坤、姚明、韩红、马云、牛根生、李嘉诚、吴清友、比尔·盖茨、稻盛和夫等。在这些政界元老、文化名人和商界巨擘的光环之外,他们还有一个隐藏的共同特征:他们不仅是所在领域杰出的人,还能用自己的影响、自己的力量播种大爱,温暖更多的人。他们就像是沙漠中一片绿洲、茫茫大海中的一座灯塔,总能给这个世界带来温暖,总能给人以继续前进的信心和力量。也许,正是因为他们的灵魂之暖,成就了他们的事业之高;因为他们的内心之美,成就了他们的光环之大。

习仲勋:对人要做"雪中送炭"的事情

习仲勋在孩子很小的时候就教育他们说:对人,要做"雪中送炭"的事情。他还不止一次告诉孩子们"雪中送炭惟吾愿"。"雪中送炭"的待人情怀不但贯穿了他自己的一生,也给子女从小树立了一生待人的准则。

纵观习仲勋的一生，他历经冤屈、坎坷、磨难，却从来无怨无悔、顾全大局，一生都在"雪中送炭"。该谦让的，他谦让了；该忍耐的，他忍耐了；该承担的，他承担了；该挺身而出的，他都挺身而出了。他曾经由衷地说："我这个人呀，一辈子没整过人。"

实际上，在特殊的历史年代中，无论是在"左"的或"右"的错误发生时，"没整过人"，就是在人一生最艰难的时刻帮了人。在那些蒙冤岁月里，习仲勋对污蔑不实的所谓"问题"，能揽过来的就坚决揽过来，宁可一个人承担责任，也绝不牵连他人。他说："我身上的芝麻，放在别人身上可能就是西瓜；别人身上的西瓜，放在我身上就是芝麻。"

宋平：老同志都可以贡献扶贫助学事业

宋平是最为年长的政界元老之一。百岁高龄的他十分关心贫困地区农村教育问题，扶贫助学公益活动他总是热心参与。宋老一直很关心"希望工程"，宋老夫妇曾资助过多名贫困家庭失学儿童。2013年9月，宋老为中远助学帮老基金会发起的"圆梦班"题写了班名。他说，贫困家庭的孩子上大学是件大事，要发挥国家、社会和个人的力量共同去做。2015年10月，宋老还与"美丽中国"的几位"90后"支教老师交流，勉励他们无论干什么，都要了解农村、农民，了解他们的需要。他还以自己当年参加"一二·九"运动（宋老是当时的学生领导人之一）告诫大家，"生命在于活动，说一千句，不如一个行动。行动起来，就能看到自己的力量。"宋老还说，现在退休的老同志如果身体健康，在65岁到75岁甚至到80岁都还可以做些公益工作。他们有经验、有能力、有智慧，可以贡献给扶贫助学的事业。

凌孜：人生意义在于利他

叶剑英元帅次女叶向真，笔名凌子，后改为凌孜，曾任中华孔子学会副会长，北京电影制片厂导演，她导演的《原野》曾在在威尼斯电影节获得"世界最优秀影片推荐"殊荣。近年来，她身体力行推广国学经典，先后组织义务宣讲团队，在全国举办了数百场传统文化大型论坛及讲座。在她看来，最大的友善是给予与付出，最大的力量是利他与无我。正是这种思想，使得当时已年近古稀的她，义无反顾地投入到弘扬中华优秀传统文化的事业中来。她期望以自己的行动，利益更多的人、利益国家、利益民族。而当问起养生之道，她说："哪有什么养生之道。一个人要是心里装着别人，不考虑自己的得失，看到因为自己的努力付出，更多的人受益了、幸福了，自己心里装满高兴、喜乐，怎么能不健康呢？生命的第一营养是精神动力，最好的锻炼是精神的愉快，是心情的喜乐，是利他。"

陈坤："行走的力量"是在做心灵公益

陈坤是"行走的力量"发起人。从2011年西藏、2012年青海、2013年喜马拉雅，到2014年敦煌、2015年香格里拉、2016年康定雪山，再到2017年西藏山南、2018年滇西北，8年来，"行走的力量"用脚下的路，践行着行者与自己内心的对话。回首自己进入娱乐圈的这些年，陈坤感觉自己收获比付出多，他说自己做公益是在回馈这个社会。从慈善捐款、到慈善义卖慈善演唱会所有活动所得，他都会捐给贫困山区孩子。发起的"行走的力量"，最主要的是让每一个行者在行走当中去观察自己的内心，让自己的内心安静下来，让自己的心往不抱怨、多感恩的方向去思维。他说，行走的意义就是做心灵公益，是希望人们在内心开出花来，找到幸福的力量。

姚明：我非常享受慈善带给我的乐趣

从成为 NBA 球星到入选美国篮球名人堂，从小巨人到姚老板，从公益先锋到慈善达人，从篮协主席到 CBA 公司董事长，姚明的身份越来越多，但他始终没有忘记做慈善的初心。从 NBA 退役以后，姚明发起了中美篮球明星慈善赛。在过去 10 年的慈善赛中，有超过 80 位美国篮球明星参加比赛，中国男篮则每次派出国家队主力阵容参赛。迄今比赛已筹得善款 6000 万元人民币，主要用于支持"姚基金希望小学篮球季"项目。如今姚明已经华丽转身，公益慈善已经成为他工作生活的主旋律。姚明说，慈善就是一种自然而然的状态，就像每天需要喝水一般。"慈善能让我们变得更完美。我非常享受慈善带给我的乐趣，希望能做一辈子。这是我的一个梦想。"他还认为，当公益达到一种更高的阶段时，每个人只需关心身边的人，就能够像把一块石头扔进湖里，随后会出现一个一个涟漪，最终形成社会的共振。

韩红：我愿倾我所有，能做多少是多少

韩红的《天路》《天亮了》《青藏高原》等歌曲曾经唱遍全国，温暖了很多人的心。然而不为人知的是，她曾在 5 岁丧父，9 岁因母亲改嫁，与远在千里之外的奶奶共同生活。在叔叔陪同下，韩红曾频频穿梭于各个歌唱赛场之间，但都铩羽而归，数年后才在文化部组织的全国声乐大赛中获奖。成名之后，韩红决定用自己的力量帮助那些需要帮助的人。从十几年前领养第一个孩子潘子灏开始，韩红如今已经成了数百个孤儿的妈妈。更让人难以想象的是，她发起的"百人援助"公益行动，7 年来在西藏、青海、宁夏、新疆、内蒙古等地义诊 60000 多人，免费为患者实施手术近 5000 多例，带动参与和支援的明星达数百位。她说，"我愿倾

我所有，尽我所能，能救一个是一个，能做多少是多少。"韩红的微信名叫"阿甘"，她希望自己是一个超人，因为那样就可以救更多的人了。在她看来，再多的成就只是浮云，唯有不抱在怀里，让它属于众生，它才会活。

马云：公益不仅是捐钱，公益是一份心

除了阿里巴巴董事局主席外，马云的身份还有湖畔大学校长、太极拳运动推广者、桃花源生态基金会主席、大自然保护协会（TNC）中国理事会主席、联合国助理秘书长等。估计他最喜欢的，可能还是"乡村教师计划"发起人这个身份。他自己曾说，"如果说我最喜欢、做得最好的工作，还是当老师。这一辈子不会拿掉的烙印就是当老师。"早在阿里巴巴上市之初，马云和蔡崇信就一起宣布，将捐出他们持有的阿里巴巴 2% 的股权，用于环保和教育公益事业（按 2017 年股价计算近 600 亿元人民币）。马云曾在公开场合表示，公益不仅是捐钱，公益是一份心。我们每个人未必有能力去做慈善，但是我们每个人都应该可以去做公益，去参与公益。他说，在世界上做了除自己以外的事情，才能赢得尊重；伟大的人作为平凡人存在的时候才是伟大的。我们有理由相信，这应该是马云的真心话，是他生活的真实写照，也是他成功哲学的精髓所在。

牛根生：我希望先做 10 年、20 年，再来说

牛根生是蒙牛乳业的创始人，曾在短短几年缔造了世界乳业的神话。因为一场始于其他品牌的"三聚氰胺事件"，一夜之间，山河日变。如今，牛根生早已辞去蒙牛集团董事长，早已将种种争议放在身后，默默奔赴他 50

岁之后的新战场——在中国创办一家真正专业的慈善组织。为此，他决定成立老牛基金会，并捐出个人和家庭持有的所有蒙牛股份（总市值40多亿元）。如今牛根生夫妇及一双儿女都在做公益慈善。他喜欢引用《世说新语》中的一句话："小胜凭智，大胜靠德。"即便是他现在心血所倾注的慈善，他也坚持只做不说。"我希望先做10年、20年，再来说。"在牛根生看来，因为蒙牛的崛起，让自己获得了很多光环，这可以说是"拿得起"；适时地淡出蒙牛，让出这个舞台，可以说是"放得下"；将个人资产悉数捐出，投身公益，可以说是"想得开"。他说，自己是想用这种方式，来诠释对儒释道精神的理解。

李嘉诚：我对教育和医疗的支持，将超越生命的极限

李嘉诚1980年创办李嘉诚基金会，主要资助教育、医疗、文化及其他公益事业。李嘉诚曾称，这个基金会是他的"第三个儿子"，其规模将会是其个人财富的三分之一。他说，"我对教育和医疗的支持，将超越生命的极限。"出于饮水思源，也因为自幼家贫未接受过正规高深教育，支持教育成为李嘉诚的毕生情节所在。其中，最具有代表性的是他1981年在家乡创办的汕头大学，以及2002年在北京创办的长江商学院。如今已过90岁高龄的他，曾连续17年出席汕头大学毕业典礼并致辞，其赤诚之心可见一斑。他在汕头大学的毕业致辞中多次提到，道力之限，要靠愿力突破；建立自我，追求无我，才能活出真正胜利的人生。他说，一个理想的人生，应该是站得牢，挺得腰，走正路，有理想。"假如我是一盏灯，能够照亮一条路就好了。而且，我还留下了有生命的基金会。这个基金会拥有自己的资产，足以长久地进行公益事业。而我的儿孙，谁都不能从基金会得到任何利益。"

吴清友：诚品是赔钱的所在，也是鼓舞心灵的所在

吴清友 1989 年创立诚品书店。如今诚品已从一家小书店发展成为台湾地区最具代表性的文化地标之一，每年有 1.2 亿人次来到诚品品读生活。诚品书店曾被《时代》杂志评选为"亚洲最佳书店"。熟悉诚品的人可能知道，诚品经历了长达 15 年的赔钱，吴清友自己也经历了多次心脏病手术，是初心让他坚持下去。吴清友曾说，没有钱，诚品活不下去；但如果没有文化，自己也不想活了。然而，吴清友唯一的儿子却先于他英年早逝，让他经历了黑发人送白发人的悲恸。他在自传《诚品时光》一书的序言中回忆了创办诚品的初衷：1988 年我深觉自己的渺小、生命的无常，想追寻一处能让身心安顿、心灵停泊所在，将活了 38 年的生命归零，创办诚品，人生重新启程。当年我没多想，心念也很单纯，就是一个自觉生命因阅读而不再失落的个体，想要穷尽己力，为生长的这块土地播下人文、艺术、创意融入生活的种子。

比尔·盖茨：从全球首富到全球首善

2000 年，比尔·盖茨夫妇创办了比尔及梅琳达·盖茨基金会。作为世界上最大的基金会，它掌握着将近 700 亿美元的资产。虽然身为全球最具影响力的慈善家，然而他自己却非常讨厌别人称他为慈善家。因为他深知，世界各国都有许多并不富裕但一直在默默奉献的人。2010 年，盖茨夫妇和巴菲特发起"捐赠誓言"活动，号召亿万富翁们在他们生前或去世后，至少捐出自己一半的财富用于公益慈善事业。比尔·盖茨自己也承诺其 98% 的财富将进入比尔及梅琳达·盖茨基金会，并要求基金会在他去世后的 20 年之内花光所有的钱。他在哈佛大学的演讲中曾说，"我希望你们 30 年后再回到

哈佛,来共同回想你们凭借自己的才能和力量实现了什么。我希望在那个时候你们对自己做出评判时,不光是看你们的职业成就,还要看你们为解决这个世界的不平等做了什么事情。"

稻盛和夫:彻底抛弃私心,才能成就大事

稻盛和夫一手创造了两家世界 500 强企业,却在退休时把个人股份全部捐出。日本首富孙正义曾做了稻盛和夫 5 年的塾生。孙正义说:"没有稻盛先生的教导,就没有我孙正义的今天。"在中国,马云、张瑞敏、任正非等都深受稻盛和夫的影响。国学大师季羡林曾说,根据自己七八十年来的观察,既是企业家又是哲学家,一身而二任的人,简直如凤毛麟角,有之自稻盛和夫先生始。稻盛和夫曾提到自己非常尊敬的一个同乡前辈叫西乡隆盛,这个人在他的遗训中写道,"只有能够彻底抛弃私心的人,才能成就大事"。稻盛和夫认为,这句话凝缩了最重要的思想,不仅对经济界,而且对政界、商界等各界都适用。为了传播自己的经营理念,稻盛和夫组建了名为"盛和塾"的企业家学习组织。他一再告诉塾生:如果被私心杂念所束缚,就看不到问题的本质;反过来说,提升心性,达到纯粹的精神状态,就不会产生错误的判断。他说,做决策之前,要多叩问自己:"是不是出于私心,是不是有一颗利他之心?"

4.5 爱到大爱,才能走得更高更远

到这里,我们先对前四章做一个简单回顾。第一章"长寿的秘密"和

第二章"专注的境界"更多的是讲一个人自己，第三章"内心的声音"兼顾自己和他人，第四章"爱的温度"更多的是讲一个人对他人及这个社会的影响。这里面的一个逻辑就是从内到外、从小我到大我、从利己到利他、从小爱到大爱。

什么是小爱与大爱？在我们看来，小爱可以说是有条件的爱、自私的爱，比如喜爱、热爱、爱情、家人之间的爱、朋友之间的爱，更多的是对跟自己熟悉的人或物的爱；大爱可以说是无条件的爱、无私的爱，比如关爱、仁爱、博爱、爱心，更多的对跟自己陌生的人或物的爱。

从前文分析及未来会案例我们看出，小爱很多时候可以把自己变得更好更优秀，生活得更好；大爱则可以让他人和这个社会变得更美好，同时也能让自己变得更快乐、更丰富。只有从小爱到大爱，我们才能进入另一个境界的自己，找到第二个自己，让自己走得更高、走得更远。

唯有爱，才能让你快乐

不管是小爱也好，大爱也罢，只要真正去爱，用心去爱，专注去爱，都能从中找到快乐。前面四章都是跟爱有关的事情，也是能让我们快乐的事情。

在第一章中，永葆好奇心、始终平常心、常怀利他心，找到内心小孩，从利己到利他，一切都是最好的安排，都是能让我们发现爱、发现快乐的事情。

在第二章中，追随你的好奇心，找到自己真正喜爱的事情，把最拿手的事情做到极致，专注对你最重要的事情，专注到心无旁骛，我们都能从中感受到爱、感受到快乐。

在第三章中，静下心来，追随你的内心，找到你自己，找到第二个自己，内心平衡，都是让自己爱己爱人、幸福快乐的一种途径。

在第四章中，行动起来，播种梦想，从小做起，爱到大爱，能都让我们感受到爱的温度，体会到快乐的力量。

所以，本书也是围绕爱和快乐展开的。没有爱和快乐，就不会有未来会，也不会有这本书，更不会有上面提到的这么多充满爱和快乐的东西。

事实上，千百年来的哲学家总是诉说着一个相同的最高智慧——权力、财产、知识无法让人快乐，唯有爱才可以。这是诺贝尔文学奖获得者、德国作家赫尔曼·黑塞（Hermann Hesse）的一句话。

黑塞集小说家、诗人、画家、音乐家、哲学家等于一身，被誉为德国浪漫派最后一位骑士。他曾在几近60年的著作中，精选了550条格言，编辑成《在书中发现自己的灵魂：慢读黑塞》。这本书可说是黑塞毕生作品的精神浓缩版。下面是他关于"爱"的描述，值得我们细细品味。

每一份无私的奉献，每一次的参与和爱心，都可让我们更加充实。而所有的争权夺利也会让我们更贫乏。这一直是个奇妙又简单明了的生活智慧，而且千古不变。印度人最早明白了这个道理并且告诉世人，然后是希腊人，然后是耶稣，千百个哲学家和诗人追随先贤的智慧，他们的著作超越时代的界限，而与他们同时代的贵族早已被人遗忘。

无论是你偏爱的耶稣或柏拉图、席勒或斯宾诺莎，他们都诉说着相同的最高智慧，他们都强调权力、财产、知识无法让人快乐，唯有爱才可以。每个无私的举动、每个因为爱所做的割舍、每个同情怜悯、每次的自我牺牲，看起来放弃、牺牲了很多东西，实际上只会充实我们，增长我们的智慧，也是唯一能使我们成长与进步之道。

小爱成其小，大爱成其大

无论是千百年来的道理还是未来会的案例都表明，在任何时代、任何国家、任何社会，似乎都存在一个维持社会平衡的简单法则。这个法则就是：不管是小人物大人物，还是小事情大事情，抑或是他们之间的互相交叉，都是因为利他成其大，因为利己成其小。实际上，很多时候，利己与小我、小爱是对应的，利他与大我、大爱是对应的。我们又可以这样简单理解，小我成其小，大我成其大；小爱成其小，大爱成其大。

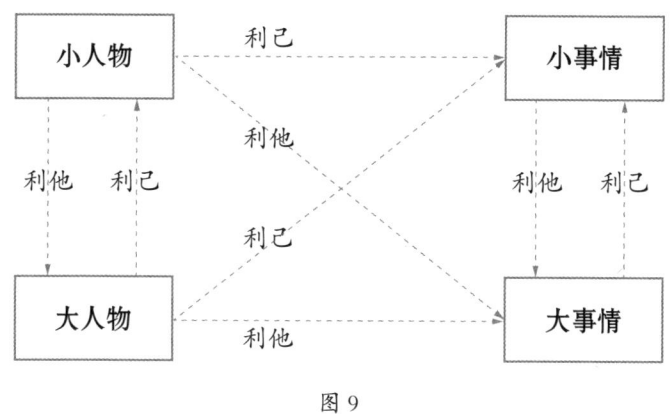

图 9

在上图中，小人物利己的时候做的是小事情，利他的时候做的是大事情；大人物利己的时候做的是小事情，利他的时候做的是大事情；小人物利他的时候也会成为大人物，大人物利己的时候也会成为小人物；小事情利他的时候也是大事情，大事情利己的时候也是小事情。

如果我们认真分析前面几章的案例，就会发现这样一个有意思的现象：很多非常有名的大人物，如果仅仅只是从小我、小爱出发，那可能也只是他自己的事情，无法引起更多人的共鸣；反而是很多不起眼的小人物，因为是从大我、大爱出发，他们做的事情开始看起来很小，但长期坚持下去慢慢就变得很伟大，有时甚至远远超过我们的想象。比如本章第三节中的几个小孩的案例，并不是说这些孩子自身的能量真的有多么大，而是在孩子大爱精神感召下，媒体和社会共同参与了进来，一起做成了一件感动天地的事，最终成就了孩子的伟大。

小爱止小溪，大爱汇大海

未来会几乎所有案例都清晰地表明一点：小爱或者小我，大爱或者大我都是实现成功、找到快乐的一种手段，无非是一个层次低一些，一个层次高一些；一个更直接一些，一个更间接一些；一个更物质一些，一个更精神一些；一个更现实一些，一个更长远一些。

但是从长远来看，真正的差别就会体现出来。由于大部分人更容易倾向于利己，倾向于小我、小爱，所以这条路注定是一条拥挤的路，荆棘丛生，看似直线实则曲线，看似阳关大道实则羊肠小道。与此同时，也有越来越多的人选择利他，选择大我、大爱。这条路一开始可能细小不起眼，但慢慢就会越来越开阔，越来越壮观。由于这条路少有人走，所以就可以任由驰骋，尽管想象，就能欣赏到少有人见的风景，发现更多的人生可能。这是本书反复在强调的一个道理，也是一个理解起来并不复杂的道理。

从大爱、大我、利他出发，境界、格局、事业都会跟着变高，我们自然也就变得更高。如同江河，一条小溪，地势平坦，慢慢就会变得干涸荒芜；而长江之水，源自高原，奔流不息，一泻千里，汇入大海。又如同圆环，向内只会越来越小，很快就会接近原点；向外则会越来越大，并且无限扩大。关注比自己更多、更广的问题，心胸和格局就会越来越大，能容纳和接触的事情就会越来越多，自然就能从更大视野、更远角度来想问题、做事情，自然就有更多的人、更大的力量来帮助你、成就你。

如何才能有大爱？如何才能找到大我？就是要有一颗美好的心灵，致良知，走正道，秉大德；要有一双发现美的眼睛，能发现自然之美、生命之美、人性之美；要有定义美好的能力和实现美好的愿力，与美相伴，向美而行，一生追求，一世坚守，照亮自己，也温暖这个世界。

当然，这只是从一般意义上说的。从未来会案例及我自己的体会来说，关键还是要自己去行动，去体验，去感悟。没有亲身体验和深刻感悟，是不可能发现美的；没有经历大的磨炼和长时间的煎熬，是不可能发现更深层次美的。发现美，感受美，不是说仅仅作为一个欣赏者或者旁观者，更重要的是要做一个行动者、实践者。不断淬炼心智、净化心灵、践行利他，才能遇见爱，发现美，体验到大爱，感受到大美。

分享小贴士：

本书是围绕爱和快乐展开的。没有爱和快乐，就不会有未来会，也不会有这本书，更不会有这么多充满爱和快乐的东西。

小爱或者小我，大爱或者大我都是实现成功、找到快乐的一种手段，无非是一个层次低一些，一个层次高一些；一个更直接一些，一个更间接一些；一个更物质一些，一个更精神一些；一个更现实一些，一个更长远一些。

没有亲身体验和深刻感悟，是不可能发现美的；没有经历大的磨炼和长时间煎熬，是不可能发现更深层次美的。不断淬炼心智、净化心灵、践行利他，才能遇见爱，发现美，体验到大爱，感受到大美。

> 关注比自己更多、更广的问题，心胸和格局就会越来越大，能容纳和接触的事情就会越来越多，自然就能从更大视野、更远角度来想问题、做事情，自然就有更多的人、更大的力量来帮助你、成就你。

成功 = 天分 × 努力 × 视野 × 格局

如上文所说，利他、大我、大爱是实现成功的另一种方式，可能还是成其大、成其美的一种更好方式。很自然，我们就需要重新定义一下成功了。

结合前文所述，我们发现成功应该是天分、努力、视野和格局的结合，即"成功 = 天分 × 努力 × 视野 × 格局"。天分和努力不必多说，关键是视野和格局。

所谓视野主要是见识，经历多，见的广，视野就会开阔一些；所谓格局主要是心胸，品格好，有大爱，格局就会更高一些。

如今，出身社会底层的孩子考上北大清华越来越难，可能一部分原因就是吃亏在视野上，或者是所谓的"素质"上。在从应试教育向素质教育转轨的过程中，现有的评价体系似乎更有利于那些出身于社会中上层家庭的孩子：一些所谓的"社会知识"，是他们平时更容易接触到的知识；一些所谓的"素质"，是他们更有条件、更有机会培养出来的能力。所以表现出来，这些孩子往往更有艺术力、想象力和创造力，而在一定程度上忽视了恒毅力、谦卑心、怜悯心、同理心、利他心、情怀胸怀等方面的品格。然而，在我们看来，视野宽只是走向成功的一个方面，可能能让你一时走得更高，但不一定能让你走得更远。这也就回答了为什么优秀的人不一定是卓越的人，为什么一些非常优秀的人会成为"精致的利己主义者"，为什么一些位高权重的人会身陷囹圄。

　　事实上,视野往往可能只是眼睛看到的东西,是宽度,更多的是有形的东西;格局更多可能是心灵看到东西,是高度,更多的是无形的东西。它们的结果也不一样:从小我、小爱出发,你可能走得更高,但如果把握不好自己,更高很容易会摔下来,有可能会跌落地面,甚至跌到地面以下;从大我、大爱出发,可能让你走得更远,每一步都是向前,每一步都在进步。当然,走远了以后,你的视野自然就宽了,同样也就能走得更高。

The Second You
From Altruism

第五章

信仰的力量

改变的关键不是难度，而是态度。我们在改变自己的同时，也在改变世界；在改变世界的同时，同样也能发现自己，找到自己生命的出口。

——台湾公益小魔女沈芯菱

你的未来取决于你的视角。你在一生中取得怎样的成就，将取决于你如何看待事物，以及你关心什么人、什么东西。你必须决定，你将在多大程度上把他人的利益置于自身利益之上，以及你将以什么样的方式对待那些人。你的层次越高，就越能有效地应对现实，塑造符合你目标的结果。

——桥水基金创始人、《原则》作者瑞·达利欧

一所大学的价值，不能用毕业生的工资来判断，而应以它的学生在毕业后对社会、对人类的影响为依归。我们所追求的，应该是比名利更为持久的东西。

——香港中文大学校长沈祖尧

一切快乐，都是从利益他人中产生的，一切痛苦，都是由只为自己而引起的。只要你相信因果、践行利他，有些事会不期而至，超乎你的想象。

——索达吉堪布

生命的长短不是很重要，生命的质量才最重要。这质量不是用功名利禄来衡量，而是用德行来衡量。你要固守善良、谦虚、真诚、理智、镇定、豁达这些东西。如果你能居于它们之中，那就仿佛你回到了某个幸福之岛居住。

——古罗马皇帝、《沉思录》作者马可·奥勒留

第五章　信仰的力量

本书提到的信仰，不是主义信仰，也不是宗教信仰，而是你相信什么，相信会改变什么。包括相信每个人都有自己的力量，相信苦难是每个人必须经历的，相信自己的人性和价值观，相信有佛心会让你变得更好，相信大愿的力量，相信利他的力量，相信相信的力量。忠贞不渝地坚守那些对你及对更多人重要的东西，你就能从中找到信仰的力量，就有冲破一切困难的决心。在未来会，改变世界是一个信仰。只有找到了自己的信仰，你才能真正找到另一个自己。

5.1　每个人都有自己的力量

人生有更多可能，每个人都能改变世界，每个人都有改变世界的力量，每个人都能为这个世界做一些有意义的事情，这些道理是从未来会 700 多个案例中发现的。这些案例人来自不同国家、不同背景和不同经历，他们用爱、梦想、创新、公益、慈善、分享，践行着自己的力量、行动的力量和改变的力量。

人生有更多可能

在创办未来会之前,在未来会还没有积累这么多案例之前,我不知道人生有这么多的可能,人生的精彩可以有如此之多的方式呈现。

一件事情的更多可能。比如,我曾到访过敦煌研究院,并与樊锦诗院长有过当面交流,深深感受到了信仰的力量、艺术的力量和生命的力量的伟大。在 1500 年的历史长河中,在 1500 米的鸣沙山岩壁上,不同时代、不同背景的人在这里捐资凿窟,不同宗教、不同文化的艺术在这里碰撞融合,最终成就了这座世界上最为完整、最为丰富、最为伟大的佛教艺术宝库。这个跨越十五个世纪的接力,足以让所有来到这里的人震撼。让我感叹的还有"敦煌女儿"樊锦诗院长。她 1963 年从北大毕业后就来到了这里,做了几十年的院长,用一生坚守续写着敦煌莫高窟历史接力的伟大传奇。

一个人的更多可能。比如前文提到,马云的身份有阿里巴巴董事局主席、湖畔大学校长、太极拳运动推广者、"乡村教师计划"发起人、桃花源生态基金会主席、大自然保护协会中国理事会主席、联合国助理秘书长等;姚明是 NBA 球星、中国篮球协会主席、中美篮球明星慈善赛发起人、姚基金发起人等;王石是万科创始人、万科公益基金会理事长,曾登上过珠穆朗玛峰,创造过国内滑翔伞纪录,参加过国际赛艇比赛,还曾到哈佛大学和剑桥大学各修学一年,他的梦想是 70 岁以后到沙漠种庄稼。

在未来会,做同样或同类的事情,也有更多可能:

比如跑步。扎克伯格曾要求自己在一年内每天至少跑步一英里(1600米);作家麦家和村上春树的很多灵感都是从跑步中得到的;为了给慈善机构筹款,成都小伙李大志用 50 天跑步挑战 2160 公里的川藏线,美国男子詹姆斯·劳伦斯 50 天完成 50 次"铁人三项",澳大利亚女子米娜·古丽在 7 个荒漠中跑了 40 个马拉松，48 岁英国人托尼背着装募捐物品的小冰箱，连续 30 天每天跑 21 千米的马拉松。

比如旅行。台湾地区女孩陈萱 6 岁就跟父母一起骑行挑战千里丝路；北京小伙于旸骑行路线是从北京到好望角，途经 8 个国家，全程 3.6 万千米；65 岁的作家毕淑敏曾到过北极点，走过全球 73 个国家和地区，足迹遍布七大洲四大洋，她曾把自己的旅行经历写成《非洲三万里》《破冰北极点》等书。

比如摄影。为了拍到一个完美的翠鸟入水瞬间，苏格兰小伙阿兰（Alan）整整守候了 6 年，拍摄了超过 72 万张照片；顾莹是挑战过南极、北极、青藏高原无人区"三极"的女性野生动物摄影师，5 年多的时间走遍七大洲；美国摄影师史迪芬·威尔克斯（Stephen Wilkes）用连续 26 个小时拍摄的 1036 张照片合成的一张昼夜同辉的照片（美国约塞米蒂国家公园），入选美国《国家地理杂志》年度最佳照片。

比如画画。英国艺术家西蒙·贝克（Simon Beck）用双脚创作雪地景观，每幅雪地画的面积都达数公顷；73 岁日本老人堀内立男（Tatsuo Horiuchi）擅长用 Excel 创作山水画，而这是他退休前才开始学的技能；四川老人陈锡邦用 50 年时间创作出 150 米长、画满 200 位历代才女的《中国历代才女图》；荷兰青年哈斯（Haas）& 哈恩（Hahn）最大的梦想是把全世界的贫民窟都画上彩虹；巴西艺术家蒂亚戈·蒙德诺（Thiago Mundano）在垃圾车上涂鸦作画，希望把卑微变成圣洁。

比如艺术。齐·宝力高是成吉思汗的后代，是享誉世界的马头琴演奏大师。他一生只为马头琴，他的梦想是要让马头琴传遍世界的每个角落。巫漪丽是中国第一代钢琴家，是《梁祝》钢琴曲的首创者及首演者，曾得到周恩来总理的接见，她一生只守一架琴。钢琴在她的双手下，已经成为她表达和释放民族情怀的平台。华人钢琴家朱晓玫 30 年来每天都要至少弹奏 5 个小时《哥德堡变奏曲》，她与加拿大钢琴家古尔德一起，被视为演奏巴赫音乐的两座高峰。

相信自己的力量

克林顿：几乎每个人都能为他人做些有益的事情。美国前总统克林顿在个人专著《付出：我们如何改变世界》前言中写道：我在离开白宫时就决心已定，要在有生之年，为有意义的事业奉献时间、金钱和技能。我觉得自己有这个义务，因为美国人民给了我并非人人都能享有的美好人生。和许多人生圆满而有意义的人一样，我达到了这样一个境界：我最关心的，是尽我所能帮助比我年轻的人摆脱夭折的厄运，让他们有机会去实现抱负。我在 2004 年突发心脏病大难不死之后，这种想法比以往任何时候都更加强烈了。这个想法敦促我投身到形式更加广泛的公益活动中去，也使我更加赞赏一生中目睹的无数个奉献行为。它也使我深信，几乎每个人——无论收入高低、时间多寡、年龄大小、技能各异——都能为他人做些有益的事情。

卢安克：在中国山村支教十多年的德国志愿者。2001 年，卢安克来到广西东兰县坡拉村办学支教。在孩子眼中，他是可以一起爬树、在泥里打滚的玩伴；在许多人看来，他就像是白求恩一样的"洋雷锋"；在他自己看来，他只是做了自己喜欢做的事情而已。2006 年，有人推荐他参加"感动中国"人物评选，他得知后赶紧给评委会写信请求别选。2009 年底，卢安克接受了中央电视台的采访。谈及缘由，他说："南非前总统曼德拉说过一句话，大体意思是'如果你隐藏着自己，不敢让别人看到你如何做自己所喜欢的事，别人就会认为他们也不能做到。如果你让他们看见，这就等于解放了他们的愿望。这就能让每一个人做最适合自己的、自己所愿意的事'。我被这句话感动了，所以我第一次接受了电视台的采访。"

塔莉亚·勒芒：任何人都可能有所作为。美国女孩塔莉亚·勒芒十几岁就已经是一家慈善机构的首席执行官了。她的慈善家生涯开始于2005年，那时她10岁，她在一场飓风后成功募集到1000万美元善款。后来她创立了非营利组织"随机的孩子"（Random Kid），聚集了全球1200万名青少年志愿者。之所以使用"随机的孩子"这个名字，是因为勒芒认为自己所做的事纯粹出于偶然，而且她认为任何人都有力量。2011年，她与著名女演员马洛·汤玛斯一起获得美国公共服务领域的最高奖"国家杰弗逊奖"。在发表感言时，勒芒提到了一个惊人的巧合，她的爷爷当年靠做清洁工为生，他打扫的一座房子就属于这次与她共同获奖的马洛·汤玛斯。"两代人后，当年的那个女孩、那个女明星，和这个女孩、清洁工的孙女，一同获得这个奖项，这说明任何人都可能有所作为。"

朱学恒：动员全球义工翻译麻省理工开放课程。台湾地区的朱学恒30岁时称得上是"一夜暴富"。他翻译的《魔戒》曾在台湾地区售出60万本，给他带来3700万台币的版税，而他转身就把钱投入各种公益项目。2004年9月，朱学恒通过互联网，号召了2000多名全球各地的华人义工，把美国麻省理工学院的开放式课程计划翻译成中文。如今，他们已完成该校数百门课程的翻译工作。朱学恒因此获选第二届台湾地区"Keep Walking梦想资助计划"的获奖人。他说："知识是开放的，不能因为你的英文不好，或者你没有钱上不起学，就被排拒在外。我要让每一位学生都能学到世界上最好的大学的课程。"

博安·斯拉特（Boyan Slat）：17岁梦想清理海洋垃圾。荷兰人博安·斯拉特 17 岁那年的梦想，是要把被弄脏的海洋清理干净。他想到的办法是：与其浪费燃料驾驶清理船追着垃圾跑，不如让垃圾自己跑进收集装备。他设计了一个利用太阳能和洋流作为动力来源的收集装备。这个"海洋吸尘器"可以捕捉海面上的垃圾，而洋流和海洋生物则能从设备下顺利通过。用这种方法收集海面垃圾，预计花 10 年时间就可以清理太平洋垃圾带一半左右的塑料垃圾，清理成本仅为现有方式的 3%。他在 TED 演讲中说，每当谈起环境问题，人们总是说，"这还有好长的路要走呢，留给我们的孩子们去担心吧"。而他则说，"嗨，我就在这里。"

相信改变的力量

犹太人是相信改变的力量，并一直在改变人类发展进程的重要人群。

在人类历史上，各个领域涌现出的犹太名人不胜枚举：如摩西、耶稣、马克思、爱因斯坦、弗洛伊德等。犹太人在 20 世纪曾占据了诺贝尔奖获得者中的 22%，以及世界象棋大师中的 49%。在经济领域，罗斯柴尔德、格林斯潘、索罗斯、谷歌公司创始人谢尔盖·布林及 Facebook 创始人扎克伯格等都是犹太人。

以色列前总统哈伊姆·赫尔佐克在《一个以色列总统的回忆》中写道："在我的一生中降临于犹太人民的悲剧堪称无可比拟，但我们的胜利与成就也超过了世代梦想。那就是为什么一个人可以有梦想，应该有梦想，必须有梦想。"

自古以来，犹太传统鼓励人们勇于挑战"被接受的观念"。在犹太人最重要的书《塔木德》中有这样的一句话："假如所有的人都朝同一个方向走，这个世界必将倾覆。"正是这样的文化氛围，犹太人把"崇尚个性，鼓励创造"作为重要的教育理念，要求孩子从小要学会提问与表达，善于逆向思维，展示自己的创造力，并培养延后享受的观念，目的就是要激发标新立异、敢为人先的思想潜能。

犹太文化非常强调实现个体价值，主张每个人都应当在梦想的舞台上尽情施展自己的才华、促进人生幸福；而通过无数个体价值的实现，可以汇聚成影响世界、改变世界的强大力量。

英国威斯敏斯特教堂有一段世界著名的墓志铭。这正是 19 世纪犹太人比斯特（Rabbi Yisrael Salanter）所写。内容如下：

在我年轻的时候

我曾梦想改变这个世界

可当我成熟以后

我发现我不能改变这个世界

于是，我将目光缩短一些

那就只改变我的国家吧

可当我到了暮年的时候

我发现我根本没有能力改变我的国家

于是，我最后的愿望仅仅是改变我的家庭

可是这也是不可能的

当我躺在床上行将就木的时候

我突然意识到

如果当初我仅仅是从改变自己开始

也许我就能改变我的家庭

在家人的帮助和鼓励下

也许我就能为我的国家做一些事情

然后，谁知道呢

说不定我就能改变这个世界

5.2 每个人都要经历"九九八十一难"

我们曾对未来会的案例做过一个简单统计，看哪些人是经历了人生大的磨难才取得今天大的成功的，结果是下面的部分名单：六小龄童、成龙、陈坤、韩红、杨绛、叶嘉莹、钱理群、李佩、施一公、麦家、周国平、林清玄、村上春树、李嘉诚、吴清友、马云、俞敏洪、乔布斯、稻盛和夫……

从这些人及未来会更多案例中可以发现，磨难本来就是人生的一部分，是每个人都必须经历的阵痛；耀眼鲜花总是与丛生荆棘相拥相伴，巨大成功背后往往经历过巨大苦难。面临人生苦难磨难，我们实在没有必要感叹生命的无常和命运的不济，所有刻骨铭心的苦难都会化作生命成长的养分。正如台湾地区作家林清玄所说，生命的痛苦会过去，但是美会留下来；人生的挫折会过去，但是体会会留下来。生命一定可以走向出路，所以我们要很努力地生活，要很努力地向前迈进，维持我们向光的特质，走向一个更美好、更有情义的世界。

每个人都是西天取经的行者

《西游记》是一部伟大的著作，其中蕴含着一些深刻的人生哲理：不经历九九八十一难，是取不到真经的；取经路上所经历的九九八十一难，可能本身就是真经的一部分。这部作品实际上也是在隐喻我们自己的人生，每个人都要经历九九八十一难，只不过有的人早，有的人晚；有的人多，有的人少；有的人显性，有的人隐性；有的是物质痛苦，有的是精神煎熬……

六小龄童是孙悟空的扮演者。在戏中，他在西天取经路上经历了无数磨难；在现实生活中，他也是从大的磨难中走过来的。在多次演讲中，六小龄童都曾提到自己所经历的磨难人生。他曾在演讲中说：

我们这个家族，四代人一百年的奋斗，在演美猴王这个形象。我一共有 11 个兄弟姐妹。我妈生这么多孩子，就是为了供我爸爸去选择，看哪个能接班演孙悟空。我们兄弟姐妹、男男女女都画上孙悟空的妆，爸爸就在旁边看哪个小孩有灵气，结果是第二个孩子，叫小六龄童。他 3 岁时开始学艺，8 岁时候演绍剧《大闹天宫》，因为可爱还曾被周恩来总理抱过。

本来这个美猴王的位置，应该是我的二哥小六龄童的。很不幸，他在 1966 年得白血病不幸去世了，年仅 16 岁。哥哥在他得病期间，天天给我讲孙悟空的故事。有一天哥哥把我叫到他的病床前，跟我说"你再也见不到我了"。当时我才六七岁，我说我怎么才能见到你呢？他说："当你演成我跟你讲的小人书里头的那个孙悟空、美猴王的时候，你就可以看到我了。"哥哥临终前的这句话，改变了我人生的目标和我对事业的追求。

我能有今天这样一点点成绩，来自 17 年的用心坚持。我推崇一个人一生做好、做精、做成一件大事，就非常非常的了不起了。我们每个人都是西天取经的行者，都要历经人生的九九八十一难，才能取得真经、成了正果。

苦难，是必须经历的阵痛

谁都有苦难，谁都会经历苦难。既然苦难绕不过、躲不开，还不如主动接受、坦然面对，把它当作是磨炼自己的一种手段，当作是凤凰涅槃的一个阵痛。实际上，每个难关也可能意味着机遇。是苦是乐、是祸是福，取决于我们如何定义，如何自处。很多时候，苦的越深，痛的越切，我们才能更加体会到努力的价值和生命的意义。

北京大学曹文轩教授曾获得有"儿童文学界的诺贝尔奖"之称的"国际安徒生奖文学奖"。他是首位获得该文学奖的中国作家，也是继莫言获得诺贝尔文学奖之后，又一位登上国际文坛之巅的中国作家。在他看来，一部文学史，85%以上的作品是悲剧性的。儿童文学不一定要为孩子带来快乐，而是要带来快感，这其中有喜剧的快感，也有悲剧的快感。他笔下的小主人公，都遭遇了不同苦难和困境，但最终都坚强地走了出来。他说："受苦是人生的本质，是必须经历的阵痛，我们不应该对孩子隐瞒这个事实，而应该告诉他们，面对苦难要怀有感恩之心，保持优雅风度。"

从三次高考失败，到最终考上北大，毕业后留校任教，而后从北大辞职，白手起家创办新东方，俞敏洪的人生历程充满了励志色彩。他曾对年轻人有这样一段忠告："我接触的年轻人，常常会有自卑以及对前途的迷茫、对未来的困惑。其实你们今天经历的并无特例，我们都曾经历过。今天的马云、李彦宏、俞敏洪都曾是和你们一样的青年，站在人生路口，困惑、孤独，但是充满梦想与希望。你们始终要相信，任何人想要改变自己的人生和命运，最好的力量就是去奋斗。"

磨难，是磨炼自己的灵魂

一个人在一马平川的时候是很难停下来的，往往是在遇到了大的磨难挫折，特别是前有深渊、后有沼泽的时候，才会停下来，静下来，与自己的内心对话。磨难，也是淬炼自己的心智、净化自己的灵魂的一种手段。

陈坤和韩红都热心公益慈善，就是因为他们自己也曾经历了很大的人生阵痛。陈坤曾经历了长达数年的抑郁，是发起"行走的力量"，让他找到了内心强大的自己，也让更多的人通过参与这项活动，成为自己心灵的主人。韩红自幼丧父，又经历了母亲改嫁，自己一直跟着奶奶和叔叔生活。在叔叔的陪同下，韩红辗转参加了无数次歌唱比赛，最后才取得成功。她做慈善，是要把自己曾经失去的爱，带给西部边远贫困地区更多需要爱的人。在做公益慈善的过程中，陈坤和韩红的灵魂得到了洗礼，他们自己的事业也得到了极大的提升。

稻盛和夫是一个伟大的企业家、哲学家。他常扪心自问：把企业做大做强，难道就是我人生的终极目标吗？结论是否定的。他说，如果现在有人问我，人生的目的是什么？自己会毫不犹豫地回答是"磨炼自己的灵魂"。带着比出生时略为美好、略为高贵的灵魂死去，这就是人生的目的。他说，我们所遭遇的各种各样的考验，都是对我们灵魂的磨炼。苦难是上苍赐予我们磨炼灵魂的机会。在漫长的人生征途中，有峰有谷，崎岖坎坷，我们应该一步一个脚印，踏踏实实地向前走，在这个过程中磨炼灵魂、提升心志。

稻盛和夫在《人为什么活着》中指出："成功和失败都是一种磨难。有人成功了，觉得自己了不得，人格开始变得堕落了；有人成功了，领悟到只凭自己无法有此成就，因而更加努力，也就进一步提升了自己的人性。而真正的胜利者，无论是成功或者失败，都会利用机会，磨炼出纯净美丽的心灵。"

杨惠姗、张毅夫妇1987年在台湾地区创立琉璃工房，2015年以"中国现代琉璃艺术第一人"而荣获摩根大通"年度大师"称号。作为曾经的"金马奖"最佳导演和最佳女主角，初创时他们曾赔进全部积蓄，押上父亲和哥哥的房子，最窘迫的时候负债7500万新台币。在他们手中，每一件琉璃作品都需要12道工序，6~8个月的精工细作，火里来，水里去，各个环节把握相当困难，而火候的把握更是一半靠技艺、一半靠运气。这样一种材质也让世界上没有两个一模一样的琉璃作品。他们从这样"无常"的状态中游走出人生百态，将生命的感悟融进创作，开展了一次次生命与自然、生命与禅、生命与情感的对话。

淬炼，才会有顿悟一刻

一个人很重要的时候，是在某个特殊时刻的顿悟瞬间。没有经历，没有磨炼，是看不到自己的内心的，是发现不了第二个自己的。只有经历了风吹雨打、水火相激，我们的内心才会足够纯净，才能有内心顿悟一刻。

麦家写《解密》前后一共写了11年，写好后还被退稿了17次。因为受尽折磨，他多次要跟她"分手"，但是每一次"分手"都以更加紧密的"牵手"而告终。当他终于把这个作品完成的时候，他流泪了，因为这是他的全部青春和半部人生。他觉得自己的人生已经经历了无数次的逆袭、无数次的攀登、无数次的照亮。麦家说，"我就是通过写《解密》才经历了人生，才知道什么样叫人生，什么样叫做人，做人有时候就是失败，怎么样面对失败，怎么样去学会等待，怎么样有喜悦，喜悦是怎么样从天外飞来的……这一切都是从写《解密》过程中体会到的。"

林清玄是台湾地区著名作家，30岁前曾得遍台湾地区所有文学大奖。他很小就知道，当作家要比别人更用功，读更多的书，更懂得思考。所以他很早就开始训练自己每天写作，从小学三年级开始每天写500字的文章，中学每天写1000字的文章，上了大学每天写2000字的文章，大学毕业之后每天写3000字的文章，到现在40多年从未间断。如今，他已累计写了近5000万字，写的书有170多本，堆起来比他自己还高。在事业巅峰时，林清玄一度被评为是台湾地区最成功的人。直到有一天，他看到印度哲学经典《奥义书》中有这样一句话：一个人30岁如果还没把所有时间用来觉悟，就是一步步走向死亡。他当时很震惊，很快他就辞掉了所有工作，上山闭关清修了3年。他说，人生是千回百转的，需要不断选择以前没有走过的路。"幸福并不是拥有全世界，而是打开内心的某一个开关。今天比昨天更慈悲、更智慧、更懂爱与宽容，就是一种成功。"

吴清友在创办诚品书店之前，因投资房地产累积了大量财富。可是上天也在他39岁的时候送了一个大礼，那就是先天性心血管疾病，他必须进行多次大手术。在病痛之中，他的内心曾经非常迷惘。这个时候，佛学大师弘一大师、非洲圣人史怀哲、德国作家黑塞给了他一生最重要的影响。他说自己创办诚品，是为了追寻一处能让身心安顿、心灵停泊的所在。诚品赔钱的15年，是吴清友一生中最丰富的时间。他说这让他第二次看到了自己，看到了自己对生命态度的诚恳。第一次看到自己，是当他拥有的金钱超过生活所需之后，觉得钱不是那么重要。在他看来，诚品赔钱的15年，可能是上天在考验自己的诚意——给一点崎岖不平，才能真正见到你的本心。"后来我得到一个鼓舞自己前进的结论，那就是生命应在事业之上，心念应在能力之上。正是这两句话帮我渡过了很多难关。"

分享小贴士：

　　伟大的成功，几乎总是在经历了漫长跋涉和无数次的挫折后诞生的。只有经历了量的积累，才会有质的改变；只有经历了痛苦煎熬，才会有巨大回报；只有认真经历了生命的过程，才能真正体会到生命的意义。

　　磨难是每个人都必须经历的阵痛。面临人生磨难，我们实在没有必要感叹生命的无常和命运的不济，所有刻骨铭心的苦难都会化作生命成长的养分。很多时候，苦的越深，痛的越切，就悟得越彻底，活得越明白。

　　一个人在一马平川的时候是很难停下来的。往往在遇到了大的磨难，特别是前有深渊、后有沼泽的时候，才会停下来、静下来，与自己的内心对话。

　　一个人很重要的时候，是在某个特殊时刻的顿悟瞬间。没有经历，没有磨炼，是看不到自己的内心、发现不了第二个自己的。只有经历了风吹雨打、水火相激，你的内心才会足够平静、足够纯净，才能有自己内心的顿悟一刻。

大多数一夜成功的故事，都经历了长时间的积累

　　成功，很多时候都不是偶然的。鲜花和掌声总是与汗水和泪水相生相伴。伟大的成功，几乎总是在经历了漫长跋涉和无数次的挫折后诞生的。只有经历了量的积累，才会有质的改变；只有经历了痛苦煎熬，才会有巨大回

报；只有认真经历了生命的过程，才能真正体会到生命的意义。正如乔布斯所说："仔细观察大多数一夜成功的故事，你就会发现，主人公都经历了长时间的积累。"也如林清玄所说，凡是大人物都是受苦受难的，他们的生命几乎就是"人生不如意十常八九"。

百度 CEO 李彦宏在谈及自己创业时说，每一个人创业确实不太一样，但其中都有一个共同点，就是创业过程中都经受了各种各样的挫折，无一例外。创业者要面对的一个很重要的问题是，你能不能挺过这样的时期。挺过来，就做成了；挺不过来，就失败了。挺过来的人，靠的就是激情，你必须打心眼里喜欢这样的东西，不要在乎别人看不看重，也不要在乎条件是不是艰苦，只在乎做的是什么事情就行了。

美国华人船王赵锡成的一家可能是美国最成功的华人家庭了。他的 6 个女儿全部是美国常青藤名校毕业，4 个哈佛大学毕业。大女儿赵小兰是老布什时期的运输部副部长，小布什时期的劳工部部长，以及特朗普政府的运输部部长，是白宫的"三朝元老"。老布什还曾说要学赵家怎样管教孩子。

赵锡成 1928 年生于上海，29 岁成为中国历史上最年轻的远洋船长，后来在烽火中从上海到台湾地区，31 岁成为台湾地区甲级船长特种考试最年轻的状元。1958 年，赵锡成只身赴美，从餐厅打工做起，短短 6 年内，不仅拿到硕士学位，更白手起家创立福茂集团，最终成为美国航运巨头。

赵锡成认为教育是改变人一生的最重要的力量。在他看来，人可以被塑造，也必须被塑造。"自律、自制、自信、自立、自乐、自尊、自强，这样你就可以做到与众不同。"

赵锡成从来不只是追求物质上的成功。在他的一生中，他的目标是对社会做出贡献，成为一个"好人"。他说，人生奋斗的过程就是不断进取，不断完善，不断升华自己的过程。这样的人生才会丰富多彩，才是实现了人生的最大价值。同时，还应具有放大效应，影响其他人，回馈社会，造福社会，让这个世界因我们的积极贡献而变得更加美好。

5.3 人生的精彩在执着的选择与坚守

著名大学校长在毕业致辞时谈到最多的话题，猜猜会是什么？答案就是选择与坚守。清华大学陈吉宁、邱勇、北京大学林建华、香港中文大学沈祖尧、哈佛大学德鲁·福斯特、汕头大学李嘉诚等校长（校董）多次谈的就是选择和坚守有关的话题：应该相信什么、应该选择什么、应该放弃什么、应该坚守什么。

在这个快速变化的时代，知识信息可以随时随地获取，社会关系正在快速重构，科技创新正在发生颠覆性改变，选择和坚守的能力就显得格外重要。在选择方面，人生是由一系列重大选择组成的，我们的选择决定了我们的人生。对优秀的人而言，选择更有可能是人生中面临的最大挑战。在坚守方面，重要的不是你做什么，而是你为这个社会坚守什么；不是你获得什么，而是为这个社会付出什么。

在世界节奏日益加快的今天，如果心中没有定力，或许可以一时侥幸成功，但绝无可能走远。无论世事如何变幻，内心的操守决定了个人的取舍，也决定了人生能走多远。

坚持一些很小的事情，把它变成习惯

李嘉诚曾在汕头大学的毕业致辞中指出，在过去 70 多年，他每天下班后必定学习。无论在言谈、许诺及设定目标各方面，他都慎思和严守纪律，一定不能给人器惰脆弱和倚赖的印象。他说，"这个思维模式不但是对成就的投资，更可建立诚信；你的魅力，表现在你的自律、克己和谦逊中。"

很多非常成功的人都有一些非常良好的习惯，比如每天早起，喜欢阅读（这几乎是所有成功人士的共同特征），坚持跑步，身边的物品整理得整整齐齐，每天找个固定时间静思（排除一切外界干扰），始终保持谦卑姿态，等等。这些事情偶尔做一做并不难，但要长期坚持、始终如一坚持就不那么容易了。然而，在这些成功的人身上，这些习惯是如此的自然而然、如影随形——如同每天喝水、呼吸空气一样。

卓越不是一次行为，而是一种习惯。成功的人都深知成功的过程之难、事业维艰，所以他们有时候会刻意用一些"程序性""仪式化"的东西来磨炼自己。在他们看来，这些看似不起眼的日常细节，善待它，就能成为阳光空气，同时让自己的心沉下来，静下来，让自己保持一种"静如处子，动如脱兔"的状态。他们深知，只有当坚持变成习惯时，坚持才能成为自然而然；当良好的习惯成为自然，美好的事情也就成为自然。

好的习惯坚持下去，我们就能看到自己的改变。正如作家三毛所说的一样，我们早起、静思、读的书、跑的路、散的步、行的善、感的恩，都将写在我们的容颜里，融入我们的精气神中。

追寻一些美好的东西，把它带进生活

这个社会节奏太快、变化太快，以至于遮住了我们发现美、欣赏美的眼睛，蒙住了我们体验美、感受美的心灵。事实上，只要我们守住一颗美好的心，用心去体会，我们总能发现美，总能感受到美的。

清华大学校长邱勇在2017级本科生开学典礼上的致辞中指出，要与美相伴，向美而行，照亮自己，也温暖世界。他说，成为更好的自己，需要涵养性情、陶冶情操、提升人生品位。要学会欣赏艺术之美和自然之美，要用心感受科学之美，要用一生去追求人性之美。人性之美永远照亮人类前行的方向。我们要在完善自己、铸就个人美好人生的同时，温暖整个世界。

正是因为有感于当下功利主义盛行的风气，文化大师叶嘉莹先生十分看重古典诗词对于心灵的塑造作用。她认为，真正的精神和文化方面的价值，并不是由眼前物欲得失所能衡量的。每个人都应汲取中华文化的美好的一面。"如果我们看古代的诗人，像李白、杜甫、辛弃疾，如果你懂得他们的道德，真是让人感动，在这样的自私、邪恶、充满战争的污秽的杂乱世界之中，你看到有这样光明俊伟的人格和修养，真是一件美好的事情。"

形成一些独特的东西，把它变成标签

若干年后我们再回头看自己，如何来定义自己的一生？可能还是根据我们在生活和事业中的一些特质来定义，根据我们所做的重大选择和所取得的大的成功来定义。当然，这里说的成功，很多时候是要超越自身、超越小我的，也就是"只有在世界上做了除自己以外的事情，才能赢得尊重"。

贝聿铭是世界著名建筑设计大师，他设计的作品有法国罗浮宫博物馆、美国肯尼迪图书馆、香港中银大厦、苏州博物馆等。在他看来，他从来不赶时髦，也从来不把自己定位成古典派或者现代派。虽然有人称他是现代主义大师，但他实际上是力争把古典和创新相结合，并且摸索新路改进自己的风

格。他认为,做事情最重要的是维持十足的信心,必须相信自己,把各种非议和怀疑抛诸脑后。他说,要敢于选择,敢于放弃,决定了的事情,就要有信心进行下去。"这么多年,我敢说,我和我的建筑都像竹子,再大的风雨,也只是弯弯腰而已。"

王澍是第一位获得世界建筑学最高奖项"普利兹克奖"的国内建筑设计师,也是继贝聿铭之后第二位获得该奖项的华人建筑设计师。普利兹克奖评委会主席曾这样评价他:"他的作品能够超越争论,并演化成扎根于其历史背景,永不过时甚至具世界性的建筑。"王澍的很多作品都有很浓的乡土元素和乡村气息,他希望以此打破中国城市和乡村的对立、隔阂。他说:"我比较早意识到,建筑师要对这个世界有一个自己的看法。我始终深信不疑的、支撑我这么多年思考和奋斗的其实就是——我始终不相信这个世界上只有一个世界存在、只有一种时间存在,应该是有不同的世界和时间同时存在。只有第二个世界才是你的魅力。"

丢掉一些浮华的东西,把它看作云烟

坚守本性不会容易,丢掉浮华可能更难。很多时候,我们知道自己想要的是什么,而不一定知道该舍弃的是什么,结果负重越来越重,身心越来越疲惫,反而忘了初心是什么、真正想要的是什么。也许,只有有意识地忽略一些东西、丢掉一些东西,我们才能真正发现一些东西、得到一些东西。

苹果联合创始人史蒂夫·沃兹尼亚克曾说,他对当下硅谷充满铜臭味的职场表示堪忧,并称自己对财富投资不感兴趣,因为这可能破坏自己的价值观。"我不进行投资,我不做那些东西,我不想靠近钱,因为这可能会破坏我的价值观。"沃兹称,他和乔布斯最开始创立苹果时,是为了创新产品、改变世界，而不是为了发财。"主要是因为他们（硅谷投资人）有了钱，而我走上了另一条道路。我不想成为其中的一员。"事实上，沃兹选择的是他心仪的投资方向，比如在他的家乡圣荷西，他就捐资建了一座博物馆。

苹果 CEO 蒂姆·库克在被问到"在过去 3 年中哪些是你做的最困难的决策"时，他说，最难的是"决定不做什么，因为苹果公司有太多伟大的、令人兴奋的想法"。他又被问到，是不是要从好的想法中选择最好的想法，去掉次好的想法？库克说，我们所有的想法都是最好的想法，但苹果公司只能选择其中一种，并努力把它做到极致，其他的都会果断放弃掉。他也曾在大学演讲中告诫学生，"不要为钱工作，为钱工作将很快让你感到精疲力竭。而且，你永远也挣不到足够的钱，永远也无法过上幸福的生活。你必须找到令你非常感兴趣的，同时又对别人有益的事情去做。"

分享小贴士：

卓越不是一次行为，而是一种习惯。只有当坚持变成习惯时，坚持才能成为自然而然；当良好的习惯成为自然，成功也就成为自然。

坚守本性不会容易，丢掉浮华可能更难。很多时候，我们知道自己想要的是什么，而不一定知道自己该舍弃的是什么，结果负重越来越重，越来越疲惫，反而忘了自己的初心是什么，真正想要的是什么。

人生是由一系列重大选择组成的，我们的选择决定了我们的人生。重要的不是你做什么，而是你为这个社会坚守什么；不是你获得什么，而是为这个社会付出什么。

播种一些生命的大爱，把它铸成永恒

总有一些大爱需要坚守，值得坚守。下面，我们看看两个上海老人、上海女人的故事。她们的爱是如此的感天动地，又是如此的自然而然。

樊锦诗，生于1938年，1963年从北大历史学系毕业后就去了敦煌研究院。当时家人极力反对她去大漠，但她还是坚持去了。原因很简单，"已经答应了"。这一去就是50多年。这么多年来，这个"敦煌女儿"，无论条件多么艰苦、世间风云如何变幻，一直守护着丝绸之路上的人类宝贵遗产，一直探寻着中华文化千古之谜。直到现在，樊老的心依然在大漠，兼任敦煌研究院名誉院长。"同意去敦煌"，这一声简单的承诺，承载了这位老人半个世纪的学术理想和社会责任。

易解放，生于1949年。为了完成自己儿子生前的遗愿，她和丈夫从2004年起变卖房产，带头在内蒙古沙漠种下200多万棵树。在完成了库伦旗沙漠1万亩沙地上种110万棵树的计划后，她又计划在阿拉善沙漠再造1.3万亩树林。"当时很多人劝我们，就这么一个儿子不在了，更应该留点钱养老。"在经历了人生的巨变以后，她看开了，"我们去世后，是不可能带走一分钱的。但如果把这些钱变成种下的树，它们就会留在这个世界上。"她解释道，一棵树就可以解决4平方米的荒漠化问题。"只有去了那里，只有当自己的脚踩上沙子时，目睹沙漠的干燥，感受风沙刺脸的疼痛，才能有最真切的体会，才能体会绿色对那里意味着什么，而这是隔着电视屏幕和网络不可能体会到的。"

坚守一些不变的东西，把它融入血液

前面章节多次提到，相比于知识和能力，真善美、同理心、怜悯心、利他心等更重要。前者是技术性的东西，是变化的；后者是方向性的东西，是不变的。在这个快速变化的时代，我们既要追随那些变化的东西，提升自己的能力和素质；也要坚守一些不变的东西，守住自己的本性和初心。

在作家麦家看来，有些东西，有些价值，有些目光，是恒定的，永世不变的。他写《暗算》《解密》的用意，就是想找到这些目光，建立这些价值。他自己曾说，因为写作《解密》，自己变成了另外的一个人。

他常常告诫自己，当世界天天新、日日变的时候，自己要继续做一个不变的人，慢的人，旧的人；当时代令人眼花缭乱的时候，自己要敢于做一个气定神闲的人；当大家都在一路狂奔，往前追逐利益和名利的时候，自己要敢于独自后退，安于一个孤独的角落寂寞地写作。

他说，人生有很多美好的东西，这个时代也有很多伟大的东西，但是最美好和最伟大的东西肯定在你们的眼前，不是用物质打造的，而是在你们的心里，是用你们的心灵创造的。在他看来，我们迷恋速度、放纵欲望，却放弃了、丢失了我们人生当中非常多的可贵的品质。比如说真善美，比如说安心、安静、耐心、坚守，就这些非常好的品质，就在这种快速的速度、巨大的欲望面前丢失了。他还在央视《开讲啦》演讲中告诫大家，"今后你们不管走到哪里，不管去做什么，都不要让自己的心空了。心空了黄金是填不满的，心空了陷阱无处不在。"

5.4 坚持你的人性和价值观

这个社会的很多人比较纠结、困惑或迷惘，很容易就内心失衡、随波逐流、放弃底线；这个社会的一些问题，有一些是因为一些"聪明人""精英人""两面人"基于自身利益，而不是基于良知和社会责任而造成的。这说明自我迷失可能与身份、地位、智慧、财富无关，而与人性和价值观有很大的关系。在作家周国平看来，人和人的最主要区别在于内心的境界，在于价值观，在于你是为什么活着的，你把什么看得最重要。

守住失去的美好

中国文化中与人性相关的词语、成语或诗词，描述美好的与描述丑恶的相比，直观感觉应该是远远多于或者至少差不多。然而在现在的这个社会，我们看到的、听到的、感受到的却恰恰相反。曾几何时，道德、情怀、精神、信仰、仁爱、感恩、正义、责任等词语开始离这个社会现实越来越远，而名利、物质、金钱、财富、地位、权力、潜规则、无底线等则充斥着这个社会的无数角落。

从中国数千年历史来看，主导社会的力量由最开始的自然的力量、信仰的力量，逐步过渡到阶级的力量、王权的力量，然后是精神的力量、文化的力量，直到现在物质的力量、功利的力量。在这个过程中，人的价值观逐渐从对天地的敬畏，变为对儒教的顺从，继而是对物质的崇拜，人的价值观逐渐具象化、物质化和功利化。在社会剧变和人性动变面前，如何守住自己的本性和价值观，构筑自己的精神大厦，就显得尤为迫切和重要。

阿来是茅盾文学奖、百花文学奖、鲁迅文学奖得主，其作品得到铁凝、莫言、麦家及多位国际汉学专家的高度评价。阿来认为，文学最终应该给人以光明和力量。"伟大文学、杰出的文字，要有三个东西：光芒、力量、智慧。"他说，读诗经、唐诗、宋词就会发现，自然界的光辉是温暖的，人性散发出来的光辉是温暖的。而在明清以后直到当代，中国人的精神气质在萎缩，总是在琢磨人，文学作品也明显缺乏对自然的关注、对人性中美好东西的关注、对普通人身上闪耀着的光芒和史诗精神的关注。也许正是因为在这些方面的探索，最终成就了一个不一样的阿来。

在资深学者资中筠看来，当今最值得珍惜的东西就是"独立人格"。资老1930年出生于上海，曾师从钱钟书先生，曾为毛主席、周总理做过翻译，是资深的美国问题研究学者。这位老人对当前的一些社会问题，乃至于民族精神，她都感到忧心忡忡。她说，"我们这一辈人经过那么多动荡，从感情上讲我对这个民族有非常深的感情。从来都是大的国高于小的家。每个时代都有代表社会良知和高层次的精英，能够支撑民族精神，在最艰苦的抗日战争时期都没有垮过。但现在整个社会太功利了、太趋炎附势了。"

资老认为，现在的中国社会缺乏真正的士大夫精神和贵族精神。在她看来，千百年来中国传统文化最优秀的东西，就是孟子那三句话"富贵不能淫，贫贱不能移，威武不能屈"。而在西方国家，贵族精神更强调的是对社会责任的担当。她只期待青年人能守住底线，底线不要太低。如果能独立思考，不随波逐流，能扎扎实实做一点对社会有用的事情，那就是有志青年了。她很高兴看到自己身边有一些这样的青年朋友，如果他们这样的健康力量能多一点，能聚拢起来，国家和民族就有希望。

如何才能一辈子保持赤子之心？北大钱理群教授建议，也许我们对大环境无能为力，但我们是可以自己创造小环境的。他说，人生道路绝对是坎坷的，你会遇到很多外在的黑暗，更可怕的是这些外在的黑暗都会转化为内在的黑暗、内心的黑暗。外在压力大了以后，你就会觉得绝望，觉得人生无意义，这就是内在的黑暗。所以你要不断面对并战胜这两方面的黑暗，就必须唤醒你内心的光明。很多时候，人掌握自己命运的能力很小，但并不是毫无作为的，至少可以在一定程度上、在小环境里掌握自己的命运，也就可以使自己在任何条件下都生活得诗意而神圣。

> **分享小贴士：**
>
> 　　曾几何时，道德、情怀、精神、信仰、仁爱、感恩、正义、责任等词语开始离这个社会现实越来越远，而名利、物质、金钱、财富、地位、权力、潜规则、无底线等则充斥着这个社会的无数角落。
>
> 　　从中国数千年发展进程来看，主导社会的力量由最开始的自然的力量、信仰的力量，逐步过渡到阶级的力量、王权的力量，然后是精神的力量、文化的力量，直到现在的物质的力量、功利的力量。在这个过程中，人的价值观逐渐从对天地的敬畏，变为对儒教的顺从，继而是对物质的崇拜，人的价值观逐渐具象化、物质化和功利化。在社会剧变和人性动变面前，如何守住自己的本性和价值观，构筑自己的精神大厦，就显得尤为迫切重要。

按照本性去生活

你是否曾到处寻找，最后才意识到，自己从未找到过自己一直在追寻的东西——如何真正地活着。真正的生活，在逻辑演绎、金钱、名誉或享乐中都遍寻不到。那么在哪里可以找到呢？就在于做人本性要求的事情。

这是古罗马皇帝马可·奥勒留在《沉思录》中的思考。美国前总统克林顿说，除了《圣经》，对他影响最大的就是《沉思录》。国务院前总理温家宝也曾说，"这本书天天放在我的床头，我可能读了有100遍，天天都在读"。

在奥勒留看来，作为宇宙的一部分，每个人来到这个世界都有相应的工作要做。如同蜜蜂生来要采蜜，一个人最重要的是按照本性去生活，做好属于自己的那一部分工作，使得自己的行为与宇宙整体的运行保持协调，这样他的人生就达到了至善。这里的"善"不是平常的道德范畴，而是指顺应天道、合乎自然。

在奥勒留在位期间，古罗马已显颓势，战争、地震甚至士兵疾病不断，他需要身先士卒到处去解决问题。当时宫廷政治斗争、人事纷争等各种问题的繁杂可想而知。正如英译者格里高利·海耶斯（Gregory Hays）所说的，此书是这位帝王哲学家在戎马倥偬之中所做的灵性练习，用来不断督促和提醒自己抓住人世间真正重要的东西——按本性生活，避免自己被诸如权力、名誉、赞美、享乐等与本性无关之事携走。

奥勒留认为，生命的长短不是很重要，生命的质量才最重要。这个质量不是用功名利禄来衡量，而是用德行来衡量。他推崇一切美好的德行：善良、谦虚、真诚、理智、镇定、豁达，强调要固守这几个名称，"如果你能居于它们之中，那就仿佛你回到了某个幸福之岛居住"。他认为一个东西是否好，不是要看它是否对一个动物存在的人有用，而是要看它对一个理性存在的人是否有用，这样就没有什么比正义、真理、节制和坚韧更好的东西了。如果你一旦走上岔路、倾向于别的东西，你就将不再能够集中偏爱于那真正适合和属于你的善的事物了。

奥勒留还说，世界不是一块净土，但心灵却可以是一块净土。外面的世界很热闹，但内心的世界却可以很宁静。内心宁静的人会更安全甚至更幸福。"一个人退到任何一个地方，不如退入自己的心灵更为宁静、更少苦恼，特别是当他在心里有这种思想的时候，他马上就能进入了完全的宁静。"

我们所追求的，应该是比名利更为持久的东西

香港中文大学校长沈祖尧的毕业致辞，曾于 2014 年 7 月 15 日获《人民日报》整理刊登。这是该报首次刊登大学校长的毕业致辞。沈祖尧说，一所大学的价值，不能用毕业生的工资来判断，而应以它的学生在毕业后对社会、对人类的影响为依归。

下面是沈祖尧演讲节选：

今天，你们毕业了。我祈求你们离校后，都能过着不负此生的生活。

首先，我希望你们能俭朴地生活。温馨的家、简单的衣着、健康的饮食，就是乐之所在。漫无止境地追求奢华，远不如俭朴生活能带来幸福和快乐。

其次，我希望你们高尚地生活。高尚地生活是对一己的良知无悔，维护公义，事事均以道德为依归。这样高尚地过活，你们必有所得。

其三，我希望你们能谦卑地生活。我们要有服务他人的谦卑心怀，时刻不忘为社会、国家以致全人类出力。

我相信，一所大学的价值，不能用毕业生的工资来判断，而应以它的学生在毕业后对社会、对人类的影响为依归。

我们也要弄清楚大学的本质：它并非纯粹是一座知识宝库，也并非单单是创意和创新的推动者，更万万不可沦为培养贪婪、自私、毫无道德和社会责任可言的人的机构。

今天，你们毕业了，我送你们钱穆先生的一番话：每一个时代应该有它

一个理想，由一批理想所需要的人物，来研究理想所需要的学术，干出理想所需要的事业，来领导此社会，此社会才能有进步。

这是一个怎样的时代？

这是一个个人主义抬头的时代。但海纳百川，有容乃大。我们不应只顾自己的利益，不要过于自以为是，而要学会多听别人意见，考虑各方看法，协力实现梦想。

这是一个资讯爆炸、是非难辨的时代。但事情往往不是表面看来那么简单，是非黑白往往需要仔细分析，深入了解。大学教育的目的，是培养独立思考。

这是一个利益在前、道德在后的时代。金钱、地位、权力，为世人追逐的唯一之物，道德和价值观的培育，却渐渐被人遗忘。壁立千仞，无欲则刚。但愿你们不要让利益掩盖良心，以厚德载物自许。我们所追求的，理应是较名与利更能持久的东西。

我盼望大家能虚怀若谷，以远大眼光和包容态度，引领我们的时代；我盼望大家能恪守道德，做好本分，不要为了个人利益，埋没良知；我盼望大家能认识时代，引领潮流，不流俗，不盲从，做个对社会有贡献的人。

科技必须与人性结合，与价值观融合

苹果CEO蒂姆·库克在麻省理工学院（MIT）毕业典礼演讲中说：

在加入苹果之前，我从未遇到过这么有激情的领导者（乔布斯），也没有碰到过一家公司有如此清晰并且难以抗拒的目标——为人性服务。就这么简单，为人性服务。就在那一刻，经过了15年的苦苦搜寻后，我恍然大悟，我终于找到了人生方向，那就是与一家把更高目标与具有挑战性工作融合在

一起的公司共同奋斗，与一位相信新技术会改变未来世界的领导者并肩作战，追随自己的内心，让世界变得更美好。

乔布斯和苹果解放了我，让我全身心投入工作中，拥抱他们的使命，并把它当成我的使命。我该如何服务于人性？这是我一生中最大的一个课题，也是最重要的一个。当你向着一个比自身更有价值的目标奋斗时，你就会从中找到意义、找到目标。因此，我希望你们今天能够带上这个问题：该如何服务于人性？

今天，科技已经融入我们日常生活的方方面面，而且大部分时间都是一种积极的推动力量。但是，科技的负面效应对我们所有人都构成威胁，夺去了我们的价值以及我们对家庭、邻居和社会的承诺，夺去了我们的爱美之心，夺去了我们对所有信仰都存在相互联系的笃信。我不担心人工智能让计算机像人类一样思考问题，我更担心的是人类像计算机那样思考问题——摒弃同情心和价值观，并且不计后果。在这种情况下，我们希望你们可以帮助我们预防这样的事情发生。

乔布斯曾经说过，光有科技是不够的，科技要与人文和人性结合，科技要与价值观相融合，才能产生让我们的心为之歌唱的结果。所以，衡量你们对人类社会的贡献大小，不在于你们多受欢迎，而在于你们所触及的生活；不在于你们的地位高低，而在于你们服务的人群。只有在自己不再总是纠结于别人的看法的时候，你的生活才更有意义。

5.5 要有一个佛心

什么是佛心？这里所说的佛心主要是慈悲心、怜悯心、感恩心、包容心、利他心、自在心等。这里的佛心源于佛教，但又超越佛教。有佛心的人不一定信佛教，信佛教的人不一定有佛心。佛心是如何观察内心、如何发现自己、如何对待他人、如何看待世界的一种角度、态度、思想、智慧，是一种世界观、人生观、生命观、价值观。有佛心的人，内心是宁静的、平和的，又是丰富的、壮阔的；有佛心的人，就有悲心愿力，就能很容易进入一种身心合一、身心和谐的自在状态。

在未来会，我们看到越来越多通过利他的力量、通过自己的力量改变世界的案例，我们似乎能从中得出这样一个结论：主宰世界的，可能不是所谓的"神"或者"神秘力量"，而是那些真正有佛心或有利他心的人。佛心在哪里？佛心就在我们心中，就在于我们自己，就在我们对大爱、大我、佛我的不懈追求中。

相信因果，舍即是得

星云大师是人间佛教的行者。什么是人间佛教？大师说其实就是"佛说的、人要的、净化的、善美的"。他说，佛门虽称"空门"，但在佛教里，"空"并非没有，"空"既是空，也是有。真正的佛门也并非要远离红尘，而是既出世，也入世，出世为心，入世是行。大师还认为，人人皆有佛性，都可成佛。存好心，说好话，做好事，这样做下去，自然而然就有了佛性。

大师说，自己只是一介僧侣，只是平时关心社会；他自己本身做人第一点是与众为伍，从来没想过个人要怎么样；第二是个人以空为重，不论住哪，都觉得像太阳一样住得舒服，他什么都没有，无论如何到哪里都能安身立命。

大师说他看世界，是一半一半的：男人一半，女人一半；白天一半，晚上一半；好的一半，坏的一半。在这个一半一半的世界里，尽量把自己这一半做更大、更好就好了。因此，自己的命运要靠自己创造，不能把自己的幸福寄托在别人身上。他说，"佛走过的道路，我都不一定要走，我要走自己的道路"。

正如大师所说，成不成佛不重要，自我安顿身心最重要。比如参禅，在你没有参禅前，看山是山，看水是水；到了你参禅后，看山不是山，看水不是水；到你悟道后呢，又变回看山是山，看水是水了。佛祖不一定要我们信他，但我们不能不信自己，不能不找到自己。而参禅就是找到自己，明白自己，发觉自己。

相信自己，找到自己

星云大师认为，世间一切成败得失都离不开因果法则。只要肯耐心培养当下的善缘，改善过去的恶因，未来必定有无限的希望。他说，佛教的精义在明因识果，佛教的目的在教化人心，所以信仰佛教很好，明白因果的道理更好；明白因果的道理很好，奉行因果的法则更好。你可以不信佛祖，但不可以不信因果，世界上最公平的就是因果。

在大师看来，佛不重要，人很重要。大师说，他出家 70 多年，从未劝别人信佛教。他只是宣扬佛教，信佛要与人心结合。他说，"佛教不是要你信佛，佛你信他不多一点，不信他也不少一点。"

大师还说，求神明，拜神明，不如自己做神明。神明不是我们的经纪人，也不是我们的会计师。聘请一个经纪人、会计师，也要有利润给他，简单的几根香蕉、几个苹果，就要求神明赐给富贵、发财、平安，这是不可能的。没有善因，哪能有善果呢？求神明，应该让自己有智慧、慈悲、勇气、忍耐，让自己从信仰中产生力量和智慧，如此才能解决问题。

随缘自适，烦恼即去

在明一法师看来，以"入世"的态度去耕耘，以"出世"的态度去收获，就是随缘人生的最高境界。万事随缘，随顺自然，是快乐人生所需要的一种精神。

随缘是一种平和的生存态度，也是一种生存的禅境。该吃饭时吃饭，该睡觉时睡觉。凡事不妄求于前，不追念于后，从容平淡，自然达观、随心、随情、随理，便识得有事随缘皆有禅味。在这繁忙的名利场中，若能常得片刻清闲，放松身心，静心体悟，日久功深，你便会识得自己放下诸缘后的本来面目。

随缘是一种胸怀，也是一种成熟，是对自我内心的一种自信和把握。懂得随缘的人，总能在风云变幻、艰难坎坷的生活中，收放自如、游刃有余；总能在逆境中，找寻到前行的方向，保持坦然愉快的心情。拥有一份随缘之心，你就会发现，天空中无论是阴云密布，还是阳光灿烂，生活的道路上无论是坎坷，还是畅达，心中总是会拥有一份平静和恬淡。

随缘是一种心态，也是一种意境。随缘是用出世的眼光看事，用入世的双手做事；随缘是举重若轻、轻描淡写、游刃有余的潇洒风度；随缘是"知其不可为"则果断放弃，审时度势、自出机杼、另辟蹊径的处事态度。随缘是一种人生的态度，从更深的层次看，随缘更是一种待人处事的思维方式。

心定即禅，心安即福

参禅是什么呢？一诚长老说，不妨把它想得简单一点，只要这一刹那静下来了，心定了，就已经无限接近了禅道。

平时在广济寺，每有居士来访，急匆匆地要向长老倾诉烦恼或请求开示，长老都请他们先坐下喝茶。常常是，坐下来端起茶杯以后，大家的言谈语气就会和缓许多，原本在他们心里像天一样大的烦恼，这个时候再讲出来，也不会显得那样严重。"这样根本就不需要去深山老林里寻找自我，追求安宁，佛告诉你一切在心，心定了就是禅。"一诚长老说。

在长老看来，内在的状态调理好了，生活自然能够进入一种良性的循环当中。要是心是乱的，那么很多事情就做不好。因为你没有把握好自己，不能够明确自己在世间所处的位置，而且你也没有处理好身心内外的关系。这样一来，越是努力向外追求，失败就越多。而一个时时心安气闲的人，他一定能在各种各样的环境下游刃有余，环境和遭遇的变化不能动摇他，自身的得失成败也无法左右他，因为他的内在有安定的力量。

明生法师也认为，禅并不是很神秘、很高贵的东西，禅就是心，就是安详的心。当下的心能不能安住，决定着生命的质量、生活的幸福、人生的庄严。

一个人如果内在的禅心丢了，经常向外看而不向内照，他就不是为自己活而是为了别人活，心被人牵走、被事牵走、被物牵走、被外在牵走，这是很无奈、很悲哀的一种状态。

在法师看来，功利的人生禅是没办法给你的。禅不能给你车子、房子，但是禅能教育你怎么用车子、用房子。禅就是方法，就是智慧。生活因禅而无上幸福，人生因禅而无限美好，生命因禅而有无量功德。

慈悲心越重，智慧就越高

圣严法师认为，人通常有三种生命：一种是肉体的生命，第二种是历的生命，第三种是智慧的生命。

有智慧的人，才能为自己及他人解决困难，否则，这个人一定生活得没有意义，既为自己带来痛苦，也为他人制造麻烦。有些人一生下来就特别聪明，这并不意味着他有智慧。事实上，聪明的人也可能是烦恼心很重的人。如果聪明而烦恼很少，乃至没有烦恼，那才是清净的智慧。

智慧是可以培养的，而佛的智慧便是从慈悲心产生的。慈悲心越重，智慧越高，烦恼也就越少。所谓慈悲，就是多为他人设想，常替他人处理问题，相对地，困扰自己的问题也会越来越少，也就越有智慧了。所以，慈悲和智慧是一体的两面，是分不开的，只是它的功能和表现不同而已。有智慧的人，他的内心世界经常能保持平静、清楚、明白，不受任何环境情况的困扰，同时能关怀他人，做他人的知音、知心，这就是慈悲心的表现。

5.6 记住你的使命

人要有追求，还要有更高追求。比自身利益和短期功利主义更高的追求就是使命。使命不是怎么去做的问题，而是为什么做的问题。比如，GE（通用电气）的使命是让天下亮起来，迪士尼的使命是让世界快乐起来，阿里巴巴的使命是让天下没有难做的生意，未来会的使命是让每个人找到改变世界的力量，找到自己前进的力量。

有了使命，你就会更加专注、更加拼命地去完成，就有冲破一切黑暗的勇气、解决一切困难的决心，就能在这个过程中拓展无限可能，创造更大可能。

一个人很重要的一点，就是摆正自己在世界的位置。当你超越了自我的视角时，你的每一步都不再仅仅是为了自己，而是赋予了更深远的意义。当我们向着一个比自身更有价值的目标奋斗时，我们就会从中找到生命的意义。在有限的时间里，让自己的生命对这个世界产生积极影响，同时让自己在这个过程中得到历练和成长，这样的生命才是更丰满和更有意义的。

扎克伯格：有了使命感，你只需要做的就是开始

扎克伯格自己曾说，他创立 Facebook 的最重要动力就是使命。他把这个使命定义为：赋予人创建社群的权力，让世界融合在一起。他在演讲中多次谈到使命的话题。

在 2015 年 10 月清华大学的演讲中，扎克伯格演讲的主题是关于使命、用心和向前看。他说，之所以创立 Facebook，是因为当时人们在互联网上几乎可以找到任何东西，但唯独缺乏关注人与人之间联系的服务。"我希望借此解决一个非常重要的问题：把人们连接在一起。我在阿里巴巴和小米看到了相同的事情——你的使命感会让你更专注。"他说，如果你有了使命感，你甚至不需要有完整的计划，只需要更加用心，只需要向前看。为了重要的使命，你会去了解更多事物，你也会发现要做的事情变得更多。每走一步，你都可以创造出新的东西。以前你觉得是不可能的，现在就可能。现在你面对非常难的挑战，你努力就会解决这些挑战。所以你应该相信你的使命，听从它的召唤去解决重要的问题。在你开始做之前，不要只问自己怎么做，要问自己为什么做？真正让你能够坚持下去的，是相信你在做的事情，并且知道你在做的事情是在创造价值的。

在 2017 年 5 月哈佛大学的演讲中，扎克伯格再次谈到了使命，他还强

调要有更高的使命。他说，为了保持社会的进步，我们身负挑战——不仅仅是创造新的工作，还要创造新的目标；光有目标还不够，你必须拥有心系他人的目标。他说，没有更高远的使命感，这个创业公司不可能梦想成真。即使是在最艰难的时刻，他依然坚信自己在做的东西。在他看来，创造一个每个人都有使命感的世界，这才是真正幸福的关键，也是我们保持社会进步的唯一途径。如何创造这个有使命感的世界，有三种方法：一是一起做有意义的项目；二是通过重新定义平等，使每个人都有追求目标的自由；三是在全世界建立社群。他强调，没有人从一开始就知道如何做，只有当你工作时才变得逐渐清晰，你只需要做的就是开始。

崔维成：与草木同生，不与草木同腐朽

崔维成，一个对海洋11000米深处有着无限憧憬的人，继率领"蛟龙号"创下7000米的"中国深度"后，他再一次向地球上最深的马里亚纳海沟发起了挑战。

"一个人的理想抱负，一定要落到实处。"与深海科技结缘，崔维成就把研制全海深载人潜水器作为人生最大目标，"我只想这件事该不该做，如果该做就全力以赴去做，只要我不放弃，成功只是时间早晚的问题。"

在"蛟龙号"成功的第二天，崔维成就辞去中船重工702所所长职务、放弃局级待遇，转而利用社会资助渠道，开展万米级载人潜水器研发。他想争分夺秒抢先国外一步研制出万米级载人深潜器。

"很多人说，我一直生活在梦幻的世界里，总想一些看起来不着边际的事。"崔维成说，"可我就是想告诉大家，尤其是年轻人，一定要有梦想。而且在中国，追梦是有空间的。"

如今，崔维成的团队已取得重大进展：2016年12月，由他们自主研制的3台万米级着陆器，成功下潜到11000米深的马里亚纳海沟，获得了万米深渊的生物、微生物及海水样本和影像资料。崔维成的目标是在2020年冲击载人潜水器的极限，搭载科研人员到达11000米的马里亚纳海沟。

"天之生人也，与草木无异。若遗留一二有用事业，与草木同生，即不与草木同腐朽。"这是崔维成的江苏海门同乡、清末状元张謇的话。崔维成说："我所做的一切，都是为了向他更靠近一点——为国家和人类留下一二有用事业，不与草木同腐朽。"他说，在中国，技术和资金都不是问题。有梦想，敢于挑战，就一定会有所成。"希望能有更多人，把初心和梦想，化作大海上的那道彩虹。"

罗红：拼尽全力完成使命，才能找到安放灵魂的地方

北京目前最大的个人摄影艺术馆罗红艺术馆，是"好利来"创始人罗红历时6年创办的。其中有他飞38次非洲、2次南极、4次北极，花20年时间拍摄的地球生命最美瞬间。

这20年里，他去过很多地方，饱览了自然之美、生命之美，曾经被无数次地震撼过。就是在这个过程中，摄影变成一种信念——可以用天地的大美，来唤醒人心的大善，善待自然，善待万物。

2001年，是罗红摄影人生的一个转折。第一次远赴南非拍摄野生动物，当一群狮子若无其事地从他身旁2米的地方走过时，罗红立即爱上了这片土地。

为了更加完美地呈现非洲草原史诗般的气质，将辽阔的大地与壮丽的生命纳入镜头，罗红开始尝试直升机航拍。

在拍火山的时候，直升机飞临火山口上空，他让飞行员低一点，再低一点！不断上升的炽热气流和有毒气体，让直升机内警报大作。在按下快门的最后一刻，他才让飞机掉头离开。

为了拍摄南极帝企鹅，罗红不小心从 5 米高的梯子上摔下来，结果导致脊椎尾部骨头错裂。没过多久，为了拍冰川，他又在冰岛寒冷的海水里浸泡了 3 个小时，导致他后来休养了整整一年，每天走路不能超过 100 米。

人一生用心做好一件事情就很难了，罗红用 25 年用心做好蛋糕，又用 20 年用心做好摄影。"在我 20 年的摄影生涯中，摄影慢慢地变成了一种信念，信念又变成了一种使命。你只有拼尽全力去完成使命，才能找到安放灵魂的地方。"

他说："人生的意义，不在于你拥有多少物质财富和社会地位，而在于是否留下精神财富。我希望我能够留给后人的，是一种积极的价值观，和一些温润心灵的作品。"

在罗红看来，名利在自己心中根本不太重要。他觉得做人比做事重要，而做事比算计金钱重要。只要你付出努力本身是幸福的，回报是迟早的。

大学新使命：培养有全球使命的未来创新人才

近年来，世界著名大学出现了一种新的理念：不仅要培养未来创新人才，还要培养有全球使命和未来使命的人才。下面以斯坦福大学和奇点大学的案例进行说明。

斯坦福大学发布的《斯坦福 2025 计划》提到，斯坦福校友们的反馈证明，使命感是他们职业生涯中指引方向的航标。因此，从在校期间开始，斯坦福大学的学生就要基于一定的使命进行学习。也就是说，学生不仅要了解自己的专业，更要将专业的使命深深烙印在脑海中。

为了使学生带有使命地学习，斯坦福在世界各地建立了一系列"影响实验室"。在这些实验室里，师生们一起通过浸润式学习和讨论，应对全球性的问题和挑战。该大学和国际奥委会还计划共同组织"脑力奥运会"，把全世界最好的学者和研究人员揽至麾下，共同解决全球面临的各类难题。

奇点大学是一所因未来使命而创建的大学——聚集世界上最聪明的大脑，让他们学习最前沿的未来科学，去解决世界上最宏大的问题。

奇点大学不会提供传统意义上的学位，学生毕业也没有正式认证，但他们所走的每一步都能得到硅谷最聪明和最富有的那批人的关注——因为每一个毕业生都有望成为亿万富翁、未来世界的领袖，或两者兼而有之。

它的培训项目短则几天，长则 10 周。来自世界各地的学生要向各领域著名专家学习未来学、能源、空间、人工智能、生物技术等前沿科技，并运用它们去解决包括卫生、能源、环境、贫困在内的世界性难题。

在课程一开始，他们要接受一个宏大挑战——他们要想出各种方法来使至少 10 亿人在接下来的 10 年中得到帮助。课程结束时，他们需要产生可操作性想法来说服潜在投资人。

未来会：让每个人找到改变世界的力量

未来会是一个关注"人"和"利他"，记录正在改变世界的人，分享前进力量的平台。这里的"改变世界的人"，也可能是我们自己；这里的"前进力量"，主要来源于利他。

未来会相信，每个人都能改变世界：爱能改变世界，创新能改变世界，分享能改变世界。再小的力量，汇在一起也能改变世界。只要你愿意改变世界，你就能改变世界。未来会鼓励每个人踏出改变世界的第一步。

在未来会，每个人都能改变世界，不是一句空洞的口号，而是一个简单易行的行动。我们既可以推荐那些正在改变世界的人，为他们点赞；也可以记录自己的社会责任档案，为自己鼓掌；还可以参与未来会的活动，与志同道合的人一起温暖前行；或者把未来会推荐给更多朋友，让更多的人找到他们自己前进的力量。这些都是我们每个人可以改变世界的最简单方式。

在未来会，改变世界和改变自己是可以相互转化的。只要你改变世界一点点，世界就会改变很多的你。耕耘心中的那片净土，种下改变世界的种子，总有一天，你会改变世界，也能改变自己。因为在这个过程中，你为自己创造了更多机缘、更多可能，同时也培养了自己的更大心胸、更大格局。最终你会发现，为社会，其实也是为自己；改变世界，其实也改变着自己。

分享小贴士：

有了使命，就会更加专注，更加拼命地去完成；就有冲破一切黑暗的勇气，解决一切困难的决心；就能在这个过程中拓展无限可能，创造更大可能。

当你向着一个比自身更有价值的目标奋斗时，你就会从中找到生命的意义。在有限的时间里，让自己的生命对这个世界产生积极影响，

> 同时让自己在这个过程中得到历练和成长，这样的生命才是更丰满和更有意义的。
>
> 在未来会，改变世界和改变自己是可以相互转化的。只要你改变世界一点点，世界就会改变很多的你。耕耘心中的那片净土，种下改变世界的种子，总有一天，你会改变世界，也能改变自己。因为在这个过程中，你为自己创造了更多机缘、更多可能，同时也培养了自己的更大心胸、更大格局。最终你会发现，为社会，其实也是为自己；改变世界，其实也是改变着自己。

5.7 发上等愿，择高处立

大愿是在使命和大爱基础上形成的，可以说是有使命的大爱，或者有大爱的使命。大愿如星星之火，可以燎原，可以照亮漆黑的夜空。未来会的案例表明，精彩之限，要靠精神突破；道力之限，要靠愿力突破；信心之限，要靠信仰突破。只要我们在任何时候都有愚公移山的意志和行动，相信总会在某个时候、有某个力量，会帮我们搬走这座山的。

这一节，我们先从影响无数仁人志士的两句话开始说起，看如何发大愿，以及发大愿的意义。第一句出自晚清重臣左宗棠的"发上等愿，结中等缘，享下等福；择高处立，寻平处住，向宽处行"。第二句出自北宋大儒张载的"为天地立心，为生民立命，为往圣继绝学，为万世开太平"。

发上等愿，择高处立

这句话出自晚清重臣左宗棠。左宗棠，一生经历了湘军平定太平天国运动、洋务运动、平叛陕甘同治回乱、收复新疆等重要历史事件。梁启超称之为"五百年以来的第一伟人"；美国军事学者贝尔斯评价他是"美国人最敬佩的中国传奇统帅，终生不败的谋略全解，大器晚成的悲喜人生"。

所谓"发上等愿、结中等缘、享下等福"，就是胸怀宏图大愿、只求中等缘分、过普通人生活；"择高处立、寻平处坐、向宽处行"，则是立志要高远、处事要平淡、心胸要宽阔。

左宗棠的这句话，得到李嘉诚、荣毅仁、李克强总理等的推崇。李嘉诚办公室悬挂的唯一一幅书法作品，上面写的就是这句话。国家原副主席、中信集团创始人荣毅仁也非常推崇这句话。他定的荣氏家规就是"发上等愿，结中等缘，享下等福；择高处立，寻平处坐，向宽处行"。荣先生晚年还时常向身边的人推荐这句话。李克强总理也曾提到过这句话。他曾在"两会"记者会上谈到中美关系时说，所谓"智者求同，愚者求异"，便是向有利于中美双方、有利于两国关系稳定的方向去走，还是要择宽处行，谋长久之利。

为天地立心，为生民立命，为往圣继绝学，为万世开太平

这句话出自北宋大儒张载。张载，北宋思想家、教育家、理学创始人之一，世称"横渠先生"。曾国藩曾作《圣哲画像记》一文，他从中华历史数千年的伟人中，精选了32位作为子孙治学的门径，其中就有张载。

所谓"为天地立心"，就是"立天理"之心，重建社会精神价值；"为生

民立命",就是为民众选择正确的命运方向,确立生命的意义;"为往圣继绝学",就是继承前圣中断的学问并力求创新;"为万世开太平",为世世代代开创太平基业。

张载的这句掷地有声的名言,被后人尊为"横渠四句"或"横渠四句教",受到马云、文化大师叶嘉莹先生、香港中文大学校长沈祖尧等人的推崇,并被习近平总书记、国务院前总理温家宝、台湾地区前领导人马英九等多次引用。

2016年4月26日,习近平总书记在知识分子、劳动模范、青年代表座谈会上指出,我国知识分子历来有浓厚的家国情怀,有强烈的社会责任感。"修身齐家治国平天下","为天地立心,为生民立命,为往圣继绝学,为万世开太平","先天下之忧而忧,后天下之乐而乐",这些思想为一代又一代知识分子所尊崇。在紧接着的5月17日,他又在哲学社会科学工作座谈会上的讲话中指出,自古以来,我国知识分子就有"为天地立心,为生民立命,为往圣继绝学,为万世开太平"的志向和传统,一切有理想、有抱负的哲学社会科学工作者都应该立时代之潮头、通古今之变化、发思想之先声,担负起历史赋予的光荣使命。

2015年11月7日,在两岸领导人习近平和马英九的历史性会面中,马英九也引用了这句话。他说,"习先生,为了两岸人民,让我们一起努力'为生民立命,为万世开太平',为中华民族开创更和平灿烂的未来。"

有了大愿,每天都有希望

对我们很多人来说,也许不一定能做到"为天地立心,为生民立命,为往圣继绝学,为万世开太平",但我们至少可以"发上等愿,择高处立"。对自己来说，让自己努力变得更好，今天比昨天更慈悲、更智慧、更懂得爱与宽容，就是上等愿；对他人和社会来说，让这个社会变得更好，一天比一天更包容、更温暖、更有新气息和正能量，也是上等愿。从这些角度出发，我们就能找到大愿。

有了大愿，就有了追求，就有了希望。这个时候，我们的每一天都是全新的一天，每一天都充满希望，每一天都有惊喜和感动在等待自己。同样，每一天的自己也是一个新的自己、进步的自己、更具爱心和智慧的自己。这个时候，我们就不再困惑，不再迷惘，不再纠结，不再是那个曾经迷失的自己、懦弱的自己。

有了大愿，就有了机缘，就有了一切。我们不必担心自己的力量不够强大，不必担心每天所能做的只有点滴。全部身心集中在这个大愿，虽然一开始可能看不清方向，找不到出路，但只要一直盯下去，它会逐渐清晰强大起来的。直到一天它忽然出现在你的面前，你会惊喜地发现，这就是自己朝思暮想、苦苦追寻的东西。与此同时，你会发现，只要做了，坚持去做，就会有更多的人也在去做，就有更多的机缘来敲门。你会再次惊喜，原来这个大愿并不复杂，竟然可以做得如此之大、如此之好、如此超乎想象。

追求大愿，人生更有意义

人总是要有一些追求的，否则就会失去前进的动力。追求什么，是决定我们人生苦乐的根本。生命需要有大愿有追求，才不会碌碌无为、迷茫混沌；生活要有大愿，不然就如没有航向的船，处处都是逆风。

追求大愿的过程是一个幸福的过程。追求大愿，实际上是在做一件美好的事情。既能成人之美，也能成己之美，正所谓爱人爱己，达人悦己。追求大愿的人，天天与希望同行，与美好相伴，自然就能心平气和、神清气爽，也就能看到别人看不到的东西，体会到别人体会不到的幸福，经历到别人经历不到的经历。

追求大愿的人生是一个充实的人生。追求大愿，每天都有很多的事情要做，每天都有很多挑战需要面对；同时也能经常接触到一些有意义的人和事，不断地与这些人和事产生关系，这样就能不断拓展自己的眼界和视野，提升自己的心胸和格局，让自己达到一个新的境界，成就充实而精彩的人生。

追求大愿的生命是一个丰富的生命。追求大愿，每天都在发现更多的生命可能，每天都在拓展生命宽度、挑战生命高度、提升生命温度，从而让自己的生命变得越来越丰富、越来越包容、越来越自在。

追求大愿，就能找到更深刻、更广阔的生命意义。央视主持人刘芳菲曾发起"绿色手绢计划"，鼓励人们少用纸巾多用手绢。她说，人活着不该是为了眼前的一些虚名，而是为了真正有意义的东西。马云曾在一次演讲中说，"之前 30 年我坚持三样东西，我也希望大家思考这三样对你是否有用：第一永远坚持理想主义，第二要坚持担当精神，第三要坚持乐观的正能量。"俞敏洪也指出，人的一生不能只为物质而活，要有更大的格局和心胸。一个梦想改变世界的人，一定会勇于修正自己，一定比他人更有冲破黑暗的决心和毅力。

分享小贴士：

精彩之限，要靠精神突破；道力之限，要靠愿力突破；信心之限，要靠信仰突破。只要我们在任何时候都有愚公移山的决心，总会在某个时候、有某个力量会帮我们搬走这座山的。

> 追求大愿的人，天天与希望同行，与美好相伴，自然就能看到别人看不到的东西，体会到别人体会不到的幸福，经历到别人经历不到的经历。
>
> 有了大愿，我们的每一天都是全新的一天，每一天都充满希望，每一天都有惊喜和感动在等待自己。这个时候，我们不再困惑，不再迷惘，不再纠结，不再犹豫，不再畏惧，不再是那个曾经迷失、懦弱的自己。
>
> 追求大愿的生命是一个丰富的生命。追求大愿，每天都在发现更多的生命可能，每天都在拓展自己的生命宽度、挑战自己的生命高度、提升自己的生命温度，从而让自己的生命变得越来越丰富、越来越包容、越来越自在。

道力之限，要靠愿力突破

2017 年 6 月，李嘉诚作为汕头大学校董会名誉主席参加该校毕业典礼。这是他连续第 16 年出席该校毕业典礼并致辞。他用近 90 年的人生沉淀告诉大家，道力之限，要靠愿力突破。他在这次演讲中说：

我明年 90 岁啦，一生志在千里，也知道似水流年。我年轻的时候，历尽艰难，知道成长之路非常不容易。

高增长机遇，是愚人见石、智者见泉。愚人只知道"为"（to do），智者有愿力，把"为"（to do）变"成为"（to be）。"愿力一族"是如何修炼？如何处世和存在？

愚人常常抱怨，墨守成规：我是被逼迫的，被世俗绑得死死的；不可承受的期望，令人透不过气。他们渴望"赢在起跑线上"，最好有个富爸、有天赋、有优越，"人能弘道"太负重了，"道能弘人"肯定更舒服。告诉你，这样心态的人，你"输在起跑线了"。

传统中国智慧里，命运是互动的，拥有一切也可以一无所有。要打造命运，能"善择"才是保险。

命运大赢家的梦幻 DNA，是科学心智与艺术心灵的组合。要修炼出众，性格基础是意志力。自律和创意搭配，才有化意见喧哗为处世的心力。

自律是铁杵成针的意志。大舞蹈家每天面镜，并非顾影自怜。他们一再追求着举重若轻、技巧内化的完美，走到台前，身与物化，意到图成。

我今天为什么选择舞蹈为背景？诗人叶慈提出一个很好的问题，"舞蹈中，谁是真正的舞蹈家？"有个性的舞蹈家，触动观众凝铸永恒。艺术照亮人生，感召每一个人，超越局限，突破局限，追求更高的水平，开拓无限的可能。

道力之限，要靠愿力突破。如果你们有谦卑感恩的心，以信心和想象力追求一个更开放、更进步的世界，建立一个充满关怀的社会，你们一定能成为真正的大舞蹈家！

5.8 真正驱动力来自信仰

信仰是什么？这里所说的信仰，更多的是一个人一生相信的东西、一生坚守的东西、一生践行的东西。信仰就是相信坚持的力量，相信改变的力量，相信相信的力量。信仰不一定限于宗教或主义，相信一个道理、坚持一个信念、忠于一个理想、热爱一件事情，只要足够专注、足够持久，都是信仰的一种表现形式。

信仰从哪里来？从博览群书中来，你需要读很多有深度的书，认识很多有温度的人；从知行合一中来，你需要用一生去追寻探索、体验实践；从感悟觉悟中来，你需要在内心宁静状态下，把很多事情串起来；从大苦大难中来，你需要经历刻骨铭心的磨难，痛得越深，体会越切；从感动震撼中来，你需要有一次触及灵魂的震撼，然后脱胎换骨，化蝶重生；从相信和坚守中来，你需要在任何时候、任何地方、任何情况，都相信它，拥抱它，呵护它，不屈不挠，不离不弃。

信仰到哪里去？信仰体现在你忠贞不渝的坚持、一生一世的坚守，体现在你的容颜里、谈吐间、灵魂中、对天地万物的敬畏以及冲破一切困难的决心中。信仰是可大可小的东西，但不是可有可无的东西；不是今天可以有、明天可以没有的东西，而是融进骨子和血液的东西。

只有开始行动，才能知道自己的力量有多大

这是一个信仰缺失的时代，越来越多的人沦为盲目的虚无主义者、绝对的个人主义者、精致的利己主义者。

不可否认，这个社会还不够美好，还存在这样那样的问题，但是只要我们相信自己，相信改变的力量，相信信仰的力量，我们就能用自己的行动去影响改变其他的人，让这个社会朝着更美好的方向一点一点地变化。正如法国著名思想家罗曼·罗兰所说，世界上只有一种真正的英雄主义，那就是在认清生活的真相后依然热爱生活。

令人欣慰的是，未来会的700多个案例都是在梦想、创新、公益、慈善、分享等方面改变世界的案例。这些案例人绝大多数是有梦想、有追求、有信仰的人。面对问题与挑战，他们没有怨天尤人、焦虑迷惘，而是开始行动、始终坚守，他们在用自己的行动和大爱改变着这个世界。他们让我们看到，一个稚气未脱的孩子，也能做出感天动地的事情；一个看似平常的人，也可以做出非常伟大的事情；一个经历世事沧桑的百岁老人，其内心是如此的丰富和精彩、淡定和从容。他们让我们知道，这个世界永远有爱存在，永远有温暖存在，永远有感召存在，永远有人在做，永远有改变在发生。

只有找到了自己的信仰，你才能真正找到另一个自己

作家林清玄曾提到带给他震撼的一句话：一个人到了30岁，要把全部的时间用来觉悟。这句话意思是，一个人到30岁以后，要开始觉悟了，要开始形成自己的信仰了。

从我自己的经历和体会来看，一个人在年轻的时候可以经历很多东西，但到了30岁左右的年纪，就必须要有自己的信仰了，必须相信和坚守一些什么了。30岁之前可以经历很多的事情，30岁以后就要开始沉淀了。因为这个时候，你要开始经历人生必须独立面对的所有喜怒哀乐、悲欢离合和荣辱沉浮，比如婚姻的问题、家庭的问题、事业的问题、生命的问题、生死的问题……每个人都会或早或晚、或多或少、或深或浅地经历这些问题。经历得越早越彻底，觉悟得越早越彻底，就能想得越明白，活得越自在，这样才能形成自己的信仰，找到自己真正想要成为的那个自己。

未来会的很多案例人，都是在经历刻骨铭心的体验和磨难后，才找到自己的信仰的。他们在经历了漫长的苦苦的追寻后，才找到自己可以用一生

去倾注、可以用生命去交换的事情，实现了从利己到利他、从小我到大我的蜕变。

历史上许多伟大人物所取得的成就，也无一不是因为有坚定信仰在支撑。其中政治家、思想家、哲学家、文学家自不必多说。然而世界上很多重要的创作、创造或发明，比如达·芬奇的《蒙娜丽莎的微笑》、爱因斯坦的相对论、乔布斯的苹果，也都是他们在进入一种无限自由的奇妙空间后顿悟产生的。正是信仰的力量，让他们成为一个时代的伟人，成为一个永远的传奇，成为一个永恒的自己。

星云大师说，有了信仰，好比航海中有了目标，旅程上有了方向，做事有了准则，可以一往直前，迅速地到达目的地，减少不必要的摸索。信仰的力量如同马达，是我们向前迈进的动源，能改变我们的命运。

分享小贴士：

这个世界永远有爱存在，永远有温暖存在，永远有感召存在永远有人在做，永远有改变在发生。

一个人在年轻的时候可以经历很多东西，但到一定年纪，就必须要有自己的信仰了，必须相信和坚守一些什么了。

信仰从哪里来？从知行合一中来，你需要用一生去追寻探索、体验实践；从感动震撼中来，你需要有一次触及灵魂的震撼，然后脱胎换骨，化蝶重生；从相信和坚守中来，你需要在任何时候、任何地方、任何情况，都相信它，拥抱它，呵护它，不屈不挠，不离不弃。

第五章　信仰的力量

只有你内心有改变的信仰，你才能找到真正的驱动力

2004 年，22 岁的美国女孩德清·雅诗第一次来到甘南安多藏区。当时她只是想拍一部关于藏区的纪录片，但很快就被这里的贫穷落后震撼了。

雅诗受母亲影响很深。母亲曾告诉她，"人活着不仅是为了挣钱，重要的是要找到更有意思的事情来做"。这次来，母亲交给她一项任务：寻找一种叫"库（Khullu）"的牦牛绒。

库是牦牛身上最纤细的绒毛，生长在头颈附近。最好的库产自两岁大的牦牛，这样的牦牛每年每头只能产出大约 100 克的"库"。藏民基本是任由"库"自然脱落。

雅诗却在这里看到了机会：或许可以让逐水草而生、靠天吃饭的牧民们，获得另一种可能。她收集了第一批细绒运到尼泊尔。在那里，经过并捻和织造的牦牛绒纺品，呈现出令人惊叹的柔软性和保暖性。

"牦牛绒有走向国际的潜质。"她回来兴奋地把想法告诉牧民，但根本没人相信她的计划。"你得把所有的困难扛下来，才知道结果是什么样子。"

经过两年筹备，一个藏地围巾作坊在帐篷里建起来了。短短一年时间，雅诗就拿到了欧洲订单，并成为爱玛士（Hermes）、路易·威登（Louis Vuitton）等国际一线品牌的供应商。

在牦牛绒上，雅诗有自己的坚持。清洗一吨牦牛绒，需要 50 个人花上 8 个月的时间才能完成，雅诗从没想过交给机器；她坚持复杂的古法编织工序，机器上超过 4000 根线，人工一根一根穿上去，不容许出现丝毫差错；她坚持用最精细的牦牛绒，一条中等长度的围巾需要一个人 7 天时间才能织成；她坚持只雇佣本地人，而且所有产品的模特，都是自己的员工……

雅诗说，她已经停止等待来自周围和世界的认可，因为这些让你满足的同时，也会让你有崩溃的可能。"被认可是件极好的事情，但真正的驱动力来自你的内心和你的信仰，我想这也是我每天努力奋斗的不竭动力。"

只有内心深处有信仰的人，才能真正看清事物的真相

瓦茨拉夫·哈维尔是捷克前总统，也是一位哲学家，被誉为现代"哲学王"。他曾在狱中给妻子奥尔嘉写信，谈到他对信仰的一些理解。他在信中这样说：

真正的信仰是一种深刻和神秘的东西，它不取决于一时一地的现实看起来如何。正是由于这个原因，只有那些内心深处存有信仰的人，才能看清事物的真相，他不会以这样或那样的方式扭曲真相，因为他没有这样做的理由。

真正的信仰是抽象的、根本性的，它超越明确的实体。换句话说，是信仰赋予实体灵魂，而不是相反。真正的信仰无须从某种现实或假定中吸取力量，它不依赖于它们而存在。真正的信仰不是一种迷惑人心的东西所引发的迷狂状态，它是一种内在的精神状态，一种深刻的存在感，一种你或者有，或者干脆没有的发自内心的指导，它将把你的整个存在提升到一个更高的水平。同时，在一定程度上，人们如何看待自己的信仰，甚至是否意识到了它的存在都无关紧要，唯一要紧的是你多么渴望它，多么深地被它代表的意义所征服。这种征服会在你的全部行动和你与世界的关系中，表现为悲天悯人的情怀。

对于信仰来说，所有的事物，哪怕是坏事，都有其自身的或明或暗的意义。没有这种对意义的追求和投入，荒谬感是不可能体验到的。在任何情况下，信仰作为一种对意义的深深的投入，总会遇到虚无感这位自然而然的对手。实际上，人类的生命就是这两种力量为争夺我们的灵魂而展开的永恒的争斗。

只有相信自己所做的是伟大的工作，你才能怡然自得

乔布斯 2005 年在斯坦福大学的演讲中，提到如何把生命中的点点滴滴串联起来、关于爱和失去、关于死亡三个故事。其中第二个关于爱和失去是与信仰有关的故事。他在演讲中说：

我非常幸运，因为我在很早的时候就找到了我钟爱的东西。我和斯蒂夫·沃兹尼亚克是在车库创立苹果的。在公司成立的第 9 年，我们发布了最好的产品。然而在那一年，因为与管理层的矛盾，我也被董事会赶出苹果。在而立之年，我生命的全部支柱离自己远去，这真是毁灭性的打击。

事后证明，从苹果公司被炒是我这辈子发生的最棒的事情。因为，作为一个成功者的负重感被作为一个创业者的轻松感觉所重新代替，没有比这更确定的事情了。这让我觉得如此自由，进入了我生命中最有创造力的一个阶段。在接下来的五年里，我创立了一个名叫 NeXT 的公司，还有皮克斯动画公司（Pixar）。

在后来的一系列运转中，苹果收购了 NeXT，然后我又回到了苹果公司。我们在 NeXT 发展的技术对苹果的今天的复兴发挥了关键的作用。

我可以非常肯定，如果我不被苹果开除的话，这些事情一件也不会发生的。这个良药的味道实在是太苦了，但是我想病人需要这个药。有些时候，生活会拿起一块砖头向你的脑袋上猛拍一下，不要失去信仰。我很清楚唯一使我一直走下去的，就是我做的事情令我无比钟爱。你需要去找到你所爱的

东西。你的工作将会占据生活中很大的一部分。你只有相信自己所做的是伟大的工作,你才能怡然自得。如果你现在还没有找到,那么继续找、不要停下来,只要全心全意地去找,在你找到的时候,你的心会告诉你的。

5.9 在利他中,发现另一个人生

这是本书的最后一节,也是全书的一个总结。

从前面内容我们可以看到,人生的很多问题,其实是自己内心失衡造成的。如果尝试从利他角度想问题、做事情,我们就会发现一个完全不一样的世界,就能进入一个奇妙的境界——利己与利他的平衡、内在与外在的平衡、身体的我与灵魂的我的平衡、小我与大我的平衡、第一个自己与第二个自己的平衡,从而进入一个人所能达到的最中和、最自在、最幸福的状态。未来会700多个案例和作者自身经历非常清晰地指向了一点:利他可以实现内心平衡,发现人生的更多可能,找到自己前进的力量,进入另一个境界的自己,遇见更好的自己。

实际上,未来会的很多案例,以及这个社会很多人正在做的,正是因为利他而发现的另外一个人生,在利他中找到的第二个自己。对我自己而言,我也是因为创办未来会,才找到另一个自己的。希望更多的人在这本书中,找到利己与利他的平衡之道,找到自己一直在苦苦追寻的那个自己。

更多的可能,是从利他中发现的

在未来会,人生有很多可能,利他人生有更多可能。与之形成鲜明对照的是，这个社会的一些人，想问题、做事情的所有出发点几乎都是为了自己，几乎从未考虑过利他的事情，从未体验过人生的另一种可能。他们总是跟这个社会的很多人在相同的人生轨道、思维方式和精神境界。这样的人生注定是单调的。

如何才能找到更多可能，让自己的人生丰富起来？可从下面四个方面尝试：一是向利他的人学习。未来会的700多个案例，绝大多数是有利他思想的人的案例，从中我们可以汲取到很多养分。特别是利他的人可能更无私、慷慨、真实和开放，他们带给我们的可能是更有价值的东西。二是向同时代的人学习。未来会案例选取的一个重要原则，就是尽量选跟我们现在或者曾经处在同一个时空的人。他们跟我们一样，就在这个世界的某个角落（所处的时代环境和面临的人类挑战相近，可能更有借鉴意义）。三是向跟我们一样真实普通的人学习。未来会的案例人不一定都是"高大上"，而是有很多普普通通、真真切切的人。他们也许就在我们身边，也可能就是街头最不起眼的那个人。最后一点也是最关键的一点，还得靠我们自己，要常怀一颗利他之心，行动起来，并坚持下去。一旦开始行动，我们就能发现更多可能，就有更多可能来成就更多可能。

所以，在未来会我们看到了这些案例：有的人虽然平凡，但在做着不平凡的事，可能一辈子都在做同一件事；有的人在做着你从来都没有想、不敢想、没有做、不敢做的事；有的孩子在用他们无畏的心改变这个世界，因为他们心中早已装下了整个世界；更多的名人明星开始做公益慈善，因为他们从中找到了内心平衡；更多的文学家意识到，要用更多饱含灵魂温度的作品温暖这个社会；更多的商界领袖意识到，只有把企业社会责任与个人社会责任相结合，企业才能走得更高更远，自己的影响力才能与企业影响力相得益彰；更多的人意识到，成功之道，在于利他之心；快乐之源，在于利他之行……从这些案例我们可以看到，人生实在可以有更多的可能，实现更多可能的人生，必定会是精彩的人生。

前进的力量，是从利他中获得的

在迷惘时，我们是找不到出口的；在畏惧时，我们是找不到动力的；在功利中，我们很容易迷失方向；在内心失衡状态下，我们做什么事可能都不会太顺。这个时候，我们不妨换一种思维方式和行为轨道，也许能从中找到前进的力量。

比如试着把每一天都当成最后一天过，让每一天都过得更有意义；试着从利他的角度考虑问题，也许就能发现不一样的风景；试着把自己想象成未来会案例中的人，自己如果是他们，该如何选择、如何坚持下去、如何走出一条不一样的路；试着做一些自己从来都没有做过的事情，用一些小目标、中目标、大目标来激励自己，看自己能在多长时间坚持下去；试着把自己现在的所有思想观念全部清零，在一个完全不同的层次重新审视，看是否能发现些什么……

从上面的建议可以看到，最重要的是行动起来。你一旦开始走，就比只留在原点的自己，知道的更多，体会到更多。只有当你为自己一次次在小事情上勇敢，才有机会真正活出自己喜欢的样子。

更大的成功，是从利他中实现的

几乎在所有领域，总有一些非常成功的人在热心做公益、做慈善，他们总是愿意分享自己的时间、精力、金钱、经验、智慧和感动。一个原因可能是他们需要继续扩大自己的影响力,另一重要原因可能就是他们也需要找到自己的内心平衡。做一些利他的事情,自然是两全其美的最好方式了。从这个角度就能很容易理解,为什么几乎在所有领域,都有一些功成名就或者有影响的人在热衷于做公益慈善、尽社会责任,并乐在其中、乐此不疲。

前文提到,未来会很多案例蕴含着这样一个秘密:利他就是利己,可能也是最大的利己、最好的利己、最问心无愧的利己。从利他角度出发,心无杂念地做一些事情,最后往往会有想象不到或者超出想象的惊喜。因为你是用心在做,就会有更多资源、更多机缘来帮助你、成就你,所以也就能收获"无心插柳柳成荫"的成功。在这个过程中,成就他人,实际上在更高层面成就了自己;为他人,其实是在更高层面为自己。通过利他实现另外一种方式的成功,恰恰是很多人成功的一条捷径。因为这条路少有人走,所以很美、很特别、也很奇妙。这些道理理解起来并不复杂,但可能很多人就是从来没有意识到这一点。

越来越多的企业家发现了这一点,所以他们的企业越来越成功,他们的社会影响也越来越大。比如马云说,在世界上做了除自己以外的事情,才能赢得尊重;冯仑说,公益改变了自己和世界的交往方式,心离钱越远,钱离口袋越近;施振荣说,利他是最好的利己;乔布斯说,你只有相信自己所做的是伟大的工作,你才能怡然自得;库克说,当你向着一个比自身更有价值的目标奋斗时,你就会从中找到意义,找到目标;俞敏洪说,如果我们有一个伟大的理想,有一颗善良的心,我们一定能把很多琐碎的日子堆砌起来,变成一个伟大的生命。

稻盛和夫是最早提出利他思想的企业家之一。在他看来,只有彻底抛弃私心的人,才能成就大事。他说,世界上有许多的企业家,无论你的规模有多大,无论你积累了多少财富,无论你信奉何种宗教,你的境界在哪层最为重要。在他看来，企业家的最高境界就是敬天爱人。"敬天"就是尊重自然、尊重科学、尊重法律和社会伦理；"爱人"就是要造福人类，促进人类的进步和发展，要至善，要利他。

他在中欧国际工商学院的演讲中特别提到，在这个宇宙间常吹着一股"他力之风"，它推动一切事物不断向着好的方向、更好的方向前进。然而，如果一味强调"我呀我"，在用"利己之心"扬起的风帆上就布满了孔洞。这样，"他力之风"无论如何吹刮，风都是从孔洞中穿过的，风帆升得再高，航船也不会前行。相反，如果用"利他之心"扬起风帆，就不会有孔洞，就能饱受他力之风的恩惠，一帆风顺，在茫茫大海中破浪前行。"为社会、为世人"这种纯粹的动机，也就是所谓的"利他之心"，就是成功的原动力。

真正的快乐，是从利他中产生的

幸福快乐是什么？真正的幸福快乐，也许并不取决于你现在拥有的，而取决于你现在拥有与曾经拥有之间的差距。差距越大，才可能越幸福、越快乐。从这个意义上说，当幸福快乐来临时，曾经不幸福不快乐，你才能真正体会到幸福快乐；体验到从未体验的另一个层次的幸福和快乐，可能会给你带来更大的幸福和快乐。做利他的事情，就是既能给别人带来幸福，也能给自己带来快乐，所以也就可能是更大的快乐、真正的幸福。

真正的快乐，不是金钱、权力、物质、虚荣等东西带来的，因为这些东西总是缥缈的、有止境的；真正的快乐，一定是更高精神层面的东西所带来的，比如通过利他获得的愉悦感、幸福感和成就感，比如极度专注一件事情所进入的奇妙境界，全身心投入甚至是把整个生命投入进去所达到的一种酣畅淋漓的状态。这些东西带来的快乐才是极致的、前所未有的、永无止境的。走出自我的小世界，走向人生的大境界，才能体会到真正的快乐。

一个人一辈子坚持做一件事，一个人宁愿顶着巨大压力、忍受巨大痛苦，还要义无反顾、矢志不渝地做一些事情，他们的内心一定是宁静的、愉悦的、快乐的。因为在他们看来，他们正在做的是一些有意义的事情，这些事情对他们的吸引力，要远远超过外界的干扰和不利因素的制约，他们在这个过程中体验了真正的快乐，极致的幸福。

理解了这一点，我们也就能更好地理解一些人说的话。比如牛根生说，自己体验到了一生都不曾体验过的快乐，一种超然的快乐；马云说，做公益、做慈善，是人生一辈子最大的福报；白岩松说，做慈善，你会得到内心平静；姚明说，慈善能让我们变得更完美，自己非常享受慈善带来的乐趣；杨澜说，只有那种从自己的内心生长出来的，是一种给予的力量的时候，这种幸福才会比较持久；索达吉堪布说，一切快乐，都是从利益他人中产生的，一切痛苦，都是由只为自己而引起的。若能明白这一点，并试着去慢慢改变，其实得到幸福很快，并且很长久。

另一个自己，是从利他中找到的

什么是另一个自己？在我看来，第一个自己是身体的我、利己的我，是小我，更多的是理性的自己；第二个自己是灵魂的我、利他的我，是大我，更多的是感性的自己。第二个自己往往更接近自己的内心和本来。每个人都有第一个我和第二个我，都渴望拥抱第二个自己，也总能在某个时候、某个机缘找到第二个自己。只不过有的人可能从来没有去关心，甚至都没有想到还有这个自己。

如果试着找回自己的本性初心，试着从利他角度想问题做事情，我们就能很容易找到另一个自己。只要我们用心去找，我们总能找到第二个自己。原来这个自己跟现在的自己如此不同：如此天真、好奇、善良、慈悲、坚强、勇敢，如此渴望做一些有意义的事情，如此生动地在做自己不敢做、不想做的事情。正如宫崎骏所说，我始终相信，在这个世界上，一定有另一个自己，在做着我不敢做的事，在过着我想过的生活。也如建筑设计大师王澍说，我始终不相信这个世界上只有一个世界存在、只有一种时间存在，应该是有不同的世界和时间同时存在。只有第二个世界才是你的魅力。

未来会的很多案例，以及这个社会很多人正在做的，正是因为利他才发现的另外一个人生。未来会的很多案例人，都是经历了刻骨铭心的磨难，才真正找到另一个自己的。比如钱钟书夫人杨绛，诚品书店创始人吴清友，苹果创始人乔布斯，"百人援助"公益行动发起人韩红，台湾地区公益小魔女沈芯菱，作家麦家、周国平、林清玄、村上春树，科学家施一公，企业家兼慈善家李嘉诚、马云、牛根生、稻盛和夫，等等。他们都是在经历了无数痛苦、煎熬和折磨之后，才发现人生的真谛，找到第二个自己的。

这实际上是未来会 700 多个案例和本书所蕴含的一个道理：每个人都能找到改变世界的力量，都能为这个世界做一些有意义的事情。只要你始终保持一颗美好的心，一往无前地做下去，心无旁骛地坚持下去，改变一定会发生，机缘一定会到来，同时也能在这个过程中发现人生的更多可能，找到另一个自己。也许，这个心中充满爱和勇敢的自己，才是最好的自己，也一定是最幸福的自己。

分享小贴士：

每个人都有第一个我和第二个我，都渴望拥抱第二个自己，也总能在某个时候、某个机缘找到第二个自己。

从利他出发，就能进入一个奇妙的境界——利己与利他的平衡、内在与外在的平衡、身体的我与灵魂的我的平衡、小我与大我的平衡、第一个自己与第二个自己的平衡，达到一种最中和、最自在、最幸福的状态。

利他就是利己，可能也是最大的利己、最好的利己。如果从利他出发，心无杂念、始终坚持地做一些事情，就能找到自己，就能发现更多可能，就有更多可能来成就更多可能，最后往往会有意想不到或者超出想象的成功。

只要你始终保持一颗美好的心，一往无前地做下去，心无旁骛地坚持下去，改变一定会发生，机缘一定会到来，同时也能在这个过程中发现人生的更多可能，找到另一个自己。也许，这个心中充满爱和勇敢的自己，才是最好的自己，也一定是最幸福的自己。

最后的交心，请索达吉堪布来说

索达吉堪布的一些观点，跟未来会案例隐含的道理是一致的，所以特别把他的话放在这里作为本书的结尾。想象一下，这位和蔼的智者正在叙说着人生最深刻的道理，所以请你认真体味其中的每一句话。

我所理解的智慧人生，就是具有利他智慧的人生。有了利他的智慧，你自己会幸福；有了利他的智慧，你会给身边的人带来快乐；有了利他的智慧，你的前途光明无限。

我们都希望有智慧，但智慧要跟利他心相连，才是古人所谓的德才兼备，是大智慧，否则很可能成为害人害己的小聪明。《资治通鉴》就德与才的有无多寡，分出了四种人：德才完美具足的，是圣人；德和才一样没有，是愚人；德胜过才称君子；才胜过德叫小人。

最高尚的德行就是利他。世间的领导、精英们也一样，没有利他心，再成功也掩饰不了自私的面目。相反，有了利他心，无论你身份如何，都是高尚的、快乐的。

因此，利他的心不仅是一颗好心，也是一种人生的智慧和态度。如果每个人都能关心他人、关心社会，那么天下也就太平了。

因此，年轻时要多学习，而且要学到正确的知识——包含利他与慈悲的真理。不管你是学生、企业家或艺术家，都应该追求这种不需要狭隘宗教或思想包裹的真理。

佛教提倡慈悲心，但这个慈悲心，不仅佛教徒在修行时需要它，凡是人类，无论你生存在世界的哪个角落里，都需要它。

你们不一定要信仰佛教，但对佛教所阐释的真理，如果不去了解、不多少学习一些，我觉得，来一趟人间还是挺可惜的。你们不妨去寺院走走，到了寺院，你会感受到一种无形的力量。这是蕴含慈悲与智慧的力量，它会从内心深处启发人的爱心，让你了解万法真相。

只要你相信因果、践行利他，有些事会不期而至，超乎你的想象。

附 录　The Second You From ALTRUISM

本书涉及的案例人统计及主要结论

本书案例是从未来会网站（www.fuwill.com）700多个案例、500多个案例人中选取的，全书涉及的案例人有170多人。在这里，我们对案例人来源的国家和地区、身份、年龄段及性别做了初步统计，并对中国内地、台湾地区和美国的相关指标进行了对比分析。

主要结论是：中国内地青少年和企业家两类群体，在利他和社会责任方面的表现全面落后。其中内地青少年不仅与内地中青年、老年人年龄段相比远远落后，而且与全部案例人整体、台湾地区和美国的青少年年龄段所占比例相比远远落后。国内企业家群体同样在同类相关指标对比中远远落后。

一、案例人名单

以下是本书出现的部分案例人名单（排名不分先后，身份不具体说明）：

佛学大师：星云大师、一诚长老、白光长老、圣严法师、索达吉堪布、明生法师、宗性法师、明一法师、延参法师、证严法师等。

作家：杨绛、金庸、曹文轩、麦家、周国平、林清玄、村上春树、乔斯坦·贾德、赫尔曼·黑塞等。

艺术家：贝聿铭、宫崎骏、齐·宝力高、巫漪丽、蔡志忠、成龙、六小龄童、陈道明、朱晓玫、摩西奶奶等。

教授：叶曼、李佩、饶宗颐、叶嘉莹、资中筠、楼宇烈、叶朗、钱理群、陈吉宁、邱勇、薛其坤、施一公、钱颖一、彭凯平、崔维成、沈祖尧、朱棣文等。

企业家：李嘉诚、吴清友、马云、俞敏洪、王石、牛根生、稻盛和夫、乔布斯、扎克伯格、比尔·盖茨、巴菲特、蒂姆·库克、彼得·蒂尔、杰夫·贝佐斯等。

公益人：宋平、姚明、陈坤、韩红、江一燕、陈一丹、毛大庆、刘彭泽、魏雪、沈芯菱、齐尔伯格等。

二、主要结论

（一）从整体来看，本书案例人主要来自教授、国学大师、佛学大师、作家、艺术家、公益人、企业家、学生、退休老人和其他（含政治家、媒体人、农民、体育明星、自由职业者及不确定职业者等）；案例主要来自大中华地区和美国；主要是中青年和老年群体；男性比例占四分之三左右。

（二）就青少年群体分析，中国内地青少年在内地案例人中的比例只有3%。纵向比较，远远低于内地中青年段的59%和老年人段的38%；横向比较，远远低于全部青少年在全部案例人中的9%，也低于美国青少年段在该国案例人中的9%、台湾地区青少年在该地区案例人中的22%。由于全部案例主要是围绕利他和社会责任选取的，这组数据从一个侧面说明，中国内地青少年在利他和社会责任方面的表现全面落后。

（三）就企业家群体分析，中国内地企业家在内地案例人中的比例为10%，低于全部案例人中企业家群体占比的19%，也低于台湾地区企业家在台湾地区案例人中的33%、美国企业家在美国案例人中的39%。如果对照中国在世界经济中的地位，内地企业家群体在社会责任方面显然做得还远远不够。

（四）单就美国分析，美国人在所有案例人中占比为26%，是中国内地占比51%的近一半，超过除中国内地以外的其他所有国家和地区的总和。这说明美国在利他和社会责任方面的整体表现突出（最突出的是其企业家群体），而且美国的入选案例单个案例相对更突出、形式更丰富、影响更广泛。由于所有案例主要来自主流媒体的报道，考虑到案例来源的局限性，实际上要承认美国做得要比我们好一些。

三、具体统计

（一）全部案例人基本统计

按身份统计，佛学大师占7%，教授13%，作家7%，艺术家10%，企业家19%，公益人18%，学生5%，退休老人5%，其他18%（含政治家、媒体人、农民、体育明星、自由职业者及未知职业者等）。

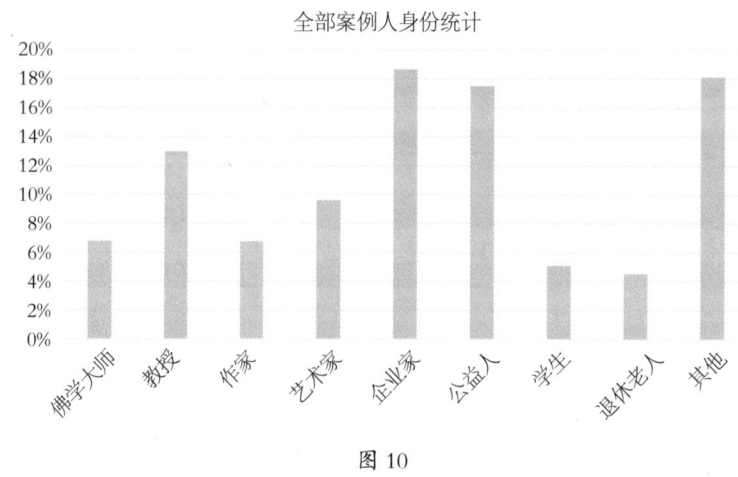

图 10

按年龄段分析，青少年占比 9%，中青年占比 55%，老年占比 36%。说明案例人主要来自中青年及以上，青少年则相对较少。

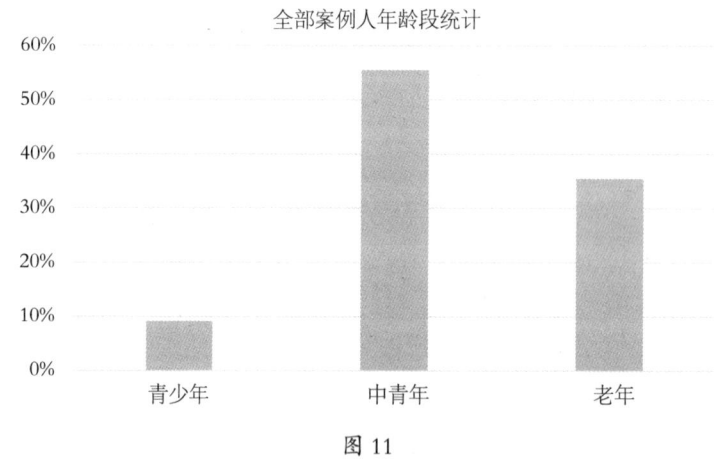

图 11

说明：本统计暂定 30 岁及以下为青少年，31~60 岁为中青年，61 岁及以上为老年。由于部分案例人年龄不详，所以只能是一个大概统计。

按国家和地区统计，中国内地占比 51%，香港地区 3%，台湾地区 5%，美国 26%，其他国家和地区 15%（主要是英国、法国、德国、俄罗斯、加拿大、日本、印度、澳大利亚等）。美国占比超过中国内地以外的其他国家和地区的总和。

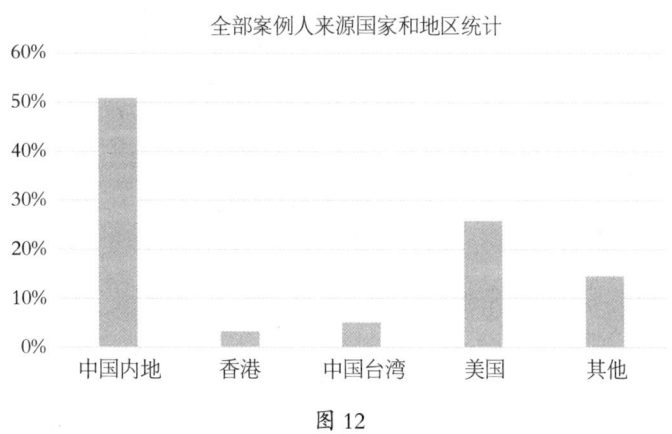

图 12

按性别统计，男性 76%，女性 24%。其中在青少年段女性占为 44%，中青年段女性占比为 23%，老年段女性占比为 22%，说明青少年段女性表现更突出一些。

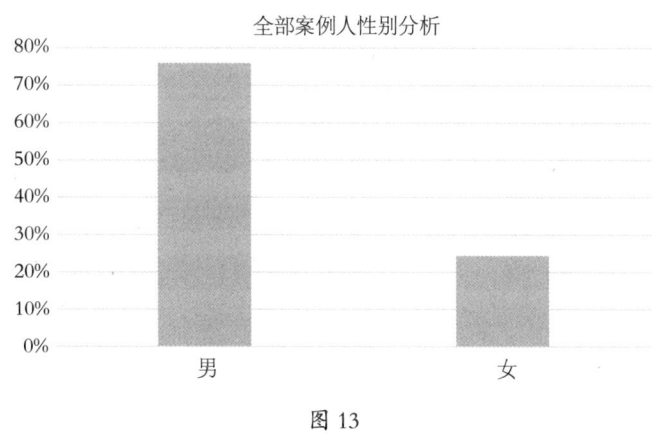

图 13

（二）中国内地单项分析及与整体对比

按身份统计，中国内地案例人佛学大师占 12%，教授 18%，作家 7%，艺术家 7%，企业家 10%，公益人 17%，学生 2%，退休老人 8%，其他 20%。相比较整体情况，学生和企业家比例明显下降，教授和退休老人比例明显上升。佛学大师只有中国内地和台湾地区的数据，不参与比较。

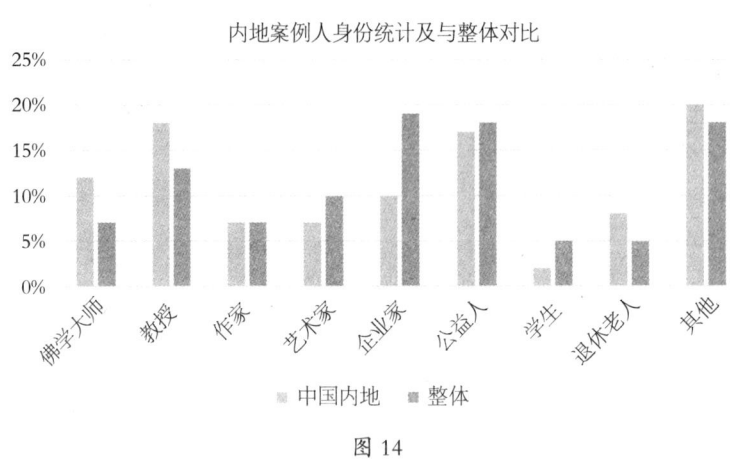

图 14

按年龄段分析，中国内地案例人中青少年占比 3%，中青年占比 59%，老年占比 38%。青少年占比非常少，相比于整体青少年 9% 的占比有明显下降，说明国内在青少年利他和社会责任方面的表现明显落后。

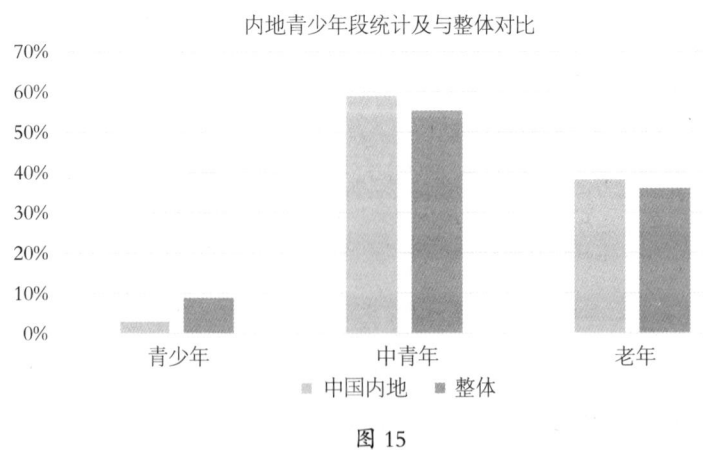

图 15

按性别统计，中国内地案例人男性占比 72%，女性占比 28%。与整体相比，男性略有下降，女性略有上升。

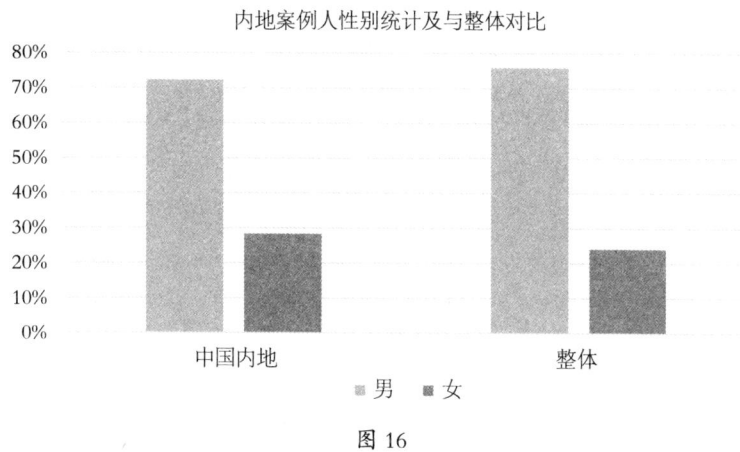

图 16

（三）台湾地区单项分析及与中国内地对比

按身份统计，台湾地区案例人佛学大师占 11%，作家 11%，艺术家 11%，企业家 33%，公益人 22%，学生 11%。相比中国内地而言，台湾地区的学生和企业家比例远远超出，作家、艺术家和公益人的比例也相对较高。

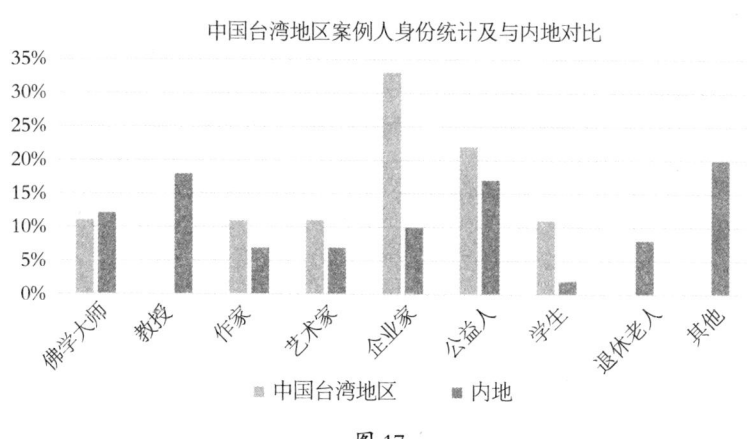

图 17

按年龄段分析，台湾地区案例人青少年占比 22%，中青年占比 22%，老年占比 56%，青少年比例是中国内地的数倍，老年人比例也比较高。

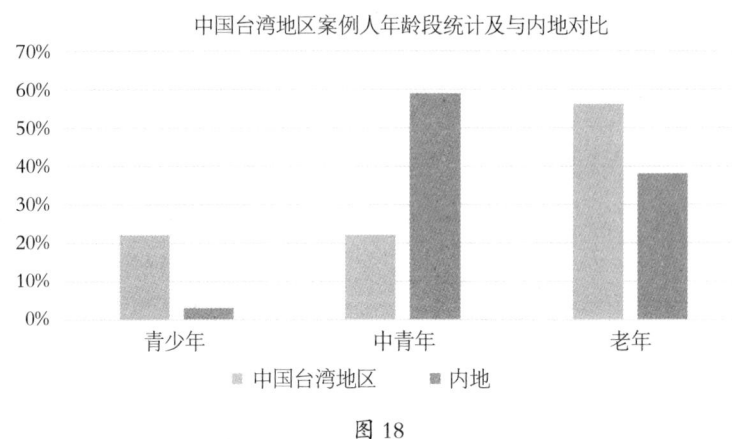

图 18

按性别统计，台湾地区案例人中男性占比 67%，女性占比 33%。女性案例人占比高过内地。与全部案例人及美国案例人对比，台湾地区的女性比例也是最高的。

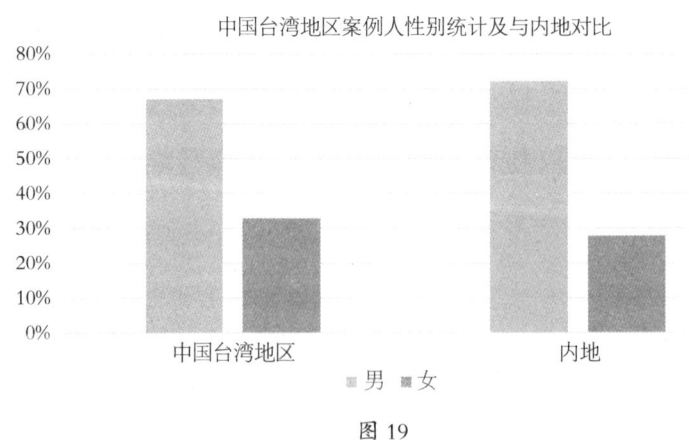

图 19

（四）美国单项分析及与中国内地对比

按身份统计，美国案例人中教授 11%，作家 7%，艺术家 11%，企业家 39%，公益人 15%，学生 7%，其他 11%。美国企业家和学生的比例是中国内地的数倍，说明内地学生和企业家在社会责任方面的表现远逊于美国。

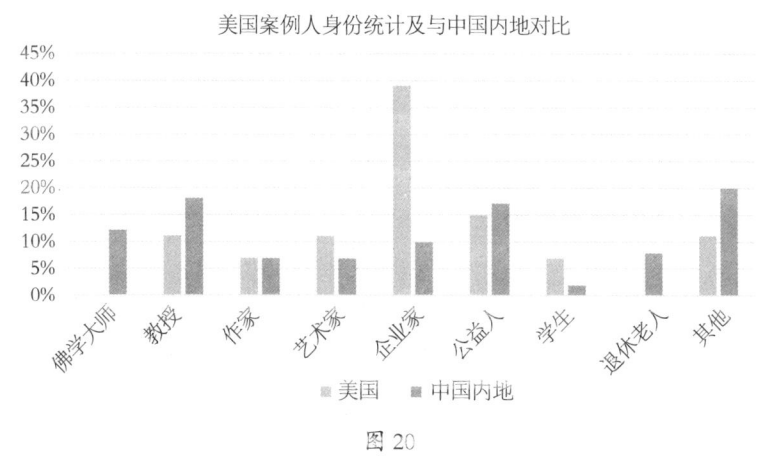

图 20

按年龄段分析，美国案例人中青少年占比 9%，中青年占比 63%，老年占比 28%。其中青少年比例是中国内地的 3 倍。

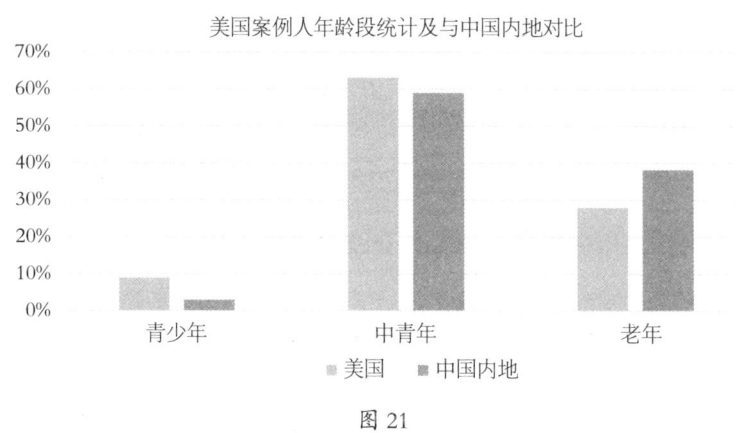

图 21

按性别统计，美国案例人中男性占比78%，女性占比22%。男性比例比中国内地高。换句话说，中国内地女性在利他和社会责任方面的表现比美国更出色一些。

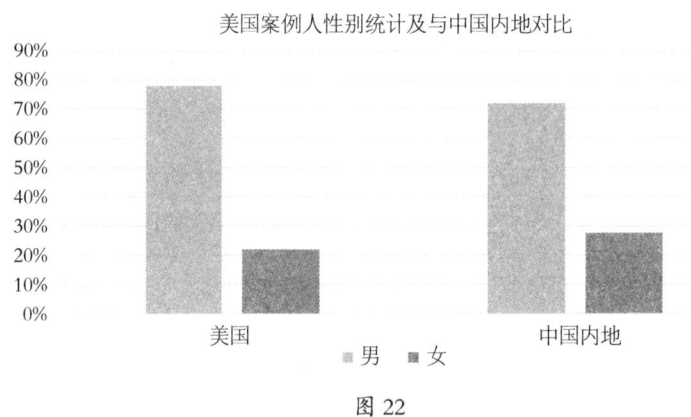

图 22

需要说明的是，本书在挑选案例时遵循的是同样的原则，而且是写成书以后，最后才做本统计分析的。虽然数据不一定能完全反映客观事实，但多少还是能说明一些问题的。

后 记

The Second You From ALTRUISM

感谢大家坚持读完这本书。其实我一直诚惶诚恐，因为我很清楚书中还有很多不够好的地方，即便从初稿完成到最后出版经历了长达一年的沉淀，即便是书中每句话、每个字可能都经过反复推敲。如果大家认为，作者至少在努力寻找一些有意义的东西，就是对这本书的认可了。

不管怎样，我都要怀着敬畏和感恩的心写下这最后的文字。因为我相信，每一个出现在我生命中的人，都有可能是我生命中的"贵人"；每一个因为这本书而结缘的人，都可能在气质上、心灵上有某种相通之处。

这本书能够面世，离不开太多机缘的成就，离不开太多人的支持。

首先要感谢在这本书中出现的170多个案例人，以及未来会网站中的700多个案例的案例人。事实上，我是在一个一个研究你们、学习你们的过程中，才逐步形成了我创办未来会的一些思考和探索。你们是这本书及未来会的一些观点、思想和智慧的源泉。我曾考虑把这些人的名字或照片以某种形式一一展现出来，因为一些原因只好作罢。

同时，我要感谢未来会案例的源头——主要是一些传统主流媒体。未来会700多个案例，绝大多数源自这些媒体的报道。书中引用的案例，主要是案例人所说的话、所做的事等客观事实，较少引用原作者的主观描述内容，而且最后呈现的也是有机融合了多家媒体的报道，力求全面、客观、生动。恕无法列举这些媒体的名字一一致谢,但我真的要谢谢你们。你们是未来会的基础案例支撑,是这个社会一些美好东西的守望者。

在这里,我要特别感谢在写这本书、创办未来会及我人生成长过程中,所有指导、帮助和支持过我的人。感谢我的恩师张楚钱老师、包一志老师、高俊文老师对我的谆谆教导;感谢陈学义先生对我的多年指导;感谢王树平老师对未来会最开始的支持;感谢国际公益学院王振耀院长、北京大学翟崑教授为本书欣然作序,字句之间浸透着一个公益泰斗的初心与赤心、坚守与期许,一个儒雅学者的挥洒与谐趣、情怀和胸怀;感谢万通集团创始人冯仑先生、苹果全球副总裁戈峻先生联袂推荐;感谢北京协同创新研究院王苧祥院长、人大附中刘彭芝校长、北京实验二小李烈校长、央视经济新闻频道制片人张勤老师、中国新闻出版传媒集团总经理李忠先生、中国工艺集团副总经理瞿贤军先生等对我的悉心指导和无私帮助;感谢未来会小伙伴张秋根、张小飞、妙关素、周钊、张子彬、张瑞希、陈铭家、张茗淏、陈国华等人的鼎力协助;感谢所有关注、支持和帮助未来会的人。你们都是未来会这棵幼苗得以生根发芽的重要养分。

最后要感谢的是我的家人。是你们陪我走过我人生中如此艰难的这段日子,和我一起忍受前所未有的煎熬和痛苦,你们见证了我写这本书和创办未来会过程中的各种酸甜苦辣。当然,所有的苦都是值得吃的,也是必须吃的;所有的磨难都是值得经历的,也是必须经历的。这至少能让我们成为更懂得理解、更懂得努力、更懂得承受、更懂得坚守、更懂得感恩的自己。需要说明的是,写到这里的时候,也就是全书初稿即将完成的时候,我才猛然发现这个日子是11月2日。这对我的家人来说是一个特殊的日子,我会永远记住这个日子的。

后　记

　　在本书的最后，我特别想说，经历是一笔宝贵的财富。因为经历了，所以我们更能认识到人生的意义、生命的意义；因为经历了，所以我们变得更加悲天悯人、敬天爱人；因为经历了，所以我们才知道自己要坚守的东西、自己灵魂要安放的地方；因为经历了，我们才更加渴望找到另一个自己，成为现在的自己和另一个自己更好结合的自己。